北京上河卓远文化传播有限公司　出品

上河·中国研究译丛
主编 张云鹏

红色起源

湖南第一师范学校与
中国共产主义的创建
1903-1921

［美］刘力妍——著

王毅——译

Red Genesis

The Hunan First Normal School and
the Creation of Chinese Communism,
1903-1921

河南大学出版社
HENAN UNIVERSITY PRESS
·郑州·

献 给 母 亲

目 录

译者序 …………………………………………………… （1）

致　谢 …………………………………………………… （1）

导　言　湖南悖论与模范师范 ………………………… （1）

第1章　1907年之前湖南的教育与革新 ……………… （13）

第2章　从儒家书院到现代学堂 ……………………… （29）

第3章　1912～1919年的一师 ………………………… （42）

第4章　讲授新文化：一师的教员 …………………… （63）

第5章　"圣人"杨昌济 ………………………………… （81）

第6章　本地学者与青年激进分子 …………………… （123）

第7章　蔡和森：一位地方激进派的教育 …………… （136）

第8章　结语 …………………………………………… （165）

Glossary（原文术语） ………………………………… （169）

参考书目 ………………………………………………… （180）

Index（原文索引） …………………………………… （196）

译者序

湖南第一师范学校,湖南人常常简称为"一师"。它的学术名气自然无法与同处长沙的千年书院岳麓相比。然而,在现代中国政治变革和社会作用的层面上,岳麓书院门前那副闻名天下的对联"惟楚有才,于斯为盛",它却可以当之无愧。美国纽约州立大学出版社 2012 年 12 月出版的本书,英文名称为 Red Genesis。Genesis 一词有"创始、起源、发生"之义,圣经《旧约》的第一章《创世记》就用此词。作者选用此词,加以定语"红色",意味深长,表明她写作时一种追根溯源的学术意图:这所"一师"与中国共产主义运动创建的渊源关系。

20 世纪 20 年代,在湖南第一师范学校就读的一些学生,后来成为中国共产党的创建者、主要思想家等重要人物,他们之中有毛泽东、蔡和森、何叔衡、李维汉、张昆弟、陈昌、萧三、罗学瓒等人。中国内陆省份的一所普通师范学校,在那个时代何以能培育出如此多的激进知识分子?对于 20 世纪初期的知识分子启蒙和政治激进主义,教育起了什么作用?具体而言,20 世纪前 20 年兴起的新式学堂和教育革新,如何促进了激进主义的信念、行动和组织的出现?("激进主义"一词常易引发歧义,作者在本书第 1 章第 22 条注释中对此做了界定:它指一些新类型的政治活动如罢工和游行示威,以及一些新的政治信念,例如不被现有国家权力视为合法的新的政治权力结构。比如,1897~1898 年间倡导议会政体是"激进",但在 1906 年清政府宣布预备立宪时,就不再激进了。)

关于中国知识分子在 20 世纪初期的激进化,已有的众多学术著作关注的是经济背景、社会背景、政治背景和文化背景,关注那些新观念如何在这些背景中传播;关于中国的现代教育和教育革新,也出版过许多研究著作,但绝大多数学者关注的是教育转型和社会转变;对于新式学校的教育作用和社会作用,也有不少学者相当重视,但却忽视了它们的政治意义,这类学校在清末民初所起的重大政治作用尚未得到充分研究。新式学堂对清代后期和民国前期政治文化的巨大影响,尚未得到足够的探讨,教育革新运动在培养知识分子激进派和政治激进主义上的关键一面,更是鲜为人知。

《红色起源》一书,弥补了这一缺憾。它展示了中国现代教育体现于这所学校的启蒙作用,现代学校在培育和传播包括共产主义革命在内的新思想观念上的至关重要的作用。这促进了激进主义的兴起,为精英人士中新的政治运动提供了背景和动力。作为一些中共奠基或核心人物的母校,在他们"同学少年,风华正茂,书生意气,挥斥方遒,指点江山,激扬文字"的人生阶段,一师以其启蒙、激励和平台作用,对他们的思想发展和人生抉择起到了关键性的作用。

在本书中我们看到,湖南第一师范的历史,可谓是传统中国教育和现代西方教育的精华织锦。中国传统教育构成了这所学校的基调,而西方观念和当时的社会政治状态与精神面貌,则深刻地影响了它的办学宗旨和教育实践。动荡不安的20世纪初,各种政治力量、社会力量和思想观念交织成色彩缤纷、错综复杂的图景,折射着不同的阶级、力量和社会议程,由古老的长沙城南书院改制而来的湖南一师,在这样一个变革时代中演进。本书详实而深入地考查了处在这个时代和湖湘文化之中的一师,它诞生的时代背景,历史沿革,教育内容,学校氛围,尤其是那些杰出的教员和学生。长沙城里这些学生和老师的精神交流和思想发展,这所学校创造出来的这个群体,它那些综合在一起的道德、智力和制度特征,展示着中国走入现代和中国共产主义意识形态的兴起。本书的研究不仅展现了现代学校如何促进新的思想观念在20世纪初中国的传播,而且表明思想观念的变化在中国是逐渐演化而非突变革命,比如毛泽东的政治观念形成就有五年的酝酿期。而且,传统与现代、东方与西方、持守与变革、民族主义与共产主义,在一个过渡时期自然而然地形成了自身平衡,达到了一种包容融合。一师教育的那种融合性特色,映射了中国共产主义运动的综合性和伸缩性,表明无论是教育还是政治,其进展绝非单一僵化之事。

在一师的学生中,作者将一章的篇幅用于蔡和森。在实事求是的史料考查之后,她认为,创建中国共产党,成为它革命性的理论家和战略家,蔡和森的作用是极为重要的。蔡和森坚信救国之道就在于俄国共产主义,这影响了一代激进青年来加入共产主义事业。如同毛泽东,基于在一师的学习和"新民学会"时期参与"五四"运动,也完成了他的转变。事实上,蔡和森最为鲜明地体现了湖南第一师范对这些学生的影响,对这些学生要去创建的那个中国的影响。他的一生是这些学生思想转变的一个鲜活例证,可与人们熟知的毛泽东之例并列并加以补充。

就教师的情况而言,在介绍教师整体的基础上,本书着重论述了校长孔昭绶、教育学教师徐特立、学习指导方维夏、学监王季范、历史教师黎锦熙,尤其是伦理学教师杨昌济。这位学贯中西、人格高尚的学者,要在学生中培育一种坚定的信念,一种与社会责任结合的主观意志之力,对学生影响深远。举个例子,杨昌济作为教材使用的是德国哲学家弗里德里希·泡尔生(Friedrich Paulsen)的《伦理学原理》。毛泽东于1917～1918年冬天仔细阅读了这本书,做了几千字的批注。书中泡尔生有一处断言"通过使用自己的意志力,人类是可以改变自身基本性质的",毛泽东赞同地批注道:"意志之力"和"心智之力"。在另外一处,毛泽东批注道:"大凡英雄豪杰之行其自己也。发其动力,奋发踔厉,摧陷廓清,一往无前。其强如大风之发于长谷,如好色者之性欲发动而寻其情人,绝无有能阻回之者,亦绝不可有阻回者。苟阻回之,则势力消失矣。"泡尔生将"自我"界定为"因不是接受而是抵抗自然从而得到强化的意志",毛泽东也肯定这种挑战越大成就就越大的观念,在书边批注道:"河出潼关,因有太华抵抗,而水力益增其奔猛。风回三峡,因有巫山为隔,而风力益增其怒号。"毛泽东为此书归纳的主题是"精神不灭,物质不灭",由此可以揭示他在1919年"五四"运动前夕的思想和1920年转向马克思主义,乃至一生和性格心理的一些深层线索。

本书英文版出版时的匿名学术审稿意见和出版后的专业书评认为,作为由Roger T. Ames主编的纽约州立大学出版的"中国哲学与文化"丛书中的一本,本书学术价值颇高。作者充分而有效地利用了现有的第一手文献,包括学校档案、政府档案、个人档案、地方志、当时的刊物、个人日记、私人收藏,以及对第一师范师生的记述和回忆。另外还广泛利用了关于这一主题的中英文著作,包括研究20世纪初中国教育改革和现代学校教育出现的著作,研究清末民初中国知识分子转化的著作,中国共产党的社会和精神来源的著作,以及湖南省在现代中国作为一个改革和革命先发地之作用的著作。对于这些,作者有精当的使用。不同的新儒家思想观念如何相互作用,如何与西方观念交织起来,在这群学生中变成了社会和政治行动的基础,在真实的学校生活背景中呈现当时中国政治文化中中西方观念的综合作用,本书可说是第一本重心在此,深入分析与生动描述兼备的著作。书中颇富新意的思考和材料,对中国知识分子史、政治史、教育史、中国现代史和中国学的研究者相当重要,将引发新的研究探讨。

本书作者刘力妍女士,曾是笔者当年在一所师范专科学校的同事。她1982年毕业于河南大学外语系,1989年为南京大学霍普金斯访问学者,1993年为美国宾夕法尼亚印第安纳大学史学硕士,2001年师从著名史学家张灏,获美国俄亥俄州立大学历史学博士学位,现为乔治城学院历史系教授,主要研究方向为清末民初的中国思想史和社会史。译者作为湖南人,译老友新著,对书中那些地方风物背景相当熟悉:岳麓山、爱晚亭、千年书院、橘子洲、长沙街巷、一师校舍、励志学生冷水浴之井,这些地方都曾游历,记忆犹新,译来深感亲切。

我们还是回到1913年初秋的长沙吧。一群年轻人聚集在南门外第一师范门口,切盼着接受新式教育的熏陶;校内的简朴会议室里,教员们激烈讨论着国家的栋梁之材。不同凡响的学生与教师汇聚到了一起,改写和深远地影响了此后的中国历史。这真是令人难忘的时刻!让人想起曾经广为国人所知的清代龚自珍的那首《己亥杂诗》:"九州生气恃风雷,万马齐喑究可哀。我劝天公重抖擞,不拘一格降人才。"在本书结束时,作者表达了自己的感慨和祝愿:1910年代的这十年中,第一师范促成了自己那些学生的思想转变。它鼓励着平等、自由和人道主义这样的价值观念,这些成了"五四"运动的一部分。我们可以希望,当年湖南第一师范那种自由教育的遗产会在中国走向现代化的道路上重获它的地位。

王　毅

2015年6月于大连望海楼

致　谢

　　本书是一次漫长智力跋涉的结果。在过去的15年乃至更长的时间里，它是我心头所想，笔下所写，再三修改、反复斟酌的对象，有多少朋友、师长提供了珍贵的帮助！

　　首先鼓励我探究这一课题的人，是我在攻读博士学位期间的那些老师。我由衷感谢我的博士学位导师张灏先生，是他引导我去研究这一课题，并在整个研究过程中给予指导、鼓励和教诲。在我研究这个题目、撰写本书的起始阶段，张灏先生的学术造诣就给我以深远的影响。对我的另一位博士学位导师詹姆斯·R.巴塞洛缪(James R. Bartholomew)教授，我也要表示深深的谢意，他一直在鼓励我，支持我，提供宝贵的指导。另外一位教授——克里斯多夫·A.里德(Christopher A. Reed)，也是同样支持我，给予我学术上的鼓励和建议。他仔细阅读了本书的一些章节，提出了许多富有洞察力的宝贵批评，我表示衷心感谢。还要感谢科克·A.丹顿(Kirk A. Denton)教授，他同样给我这本书的研究和撰写提供了强大的支持和宝贵的评论与建议。

　　我尤其要感谢劳延煊(Yan-shuan Lao)教授，在我博士毕业之后，他的鼓励一直持续，帮助我继续撰写和完成本书。劳先生的渊博学识，尤其是在中国古代经典方面的高深造诣，给予我许多无价的指点，在此我衷心地感谢劳先生。

　　感谢查尔顿·M.路易斯(Charlton M. Lewis)先生，在湖南文献和中国早期浩如烟海的材料中，我从他那里获益良多。他也阅读了本书一些章节的不同修改版本，提出了很有价值的意见和建议。在本书撰写的早期阶段，何大江先生和夏景森先生帮我将一些古汉语译为典雅流畅的现代汉语，这对于我的英文撰写很有帮助，特表感谢。

　　1997年，我回到中国进行研究，一些学者和学术机构给予我极大的帮助。

湖南省社科院的王兴国先生就是其中最令人感动的一位。对杨昌济和毛泽东有深入研究的王先生惠我良多,还向我提供了许多很有价值的资料来源,包括他研究湖南著名人物的手稿。在湖南,我与王先生有过许多讨论,他对杨昌济和毛泽东的见解对于我撰写和修改本书启发很多。我还要感谢孙海林先生,他曾担任湖南第一师范学校副校长,帮助我接触到第一师范的一些珍贵材料,并允许我拍照复制一师的档案,在本书中使用对他的访谈。感谢湖南人民出版社的戴佐才先生,他帮助我获得了湖南档案文献中一些很有价值的相关材料。

在本书的写作和修改过程中,许多朋友和同事热心地阅读了我不同阶段手稿的一些部分或全部,并发表了意见,在此特表感谢。在他们之中,巴里·基南(Barry Keenan)、李小兵和凯瑟琳·本哈特(Kathryn Bernhardt),以及已去世的史蒂芬·C.阿弗里尔(Stephen C. Averill)、魏楚雄、罗伯特·卡尔普(Robert Culp)、默尔·赖夫(Merle Rife)、孙怡和山姆·吉尔伯特(Sam Gilbert)提出了很有价值的建议和指正,我深致谢意。

这些年中,克莉丝汀·斯泰普尔顿(Kristin Stapleton)一直大力支持和鼓励我,对本书提出了不少真知灼见,对于这位好友和她的帮助,我由衷地说"感谢"!特别的感谢还要表达给我的另一位好友丛小平,本书一些部分的不同版本她都仔细阅读过,提供了许多很有价值的见解和建议,她用自己的丰富资源和内行意见帮助我,与她讨论让我获益良多。我的朋友格雷格·埃普(Greg Epp)阅读了本书的手稿,提出了很有价值的见解,并帮助我润色文字。

感谢乔治城学院历史系的同事们的帮助,尤其要感谢詹姆斯·克劳特(James Klotter)的一贯帮助。本书手稿的多个版本他都阅读过,他的评说、建议和文字编辑都有很大帮助。在我需要帮助的任何时候,无论是学术讨论还是作为一位可靠的朋友,他都在支持我。同样还要感谢林德赛·艾波(Lindsey Apple),他也阅读了本书的不同手稿版本,并提供了很有价值的见解、建议和文字编辑,感谢这位好友的一贯帮助。我的同事哈罗德·塔兰特(Harold Tallant)、克利福德·瓦格林(Clifford Wargelin)、埃伦·埃默里克(Ellen Emerick)和丽莎·莱金斯(Lisa Lykins)以不同的方式惠我以启发和帮助,他们都成了我的朋友,也特表感谢。本院教务长露丝玛丽·艾伦

(Rosemary Allen)给我以热情的支持和帮助,使得本书能够早日面世,我要特别感谢她。2006年春季,我获得了乔治城学院的亨莱因年轻教师研究资助(the Henlein Junior Faculty Research Fellowship),这大大促进了本书的写作,特表感谢。最后,我要感谢许多为我撰写本书提供了学术、技术和资料方面的帮助的人,在他们之中有朱平超、陈晓明、田宪生、吴云骥、文斯·塞斯莫尔(Vince Sizemore)和格罗佛·哈波德(Grover Hibberd)。我还要感谢朱与墨,他允许我在本书中使用他拍摄的湖南第一师范学校的照片。

下列图书馆和档案馆的工作人员热心助我,使我找到了许多珍贵的文献资料,促进了我的研究。这些图书馆和档案馆是:俄亥俄州立大学图书馆,湖南省档案馆和图书馆,湖南第一师范学校档案馆和图书馆,乔治城学院图书馆。我的同事、学院图书馆的苏珊·马丁(Susan Martin)甚至帮助我从遥远的苏格兰阿伯丁获得了所需的材料,希望她接受我诚挚的谢意。湖南省档案馆和湖南第一师范学校档案馆和图书馆允许我在本书中复制使用相关的照片和地图,特表谢意。本书第5章的一些内容,曾以《一位塑造了毛泽东的人:杨昌济与第一代中国共产党人》为题,发表在《现代中国》第32期(2006年)。第7章依据我的一篇论文《一位外省学者变成了一位青年激进分子》改写而成,此文发表于《21世纪中国》第32卷第2期(2007年)。感谢相关刊物的允许使用。衷心感谢所有这些同事、朋友和机构的支持,而本书的所有失误和错误无疑均由我本人负责。

我还要感谢纽约州立大学出版社的各位编辑:南希·伊莱格特(Nancy Ellegate)支持本书的出版,邀请到学识丰富的审读者来审读本书手稿;艾琳·米汉(Eileen Meehan)在本书出版上帮助良多;罗宾·B. 韦斯伯格(Robin B. Weisberg)做了文字编辑修改工作;安妮·瓦伦丁(Anne Valentine)负责市场推广。我还要感谢本书那些匿名的审读者,他们提出了很好的意见和极有价值的建议,本书获益良多。

最后,我把最为深切的感谢送给我的家人:丈夫周心合和我们的儿子克里斯,感谢他们无边无际的支持与爱。在过去的15年中,相关论文的撰写,论文扩展为本书手稿,在一些我似乎看不到最终目标的困难时期,是他们帮助我坚持下来。他们对我和我之工作的信心,才使得这本书的出版成为可能。

导言　湖南悖论与模范师范

1913年初秋的一天,湖南省会长沙,一群年轻人惴惴不安地聚集在第一师范学校门外。他们前来查看张贴于墙上的录取名单。由低分到高分,名单要分批贴出,分数最低的一批最先张贴。每当一批新的名字贴出后,人群中就爆发出抑制不住的兴奋或失望。最后,除了前三名外,所有被录取学生的名字都已贴出。

据说,此刻在校内一间装饰简朴的会议室里,教员们正在激烈争论前三名应该如何排序,尤其是蔡和森(1895～1931)的文章是否应该给予最高分。这时,会议室门开了,一位新近归国的专攻理学的著名学者走了进来,他就是杨昌济(1871～1920)。其实,他是来婉拒一师之聘的。然而,一看见他走进来,人们马上就请他读一读蔡和森这篇文章,并提出自己的评价。读完之后,杨昌济震惊了,他掩饰不住自己的兴奋。谁能写出这样一篇令人振奋的惊人之作呢?这样的考生毕业后必将成为国家的栋梁。结果,不仅蔡和森被定为第一名,而且杨昌济本人也决定留下来,在第一师范学校任教。[1]

湖南第四师范学校也向杨昌济发出了聘书,那里也进行了类似的选拔录取。毛泽东(1893～1976)于春天早些时候被录取为这所学校的第一名。第二年,这两所师范学校合并为一所。于是,在中国的这偏远内地,两位英才学生和他们这位令人钦佩的老师汇聚到一起。这将被证明在后来的中国历史中意义重大。

20世纪初期的中国,处于危机与革新的十字路口。一些致力于现代化的促进者们,创建了湖南第一师范学校,想要培养拥有为国家服务所需知识和技能的学生。对这些学生的教育,要包括中国、欧洲和日本学校教育的最好

---

[1] 孙海林,本书作者2011年4月15日的电话采访。孙海林曾担任湖南第一师范学校校长,也是《湖南第一师范学校:1903～1949》一书的作者。

要素。湖南第一师范学校的历史,就是传统中国教育和现代西方教育的精华织锦。中国传统教育构成了这所学校的基调,而西方观念和当时的社会政治状态与精神面貌,则深刻地影响了它的办学宗旨和教育实践。动荡不安的20世纪的这些意识形态,交织成了一幅色彩缤纷、错综复杂的图景,折射着不同的阶级、力量和社会议程,第一师范就身处其中。第一师范的课程和文化,那些出自前代社会革新派的教师,还有学生的经济和社会背景,本书通过这些考查,深入研究这幅图景。这所学校创造出来的这个群体,它那些综合在一起的道德、智力和制度特征,对此后的中国历史产生了重大影响。

20世纪20年代,在湖南第一师范学校就读的一些学生,后来成了中国共产党(CCP)的创建者、主要思想家和领袖人物。他们之中有毛泽东、蔡和森、何叔衡(1876~1935)、张昆弟(1890~1930)、陈昌(1894~1930)、萧三(1896~1983)、李维汉(1896~1984)和罗学瓒(1893~1930)。这样一所貌似普通的师范学校,何以能培育出如此之多的激进知识分子?什么特殊因素在起作用?那些新式精英的教员们对自己学生的精神智力发展起到了什么作用?20世纪前20年的知识分子与政治激进主义的发展原因是什么?新式学堂和教育革新如何与激进主义的兴起相交织?总之,这所尚不为人们清晰认知的学校,何以能够对那些后来成为中国共产党奠基人物以及此后中国领导者的人们的事业和思想的形成,起到了如此重要的作用?

许多学者考查过共产主义在20世纪中国的发生。在西方,莫里斯·迈斯纳(Maurice Meisner)和本杰明·史华兹(Benjamin Schwartz)建立了一种正统的叙述,认为1917年的俄国革命激发了中国激进人士对马克思主义的兴趣。阿里夫·德里克(Arif Dirlik)以自己的研究让这幅图画复杂了一些,他考查了无政府主义对中国共产主义出现的影响。查·彼得(Peter Zarrow)将中国共产主义的源头回溯到中国丰富的政治思想传统,尤其注意到道家思想。这些学者对20世纪早期的知识分子运动有深入的思考,但他们的研究集中于为数不多的精英知识分子身上。然而,这些知识分子的激进观点如何转变为群众运动？如何在此后的几十年中传播开来呢？[1]

西方学者除查·彼得外，常常未能充分认识到中国传统与早期中国共产主义运动之间存在的联系。那么，中国学者如何呢？金观涛和彭大成将中国共产主义视为本质上是对马克思主义的中国改造。[2]然而，20世纪前20年的教育革新，以及湖南第一师范学校的课程设置和教育基调已经有了明显的西方动力与要素，一师向学生传递的哲学和伦理已将修身和人性这样的儒家价值观念与诸如康德的伦理学、格林（T. H. Green）的自我实现概念、卢梭的人道主义和自由观点以及斯宾塞的功利主义等西方因素融合，并将这些与变革社会的责任结合起来。毛泽东和他的同学就是在这样一种环境中涌现，由此走上了变革之路。

关于中国的现代教育和教育革新，出版过许多研究著作，但绝大多数学者关注的是教育转型和社会转变，对新式学堂的政治作用都注意不多。新式学堂对清代后期和民国前期政治文化的巨大影响，没有得到足够的探讨；教育革新运动在培养知识分子激进派和政治激进主义上的关键一面，更是鲜为人知的。绝大多数学者将这二者视为颇有区别。尽管后期的史蒂芬·阿弗里尔（Stephen C. Averill）对1920年代江西从城市到乡村的革命转变的研究，显示了这种联系，但并没有什么后继的深入。丛小平近来出版了研究中华民国师范学校的出色著作，关注这些师范学校在席卷中国社会的改变中所起的社会和政治作用，但她主要考察1930年代这些学校的一般情况，未谈

---

[1] 莫里斯·J.迈斯纳：《李大钊与中国马克思主义的起源》（剑桥：哈佛大学出版社，1967）；本杰明·史华兹：《中国共产主义与毛泽东的崛起》（剑桥：哈佛大学出版社，1951）；阿里夫·德里克：《中国共产主义的起源》（纽约：牛津大学出版社，1989）；阿里夫·德里克：《中国革命中的无政府主义》（伯克利：加州大学出版社，1991）；查·彼得：《无政府主义与中国政治文化》（纽约：哥伦比亚大学出版社，1990）。汉斯·冯·德将中国共产主义的起源追溯为很靠后的时间，见他的《从朋友到同志：中国共产党的创建，1920～1927》（伯克利：加州大学出版社，1991）。

[2] 彭大成：《湖湘文化与毛泽东》（长沙：湖南出版社，1991）；金观涛：《儒家文化的深层结构对马克思主义中国化的影响》（《新观察文摘》，1988年9月）。金观涛认为，马克思主义和列宁主义被毛泽东式的共产党人完全儒家化了。

1910年代的师范学校,也没谈湖南第一师范学校。[1]

在追溯湖南教育革新的轨迹时,一些研究者如查尔顿·刘易斯(Charlton Lewis)和周锡瑞(Joseph Esherick)考查了辛亥革命的多种原因,史蒂芬·普拉特(Stephen Platt)则关注从19世纪后期开始至20世纪前20年中国地方主义的发展,将湖南作为一个典型案例。不过,这些论著都没有涉及湖南第一师范学校。本书则要展示现代学校怎样参与了新观念在20世纪前期中国的传播,这促进了激进主义的兴起,为精英人士中新的政治运动提供了背景和动力。[2]

在中国的现代学校中,传统观念与新输入的思想相碰撞相融合,塑造着一代新学生。这导致了什么独特的变化?通过研究施存统(1899~1970)这位从传统家庭出来的共产主义者,叶文心(Wen-hsin Yeh)展示了现代学校如何培育和传播了新的思想观念。[3] 叶文心在《地方道路:文化、空间与中国共产主义的起源》(*Provincial Passages: Culture, Space, and the Origins of Chinese Communism*)一书中,使用了一种独特的空间思路来考查浙江的文化、地理、教育结构和历史对一群激进人士的影响,关注这位早期的无政府主义者和中国共产党的创建成员之一。施存统后来脱离了共产党主流,接受了民主中间派的观点。这个思路显然受到了施坚雅(G. William Skinner)的中

---

[1] 比如,下面这些著作每本都考查了20世纪初中国教育革新的一个重要方面,如传统学校与新式学校的优劣,现代士绅对教育革新的贡献,新式学校对中国社会的影响以及国民教育的发展。许美德(Ruth Hayhoe)和玛丽安·巴斯蒂(Marianne Bastid)编:《中国的教育与工业化世界:文化迁移研究》(纽约阿蒙克和伦敦:M. E. 夏普出版公司,1987);保罗·约翰·贝利(Paul John Bailey):《改造民众:中国20世纪初期国民教育的看法变化》(温哥华:英属哥伦比亚大学出版社,1990);萨拉·C.麦克埃尔罗伊(Sarah C. McElroy):《用教育改造中国:严修、张伯苓与建立一个新型学校体系的努力,1901~1927》(博士论文,耶鲁大学,1996);格伦·彼得森(Glen Peterson)、许美德等编:《20世纪中国的教育、文化与身份认同》(安阿伯:密歇根州立大学出版社,2001);巴里·C.基南(Barry C. Keenan):《中华帝国最后的古典书院:长江下游区域的社会变化,1864~1911》(伯克利:东亚研究院与加州大学出版社,1994);史蒂芬·C.阿弗里尔:《中国革命中从城市到乡村的过渡》(《中国》第48期,2002年7月);丛小平:《师范学校与现代中国民族国家的建立:1897~1937》(温哥华:英属哥伦比亚大学出版社,2007)。

[2] 查尔顿·刘易斯(Charlton Lewis):《中国革命的序幕:湖南省的观念与体系转变,1891~1907》(剑桥:东亚研究中心与哈佛大学出版社,1976);周锡瑞(Joseph Esherick):《中国的改革与革命:湖南与湖北的辛亥革命》(伯克利:加州大学出版社,1976);史蒂芬·普拉特(Stephen Platt):《地方爱国者:湖南人与现代中国》(剑桥:哈佛大学出版社,2007);史蒂芬·C.阿弗里尔:《20世纪初期地方教育的文化政治》(《20世纪中国》第32期,2007年4月)。

[3] 叶文心:《地方道路:文化、空间与中国共产主义的起源》(伯克利:加州大学出版社,1996)。

国社会经济史区域系统理论的启发,而将其延伸至文化领域。但不同于施坚雅,叶文心强调说,中国的传统反抗和它的现代革命并不仅仅植根于外围和边缘区域,浙江独特的历史和知识分子环境也促进了施存统和其他参加"五四"运动者的激进化。[1]

通过对"五四"运动前后地方激进人士的乡村背景考查,叶文心揭示了早期中国共产主义一个被人忽略的重要部分。她的结论是:中国共产主义的早期岁月是由城市激进主义所支配,但到了后来,革命性的共产主义就从保守的、受制于儒家思想的乡村中国生长出来。[2] 叶文心这种创新的空间思路得出了一些重要的见解。然而,《地方道路》一书却用一种狭窄的观点看待中国共产主义的起源,未能区分浙江的文化传统与湖南的文化传统。[3] 她的研究思路可以拓展,来对20世纪20年代与湖南第一师范学校相联系的那些激进知识分子的思想转化进行考查,这些人成了创建中国共产党的重要人物。

如同许多新式学堂一样,湖南第一师范学校传播着新观念。[4] 它的学生多半来自相对贫困的家庭,毕业于穷乡僻壤的初级中学,强权的地方上层人物支配着那些地方的保守文化。民国初年,这些学生来到长沙,看到的是一座开放不久却迅速接受外来影响的城市,随之而来的是剧烈的政治动荡。他们走进的这所学校,可说是一种混合之后的产物:一方面是仕宦传统的古老书院,另一方面则是融合日本特色的新式学校。主持学校的是一些诚挚的革新人士,他们从中国、外国、传统和当代来源中熔铸出了一种混合型的教育理念。教师们指导学生进行身体和精神智力两个方面的严格训练,既强调道德培养,也突出社会政治上的责任感。[5]

就读于一师的这些学生,他们周围的历史、政治和精神环境中既有属于

---

[1] 叶文心:《地方道路:文化、空间与中国共产主义的起源》(伯克利:加州大学出版社,1996)。
[2] 同上,第1~5页、第193~196页。
[3] 儒家思想有三种地域风格:湖湘(湖南)学者强调"经世致用",江南(浙江)学者突出"格物";岭南(广东)学者关注"心智"。见杨念群:《儒学地域化的近代形态:三大知识群体互动的比较研究》(北京,三联书店,1997),第113~159页。
[4] 阿弗里尔:《20世纪初期地方教育的文化政治》,第32页。
[5] 湖南第一师范学校校志委员会:《湖南省立第一师范学校校志》(长沙:湖南省档案[1918]:59-5-37)。

全中国的因素,也有专属于长沙乃至于一师自身的因素。比如,整个国家经历了清代(1644~1911)晚期和民国初期的变革、混乱和耻辱,激进的意识形态变化塑造着社会精神环境。由于自己的国家一直受制于外国势力的意愿,长沙的这些激进人士面对的是国家的危机和道德的危机。他们决心找到西方之所以能够征服中国的那种秘密武器,以此来拯救中国。全中国的知识分子和活动人士都在这么做,只是各地的寻找形式颇为不同。

湖南这个内陆省,几百年来一直是中国文化最为老成的省份之一。它相对孤立,由一些保守的上层人士统治,对外来事物恐惧,经济上又落后。正因为这样,它反而成为包括马克思主义和共产主义在内的现代西方观念的一个精神温床。中国普及西方知识的伟大人物之一魏源(1794~1857)就来自湖南省。他第一个催促中国人采用西方的技术。他那句名言"师夷长技以制夷",成了19世纪自强运动的一种驱动力。这场运动的领导人物之一曾国藩(1811~1872)和左宗棠(1812~1855),也是湖南人,他们都认为中国必须既由内而自强,也必须向西方学习工业和技术。在湖南,这场运动使得吴大澂(1835~1902)这位1892年至1894年的湖南巡抚,将湖南这个排外主义的中心转变为用工业和新式学堂来促进的自强之地。[1]

长沙城既是湖南省的省会,又是这一区域的主要商业城市,与相邻地区有着很强的经济联系。商人和居民都受益于一个发达的河流运输网络,北至汉口,南到广西,湖南省以此与它们联结起来。第一师范学校的学生领袖全都来自湖南偏远的农业县区,那些丘陵地区土地贫瘠,灌溉不足,人口分散而稀少。来自这些地区的人通常相当保守,脱离了思想创新,倾向于对儒家传统的坚信。本书将讨论这些来自内陆腹地的年轻人抵达长沙之后,在一师遇见的课程设置,如何影响他们的观念和行动,将他们转变为激进派。这些年轻人的激进化看来证实了威廉·斯金纳的理论,即外围地区和区域边缘为中国传统的反抗和现代革命提供着人员。不过,如同叶文心所指出的,内陆省份的激进主义不能仅仅以内陆民众表达他们的失望来解释。就第一师范学校的情况而言,激进化是因湖南独特的历史和精神环境而出现。这包括对太

---

[1] 刘易斯:《中国革命的序幕:湖南省的观念与体系转变,1891~1907》,第40页。

平天国的镇压，因此留下了一个强有力的士绅阶层，也留下了直到1900年的减缓西方渗透的排外，更重要的是湖南的地方文化传统和新式学堂体系的特点。

尽管长沙作为一个条约规定的通商口岸，是在1904年才开放，但到毛泽东这批学生于1914年到长沙时，很多东西已经改变了。新的观念和知识几乎淹没了这些学生，在乡村地区几乎看不见的西方列强的巨大影响在长沙城里相当明显。家乡与学校，过去与今天，不同世界之间的鲜明差别，再加上国家的危机和道德的危机，这一切刺激着他们深入地思考。他们中许多人变成了文化上的打倒偶像者，然后是共产主义者。

湖南的局势对于这种转变起到了重要的作用。西方的渗透，太平天国起义，第一次世界大战，军阀之间的冲突，所有这些的影响都触目惊心。湖南自身形成了一种独特的传统。湖湘文化极为强调经世致用[1]，以此作为对经典儒家传统的概括。[2] 以王夫之（1619～1692）为开始，魏源、曾国藩、谭嗣同（1865～1898）和杨昌济这样的湖南人，都对这种观念做出了贡献。在19世纪初期，经世思想是由湖南学者在儒家书院里讲授的。1827年，魏源和贺长龄（1785～1848）编写了一本厚厚的文选《经世文编》，倡导经世观念。到了19世纪中期，杰出的领袖人物曾国藩又在自己的研究中增加了经世观念，意在重建中国的社会政治秩序。

在第一师范学校，这个文化传统因杨昌济而得到了强化——这位著名的新儒家学者已经决定留在这所学校教书了。杨昌济很崇拜王夫之和魏源，但他也是一位具有西方学问的学者，曾在日本、英国和德国留学超过了10年。作为湖南第一师范学校的伦理学教师，他成为这所学校最有影响和最受尊重的教员之一。他鼓励他的学生研究西方思想和制度的各个方面，但却从来不

---

[1] 湖湘文化深受理学和"经世致用"观念的影响。张灏指出，尽管"经世"一般被译为"官员的治国才能"，但它的字面意思却是"建立世界的秩序"。在理学传统中，治国才能只是一种普遍整顿与建立的三个部分之一。见张灏《儒家"治世"理想的知识遗产》，收入杜维明编：《东亚现代性中的儒家传统：日本与亚洲四小龙的道德教育与经济文化》（剑桥：哈佛大学出版社，1996），第72～91页。

[2] "湘学"作为一个学派由胡安国（1074～1138）、其子胡宏（1106～1161）和弟子张栻（1133～1180）以及他们宋代的几个学生而肇始。不过，周敦颐（1017～1073）被湖南学者认为是湘学遗产的最重要来源之一。

让他们忘记自己国家的遗产。他引导自己的学生阅读激进的西化与打倒偶像的杂志《新青年》，同时也让他们接触"船山学社"的学者，这些人想在中国传统中，在17世纪早期那位伟大的湖南学者王夫之（王船山）的著述中，找到自己国家得以重生的启示。[1]

另一个重要的影响来源是谭嗣同的老师刘人熙（1840～1917）。刘人熙于1914年创建了长沙"船山学社"，也是它的主要讲师。他阐述需要一种能让传统发扬光大的民族复兴，第一师范学校的学生经常去听他的讲座。在这样的背景中，包括蔡和森和毛泽东在内的这些严肃思考的年轻人，关注的就是人和人类社会的本质以及中国在世界上的地位这类沉重问题。1918年，他们组建了一个叫作"新民学会"的严密组织，它在湖南的"五四"运动中起到了领导作用，产生了广泛的影响。"新民学会"的74位成员中，一半以上成了中国共产党的成员。[2]

就在1918年这一年，第一师范学校的学生派出了一个人数众多的代表团前往法国勤工俭学，他们在那里建立了一个学习社团，了解西方社会的真实情况。毛泽东前往北京帮助组织这次赴法，在京期间与京城激进人士建立了联系。在长沙、北京和巴黎的改革中心之间，信件和文章频频传递。1917年俄国十月革命为这些激进人士提供了一个可以模仿的具体范例，他们相信列宁主义对于中国也是一条可行之路。接下来的1919年"五四"运动，引发了政治动荡的风暴。旅法勤工俭学带点耻辱地结束了——蔡和森与其他中国学生因参加里昂的抗议活动而被驱逐出境，人们学到了这次教训。[3] 他们回到国内，参加了关于国家未来的"五四"辩论。

"五四"运动得到了许多研究，它常常被视为中国现代文化思想的转折点，是与过去的彻底决裂。在中国，共产党的官方观点认为这场由打倒偶像的学生和知识分子领导的运动，开始时是爱国主义的表达，然后发展为对儒

---

〔1〕 王兴国：《杨昌济的生平及思想》（长沙：湖南人民出版社，1981）。
〔2〕 《新民学会会务报告》（1920），《新民学会资料》（湖南省档案，1920），No.1；周世钊回忆录《湘江的怒吼》，收入《新民学会资料》，1979年重印，第391～444页。
〔3〕 在里昂事件中，由蔡和森领导的125名中国学生，于1921年9月21日占领了里昂大学的一座学生宿舍，要求这所大学的中法学院遵守承诺，提供奖学金接纳他们。本书第七章对此有进一步讨论。

家传统的猛烈攻击,播下了革命的种子。[1]

西方一些学者超越了这些主题来进行考查,去分析中国文化思想转变的一些更深层问题。在对严复(1853～1921)的研究中,本杰明·史华兹描绘了中国传统价值观念体系自我转化的一种内在动力学。张灏对梁启超(1873～1929)的研究也考查了中国传统——这里是理学传统——的内在变革,证明中国的现代文化和思想转变开始于1890年。[2]

不管学者们对"五四"运动的解说有什么样的分歧,但无人否认它在中国现代历史上至关重要。然而,绝大多数研究是在国家层面上考查这次运动,关注上海和北京等大城市发生的事情。本书对湖南第一师范学校的关注,将展示"五四"观念如何改变了一师学生的学习,而新的环境让他们接触到一些最新的理论,包括马克思主义。

一系列的复杂影响促成了一师学生的思想转变,但中国国内对这一时期的研究通常围绕着毛泽东来进行。[3] 这类研究典型地展现了一种历史观,认为湖南激进人士的思想、行动、生命和记忆发展成为毛泽东思想,这种历史观最终成为官方正统观点。[4] 而在中国大陆之外,尚没有学者去考查湖南第一师范学校的这段历史。

本书的研究对中国革命的来源做了新的考查。湖南的"五四"运动不同于上海和北京的"五四"运动。比如,湖南知识分子中爆发了对政治行动主义

---

[1] 中共中央党史研究室:《中国共产党的七十年》(北京:中共党史出版社,1991)。
[2] 周纵策视这场运动为爱国觉醒,见其《五四运动:现代中国的思想革命》(剑桥:哈佛大学出版社,1960)。李欧梵认为这场运动类似于欧洲浪漫主义运动,见其《现代中国作家的浪漫一代》(剑桥:哈佛大学出版社,1973)。见舒衡哲(Vera Schwarcz)《中国启蒙:知识分子与1919年五四运动的遗产》(伯克利:加州大学出版社,1986)。林毓生认为"五四"时期极度的反传统是中国传统思维的典型体现,是"一元论和唯智论的思维模式",见其《中国意识的危机:五四时代的激进反传统》(麦迪逊:威斯康星大学出版社,1979)。与上述见解形成对比,张灏视"五四"运动为多种文化话语的互动,它们超越了民主、科学、爱国和反传统的主题,见其《形象与实质:再论五四思想》,收入韦政通编的《自由民主的思想与文化》(台北:自立晚报社,1990),第23～57页;本杰明·史华兹:《寻求富强:严复与西方》(剑桥:哈佛大学出版社,1964);张灏:《梁启超与中国的思想过渡:1890～1907》(剑桥:哈佛大学出版社,1971)。
[3] 中国社会科学院近代史研究所:《五四爱国运动》2卷本(北京:中国社会科学院,1979);宋斐夫:《新民学会》(长沙:湖南人民出版社,1980);中国社会科学院近代史研究所:《五四运动回忆录》2卷本(北京,中国社会科学院,1979);周彦瑜:《毛泽东与周世钊》(长春:吉林人民出版社,1993)。
[4] 中共中央党史研究室:《中国共产党的七十年》(北京:中共党史出版社,1991),第16～19、25～27、78、83～97、118～123、543～544页。

的众多争论。一些人认为行动主义的主要目标应该是文化启蒙,而另一些人则想要更新社会。拥护共产主义的人只是众多竞争派别中的一个。在"五四"运动中,各家思想的支持者都在追求自己的目标。

"新民学会"于1920年分裂之后,它的成员的主体接受了共产主义。[1]许多人成为早期中国共产党的创造者和重要领袖,包括蔡和森与毛泽东。绝大多数"新民学会"成员的命运是在1927年的"白色恐怖"中被国民党所杀,然而这些人对中国共产主义运动的思想影响仍在继续。

1895年至1919年期间,一些早期民国领袖人物如蔡元培开创的教育革新,产生了一些新的学校,它们成为了传播新的革命观念的渠道。[2]它们还培养了一些具有新技能的年轻学者,他们想为国家面临的严峻问题找到新的解决方案。在中国进入一个关键时期之际,这样的学校就涌现了独特的学生。湖南第一师范学校培育了几个核心圈子中的一个,这几个核心圈子于1921年合并,组成了一个小小的共产党少数派。由于人员的数量和共同的经历,来自长沙的这些激进人士成为塑造中国共产党意识形态的最有影响力的群体。

本书第1章考查1900年前后的湖南维新历史,它的发展、高潮和挫败。清代后期湖南的现代化运动由全国和本地的发展所驱动。尽管反对维新的贵族击退了1890年代的政治革新,但维新派保持了对教育的最终控制。由于1898年"戊戌变法"的失败,变法派中的一些人转变成革命党人。在湖南维新运动的涌现和逆转之后,这个省份就快速向外国利益开放,而这反过来刺激了民族主义的复兴。湖南第一师范学校创建于这样一种政治形势之中,而这在40年前是无法想象的。

本书第2章讨论清代后期和民国初期的教育转变,进而将重点放在一所儒家思想的城南书院如何转变为第一师范学校。中国传统的教育体系极其重视儒家学问,学习是为了极端重要的科举考试。而科举考试的成功依赖于对儒家经典以及后来评注——尤其是宋代哲学家朱熹(1130~1200)的《四书集注》——的精通。湖南的精神文化特征之一是强调"经世致用""知行合

---

[1] 也有一些人倡导通过教育来进行改革,赞同第二国际的那些主张。
[2] 阿弗里尔:《20世纪初期地方教育的文化政治》,第6页。

一""探究本原",追求的是有助于拯救国家的真理。

1901年,作为新政的一部分,清政府颁布了教育革新方案,但湖南的官员几乎没有反应。真正的革新开始于1903年——这一年第一师范学校出现了,并在当时不稳定的政治氛围中起伏前行。革新的努力之一,就是1905年采用了日本特色的课程设置。自由派人士谭延闿(1876~1930)担任湖南督军后,他的政权就鼓励进一步的革新,直到这种努力被一个军阀统治的混乱时期所阻断。1910年代后期,新文化运动开始影响一师的教育,尽管湖南和全国的局势动荡不安,但这所学校却繁荣起来。

从清朝的完结到"五四"运动的开始(1912~1919),这期间第一师范学校的思想氛围是本书第3章探讨的主题。尽管这所学校与逝去的王朝有关联,但它却挺过了清朝的崩溃而留存下来,而且做了改变。它的课程、宗旨、实践和教育理念都随着新的环境而做了调整。它开设了数量相当之多的实践性质的和"西式"课程,但进入民国的它又仍然坚持传统的学问和道德培养。第3章就讨论这所学校的理念和课程,以及它的教师构成,它在学习、考试和学生行为方面的校规。

这所学校的性质在很大程度上是由一个进步而富有学识的教师队伍决定的。这些人拥护自强运动和新文化运动,坚信思想智力的探寻是国家复兴的基础,教育是救亡的一种方法。第一师范学校的学生生活在一个传统文人文化很丰富的世界中,充满了诗意想象和历史典故,重视的是审美追求和形而上沉思。然而,他们的老师也引导他们去研读西方思想和制度的各个方面,以及西方科学技术的切实应用。老师们自觉地要把学生塑造成一个志趣相投的群体,他们将走出校园去改造国家。一师校长孔昭绶(1876~1929)就持这样的办学理念,尽管他有段时间被迫政治流亡而离校。教师和学生的著述都表明这所学校对学生生活和思想发展有着深远影响。本书第4章考查校长孔昭绶、教学法教师徐特立(1877~1968)、学监主任方维夏(1879~1936)、数学教师王季范(1884~1972)和历史教师黎锦熙(1890~1978)等人的贡献。

第5章专门讨论伦理学教师杨昌济,因为他对这些激进的年轻人影响如此之大。杨昌济是一位著名的专攻理学的儒家学者,又曾在日本和英国的大学获得了学位,尽管长沙城都知道他的儒家学问,但他却毫不犹豫地将西方哲学与传统思想结合起来,并且强有力地批评儒家社会的许多方面。杨昌济成了毛泽东、蔡和森和萧子升的导师,教给他们自强不息的信念和对社会的责任。

本书第6章转向学生们自己。民国初年就读于第一师范学校的这些年轻人,经历了一种思想转变,这体现在他们的著述和生活中。课程、环境、教员,以及学校、城市和乡村的各种政治与社会力量,对于他们的思想变化起到了至关重要的作用。参加赴法国勤工俭学,也影响了他们的视野。萧子升就与毛泽东及蔡和森形成了一种很有意思的对比,他是参加了"新民学会"但从未踏上共产主义之路这最后一步的一个例子。

第7章是蔡和森的一个思想传记。在组织上和思想上塑造中国共产党,这通常归功于毛泽东,但蔡和森的贡献常常被低估。蔡和森坚信俄国共产主义的道路可以拯救中国,这影响了中国激进的青年一代。如同毛泽东一样,蔡和森的这种思想形成也与第一师范学校和"新民学会"密切相关。他的思想转变的经历足以与广为人知的毛泽东的情况相提并论,而且是很好的补充。

"五四"运动是"新民学会"这些激进人士转向共产主义者的催化剂。本书最后一章考查了湖南第一师范学校的案例怎样有助于我们重新解说"五四"运动。远离北京和上海,是可以感觉到不同的影响、得出不同的结论的。对第一师范学校的研究,揭示了"五四"运动的复杂性和内在弹性,它表明政治史绝非一块单片集中电路,而是众多复杂因素的风云激荡。

第1章　1907年之前湖南的教育与革新

1949年10月1日,随着中国内战中共产党的胜利,毛泽东在天安门广场宣布中华人民共和国(PRC)成立。他讲的是湖南话。此刻站在权力顶端的此人,当年湖南第一师范的教育对他的塑造发挥了重要作用。如同共产党的干部对此后的中国历史产生了深远影响一样,他们本身也受到了自己学校教育的巨大影响。在他们的青年时代,处在一个政治动荡和思想发酵的时期,一种"现代化"的学堂体系替代了传统的中国教育体系,那种传统体系关注的是古老经典和科举考试。在20世纪的20年代,包括蔡和森和毛泽东在内的许多重要的共产党领袖人物,都在湖南省省会长沙的湖南第一师范学校受过教育。这样一所看似普通的师范学校,怎么会培育出这么多后来成为中国共产党早期领袖人物的激进知识分子?20世纪前期,旧的科举考试制度的结束和新的"现代"学校体系的出现,如何影响了那些教师和学生?

要回答这些问题,我们就必须探讨教育体系的重组与共产主义的生长这二者之间的联系。我们不仅要考查构成了第一代共产党领导层的这些激进学生的背景,还要考查他们的教师作为知识分子革新派的背景,要考查这所学校的课程设置和它的环境,考查这所学校和它所在的这个城市中各种政治和社会力量,考查所有这些因素对激进学生思想转变的作用。在毛泽东站在1949年那个胜利时刻之前,他和他的许多同志受到了第一师范学校和那些教师的深刻影响,这种受教育经历的效应扩散深远。

这种教育经历的来源,有19世纪最后10年的革新运动,有变法观念及其遭遇的保守反对,还有因外国影响闯入湖南而发展起来的民族主义思想。

1895～1896年，革新来到湖南

中国人民以他们巨大的文化自豪感而广为人知。中国地广人多、历史悠久，多少个世纪一直是东亚的文明核心。在文化事务、政治、制度和经济方面，它为邻国提供了一种范例作用。然而，到了19世纪中期，中国人的自豪感就因以1839～1842年鸦片战争为开始的一系列令人耻辱的外国军事入侵而大大动摇。更糟糕的是，在1894～1895年的中日甲午战争中，中国被中国人视为"蕞尔东夷"的日本击败，结果，中国被迫签订了辱国的马关条约，这清晰地展示了清王朝的虚弱，激怒了整个国家。国家的威望和传统的自信也被严重削弱。从外部而言，这些挫败带来了更多的"抢夺"入侵及剥削；从内部而言，它们激起了革新和革命运动。它们使得中国知识分子深切关注自己国家的革新，以抵抗那些帝国主义列强。中国知识分子认识到，如果中国要在现代世界中生存下来，就必须放弃一些旧的东西，吸引一些新的东西。[1] 保留什么，改变什么，这引发了相当大的争论，在湖南教育界也是如此。

湖南的革新开始于1895年，是"百日维新"的3年之前。周锡瑞在他的《中国的改革与革命：湖南与湖北的辛亥革命》(Reform and Revolution in China: The 1911 Revolution in Hunan and Hubei)一书中认为，清代后期的变法方案主要迎合精英阶层的利益，他将这个阶层定义为"城市改革派精英"，而新的地方政府机构则强化了士绅的力量。如同查尔顿·刘易斯指出的那样，湖南的革新幸运地得到了革新派官员的一致鼓励。首先是1889年至1897年担任湖广总督的张之洞(1837～1909)。他推进教育、铁路、采矿和工业项目。1895年，他支持康有为(1858～1927)的"强学会"及其《强学报》。他与湖南众多改革派官员和精英人士关系密切。1895年至1898年担任湖南巡抚的陈宝箴(1831～1900)也与张之洞合作良好。第三位重要的官员就是湖南学政江标(1860～1899)，他是苏州人，光绪十五年(1889)进士。他不但精通中国经典，而且熟悉西方学问。江标对外交事务感兴趣，曾在北京的"同

---

[1] 刘力妍：《医学博士休姆在中国》(香港：香港银河出版社，2000)，第6～8页。

文馆"学习过,他是1895年"强学会"的一位发起人。[1]

湖南的早期革新与此时全国的自强运动(1861～1894)氛围相吻合。1895年,湖南巡抚陈宝箴设立了矿务局来开采湖南丰富的矿业资源。在接下来的数年中,湖南又架设了长沙与汉口之间的电报线路,设立了警察局,创办了一家兵工厂和一家化学公司,还有一家为学校和科考大厅提供照明的电力公司,不过,这家电力公司只存在到1899年就破产了。[2]

令人印象更深刻的是革新教育体系上的努力。江标1894年担任湖南学政伊始,就强调"经世致用",以此来改革传统的儒家书院。在科举最低的生员一级的考试中,除了传统的科目外,江标又增加了地理和数学。[3]他还引入了外国语言的课程,购买了学习化学和电学的仪器。"湘学会"和一份革新报纸《湘学报》也是他创建的,以此推进一个谨慎的改革计划。《湘学报》主要介绍西方的政治、法律和文化,内容包括新闻、历史、地理、数学、商业、外交和科学方面的知识。[4]

到了1897年,湖南的革新运动繁荣起来。巡抚陈宝箴在湖南勤勉地实施着一个全面的革新计划。开始时,他的革新得到了广泛的支持共识,即使是湖南上层人士也欢迎对谭嗣同和唐才常(1867～1900)这些年轻人的使用。然而,湖南这些上层人士——地方政治中的"保守"派,后来却拥护湖南传统的强调"经世"的实用保守主义。"同治中兴"[5]时,在曾国藩的领导下,这种实用保守主义得到复兴,有了相当的成功。从那以后,"经世"就成为湖南文化及其儒学传统中一个非常重要的因素。这些上层人士追随那些"经世"理论家,强调地方政府中增加士绅参与和力量的重要性,比如,他们就大量投资于新的工业企业。

王先谦(1842～1917)是这个群体中最为著名的人物。他曾担任翰林院

---

[1] 周锡瑞:《中国的改革与革命:湖南与湖北的辛亥革命》;刘易斯《中国革命的序幕:湖南省的观念与体系转变,1891～1907》。
[2] 见《湖南省志:湖南近百年大事记述》(长沙:湖南人民出版社,1959)第1册,第126～129页。
[3] 同上,第138～139页。
[4] 同上。
[5] 迈克尔·迪龙(Michael Dillon)编:《中国:历史与文化辞典》(英国萨里郡里士满:柯曾出版社,1998),第376页。

编修和江苏学政,并在国史馆任职。1889年,他从官员任上退休回到湖南,担任了著名的长沙岳麓书院山长。[1]尽管他是一位著名的学者,以经典注评和大量的编纂及丰富的私人藏书著称,但也积极地提倡士绅在商业上的投资,他个人也投资了一些商业项目。王先谦甚至支持江标最早的温和的教育革新。他鼓励自己的学生阅读革新派的《时务报》,这是梁启超在上海编辑的一份报纸。[2]

1897~1898年,维新的高潮与失败

玛丽安·巴斯蒂(Marianne Bastid)认为,"现代士绅"有效地发动了教育革新,并在其中起到了关键作用。保罗·贝利(Paul Bailey)同意其观点,并认为儒家遗产培育了士绅中间对教育现代化的支持[3],中国人是极为强调教育的改造力量的。

湖南的维新运动于1897年9月到达它的高潮,其标志就是"时务学堂"的创办。一些富有的湖南人资助了这所学堂的建筑和设施,而政府办的矿山还有望为这所学校再提供资金。湖南知识界普遍支持这所学校,这体现于对它的捐款(7月初就已经认捐了每年20000元的资金),也体现在学生入学名额的激烈竞争上。在第一轮入学考试中,有超过4000人报名,而第一个班仅录取了40人。[4]

时务学堂的目标是把学生培养成一种全新的"胜任之人"。学生受的教育既有中国传统经典,也有西方科目。由于时务学堂的办学理念和课程设置在当时是全新的,所以它在湖南的教育革新中起到了一种启蒙的作用。

也是在1897年,湖南士绅开始感觉到教育革新计划中的激进层面,1年

---

[1] 邵延淼:《辛亥以来人物年里录》(南京:江苏人民出版社,1994),第84页。
[2] 王先谦在工商业上相当成功,比如他在平江就拥有一个金矿。费行简著《近代名人小传》(台湾文海出版社,1966年影印本),第180~181页。
[3] 玛丽安·巴斯蒂:《20世纪初期中国的教育改革》(保罗·贝利译),保罗·约翰·贝利(Paul John Bailey):《改造民众:中国20世纪初期国民教育的看法变化》。
[4] 见《湖南省志:湖南近百年大事记述》,第139~140页;孙海林认为,"时务学堂"是谭嗣同、唐才常和熊希龄创办的,得到了巡抚陈宝箴和代理湖南按察使黄遵宪的支持。湖南第一师范学校校史编辑委员会:《湖南第一师范学校校史——1903~1949》(上海:上海教育出版社,1983),第2页。

之后他们放弃了对革新的支持。士绅们感觉到的第一个激进变化就是1897年任命黄遵宪（1848～1905）为湖南长宝盐法道，随后则代理湖南按察使。黄遵宪是广东人，一位出色的外交官，曾有12年分别在东京、旧金山、伦敦和新加坡担任外交职务。他深深地被日本明治维新的成功所打动，急切地想将这些经验应用于中国。他就明治时期的日本写了一本书，在湖南一纸风行。这本书后来对光绪皇帝1898年的"百日维新"起到一种激励作用。[1]

1897年秋，黄遵宪建议徐仁铸（1863～1900）接替江标担任学政。当时34岁的徐仁铸是一位著名的翰林编修的儿子，也是谭嗣同的好友。在北京时，徐仁铸就是一位活跃的维新倡导者，他于1897年秋天接替江标担任湖南学政，并把康有为的学说带到了湖南。徐仁铸也是梁启超的好友，他能够为梁启超在时务学堂的工作寻求到相当程度的政府支持。[2]

代理湖南按察使的黄遵宪，也是梁启超的好友。1896年，黄遵宪和梁启超合作在上海创办了《时务报》。到达长沙不久，黄遵宪就建议邀请梁启超来担任时务学堂的中文总教习，他还提议让一位翻译家李维格[3]担任学堂的西文总教习。[4]梁启超来到长沙时，带来了康有为的三个学生韩文举（1855～1937）、欧矩甲和叶觉迈，他们成了时务学堂的教习。[5]对时务学堂教职的任命，得到了湖南省上层人士的认可。时务学堂很快就由梁启超的广东朋友和湖南追随者所支配，这些年轻的湖南士绅积极分子有谭嗣同、唐才常和熊希龄（1870～1942）。这些人都很年轻，年龄最大的谭嗣同1897年是32岁，唐才常30岁，熊希龄27岁，而梁启超才24岁。

熊希龄是湖南凤凰人，一位军官的儿子。他被称作"湖南神童"，1894年他年仅24岁就中了进士，他以一个去翰林院的3年的任命而进入北京的政

---

[1] 刘易斯：《中国革命的序幕：湖南省的观念与体系转变，1891～1907》，关于黄遵宪在湖南的活动，可看里查德·C.霍华德（Richard C. Howard）：《康有为革新计划中的"日本"作用》，收入罗荣邦编辑和翻译的《康有为：小传与相关论文》（图森：亚利桑那大学出版社，1967）。

[2] 张灏：《梁启超与中国的思想过渡：1890～1907》，第125页。

[3] 李维格是江苏人，后任汉阳铁厂总办。田伏隆编：《湖南近150年史事日志：1840～1990》（北京：中国文史出版社，1993），第40页。

[4] 同上。

[5] 见《湖南省志：湖南近百年大事记述》，第140页。

治生活,但却因一系列反对与日媾和的奏折而不得不返回湖南。[1]

在湖南的活动人士中,谭嗣同和唐才常是最为激进的维新派,二人都是出色的学者和热心的革新人士,他们代表了一类刚刚在中国出现的新的爱国理想主义者。谭嗣同1864年出生于北京一个显赫的湖南贵族家庭,他接受的是传统教育,但却被一种侠士理想所吸引。尽管他的老家是湖南浏阳的一个动荡地区,但他的绝大部分时间都是在湖南以外度过的,他在中国各地漫游。中国在1894~1895年的中日甲午战争中被击败,这让谭嗣同感到震惊,他开始阅读西方的科技书籍,并与康有为接触,又开始研究佛教。他写了一部最为人所知的著作《仁学》,试图将儒学、佛教和西方科学综合成一种世界观。谭嗣同相信"仁"是一切事物的来源。他认为传统社会的不平等、"三纲五常"和政府的专制体系都与"仁"构成了本质冲突。他的观点属于维新派中最为激进的。[2]

谭嗣同参加过数次科举考试,但只得到了生员。在他生命的最后3年之前,他没有得到过任何官职。1896年,他在南京得到了一个候补知府的任命。第二年,他应湖南巡抚陈宝箴的邀请回到湖南,参与维新计划。[3]

唐才常有着与谭嗣同相似的背景,他也是浏阳人,与谭嗣同一起在当地学者欧阳中鹄的指导下读过书。欧阳中鹄热衷于汉学,崇拜明代后期的湖南学者王夫之。[4] 唐才常也用大量的时间在湖南之外漫游,并且阅读今文经学的著作。[5] 1896年,唐才常和谭嗣同在自己的家乡创办了学社,二人在此地有着"浏阳双杰"的美誉。1897年,唐才常来到长沙参加湖南省的维新运动。在长沙,他与谭嗣同合作,创办了新式的时务学堂。他们在长沙还一起创建了一所军事学校,办了一份报纸《湘报》。[6]

---

[1] 熊希龄的更多情况,可参看周秋光:《熊希龄传》(长沙:湖南师范大学出版社,1996);霍华德·L.布尔曼(Howard L. Boorman)编:《中华民国人物传记辞典》(纽约:哥伦比亚大学出版社,1971),第4册,第108~110页。
[2] 迈克尔·迪龙编:《中国:历史与文化辞典》,第308页。
[3] 张灏:《危机中的中国知识分子:寻找秩序与意义,1890~1911》(伯克利:加州大学出版社,1987),第66~67页。
[4] 查尔顿·刘易斯:《中国革命的序幕:湖南省的观念与体系转变,1891~1907》,第48页。
[5] 关于今文经学,可参看费正清:《中国:传统与过渡》(波士顿:霍顿·米夫林出版公司,1989),第267~269、373~376页。
[6] 迈克尔·迪龙编:《中国:历史与文化辞典》,第308页。

1897年11月，湖南的维新运动有了新的领导层，领头的是谭嗣同、唐才常、梁启超、黄遵宪和徐仁铸。长沙当时已经准备进行更激进的革新了。这场运动适逢1897年德国对山东青岛和胶州湾的占领，也是外国列强"瓜分中国"的开始。在这些事件中清政府表现得很软弱，这孕育了一种危机感。维新人士焦虑于中国会被列强瓜分，那些年轻的爱国者更加坚信只有进行激进改革，中国才能得救。〔1〕

随着这股新的爱国浪潮席卷湖南，对清政府的疏离感很快传播开了。在时务学堂，梁启超主持着时务和"新知识"的讲授。梁启超和他的同事们也散发一些生动描述17世纪时明代人们抵抗满族征服的文字材料。尽管梁启超向学生提醒中国人正受着清朝异族统治，倡导"民权"，一种种族意识开始频频出现，但查尔顿·刘易斯认为，如果由此就认为这些激进革新派的主要目的是要推翻清政府，那就是误解。证据就是：只要光绪皇帝尝试一种国家改革，梁启超和他的湖南朋友马上就围绕他而集结，即使在"百日维新"结束后也仍然如此。〔2〕

最令人吃惊的激进表现是梁启超于1897年12月建议陈宝箴，为了保存一个可以保证中国未来之再生的基地，一两个位于中国中心的繁荣省份应该宣布独立（"自立"），它们进行改革以作为中国其他地方的榜样。〔3〕梁启超认为，一旦湖南独立地进行重组之后，它就能够变成中国复兴的催化剂。梁启超还认为，尽管这个提议听起来显得不忠或是叛逆，但要为所有其他省份都被外国势力割走或偷窃的那一天做好准备，这样做就是必要的。所以，这就是中国的唯一希望。〔4〕梁启超并不是在"湖南属于湖南人"这种空想基础上倡导湖南自立，他是相信湖南会是一个实施一些观念的绝佳之地，这些观

---

〔1〕 本书中"激进"这样的词指一些新类型的政治活动如罢工和游行示威，以及一些新的政治信念，比如不被现有国家权力视为合法的新的政治权力结构。所以，1897～1898年间倡导议会政体是"激进"；但在1906年清政府宣布预备立宪时，这就不再激进了。

〔2〕 刘易斯：《中国革命的序幕：湖南省的观念与体系转变，1891—1907》（剑桥：东亚研究中心与哈佛大学出版社，1976），第49～50页。

〔3〕 梁启超此信见于中国历史研究编《戊戌变法》4卷本（上海：上海人民出版社，1957），第2卷，第533～535页。

〔4〕 刘易斯认为梁启超的这个建议并不特别激进，因为湖南士绅有时已经在外国势力进入的问题上违抗中央政府了。刘易斯：《中国革命的序幕：湖南省的观念与体系转变，1891—1907》（剑桥：东亚研究中心与哈佛大学出版社，1976），第50页。

念的实施最终将会拯救中国。梁启超的本省自立和地方自治的建议,从来没有被湖南的上层人士反对过,但他们很快就攻击他在时务学堂的激进讲授。本省独立的倡议在湖南政治界回响了将近30年。[1]

梁启超希望推广激进的革新。他一到时务学堂就开始讲授康有为对孔子学说的解释。他强调中国政治革新的起源是在古代。他的讲授依据《孟子》《公羊传》和康有为的《大同书》,《大同书》将孔子视为一位改革者。当学生们春节放假时把自己的听课笔记给亲友们看时,整个湖南省都议论纷纷,人们被时务学堂讲授的激进思想震撼了。[2]

差不多与此同时,谭嗣同、唐才常和他们的文人朋友正在催促巡抚批准建立一个新的学会"南学会"。南学会开始是一个官方认可的士绅辩论社团。对于梁启超来说,这类学会中就包含了西方国家之所以强大和富裕的秘密,西方每个不同的领域都有类似的学术组织。梁启超也看到,在孔子当年的那个古代中国,也有类似的存在。由于无论是对中国还是对西方而言它们并不新,学会就是一个培育综合取舍地寻求知识和平等哲学的地方,这体现了康有为著述中的主线。[3]

南学会也被梁启超视为一种地方立法机构的先导,这将有助于保护湖南的自立。他后来回忆说:

> 盖当时正德人侵夺胶州之时,列国分割中国之论大起。故湖南志士人人作亡后之思,思保湖南之独立。而独立之举,非可空言,必其人民习于政术,能有自治之实际然后可,故先为此会以讲习之,以为他日之基,且将因此而推诸南部各省,则他日虽遇分割,而南支那犹可以不亡,此会之所以名为南学会也。[4]

南学会的许多辩论在《湘报》这份新的日报上刊登出来。这份报纸由熊

---

[1] 安格斯·W. 小麦克唐纳:《农村革命的城市起源:1911～1927 中国湖南省的士绅与民众》(伯克利:加州大学出版社,1978),第 14～15 页。
[2] 见《湖南省志》,第 139～140 页。
[3] 同上,第 146～152 页。
[4] 梁启超:《戊戌政变记》(中华书局 1954 年版,台北重印本,1964)。

希龄1897年策划,1898年3月面世,由唐才常和谭嗣同主持编辑,得到了巡抚陈宝箴的资金补贴。对于维新派的教育使命而言,报纸是至关重要的。《湘报》成了诸如上海《时务报》和长沙《湘学报》等报纸之外的一个重要添加。《湘报》发行到湖南全省,它宣布的宗旨就是"开风气,拓风闻"。[1]

《湘报》也刊登理论文章,将议会政体、政治党派和民众权利等等,与中国经典中的观念和古代圣君的例子联系起来。《湘报》也发表了一些由唐才常、谭嗣同和其他人提出的较为温和、具体的建议,如开办军事学校、建立西式装备的现代陆军和海军、改进对政府官员的培训等。[2]

1898年春天,受到这些报纸和南学会的刺激,其他的维新派组织在湖南如雨后春笋般遍地出现。一些新的学会有着更为具体的革新目标,比如倡导婚姻改革、禁止缠脚、妇女解放等,还有的要求人们简化结婚仪式,不要搞奇异的婚服和昂贵的宾客款待。[3] 年轻的革新者们质疑基本的社会规范和士绅生活本身的基调。

显然,梁启超、谭嗣同、唐才常和其他年轻革新派正在以新式学堂、各种学会和报纸为工具来发动一场声势浩大的革新运动。当时,全国已有51所新式学堂、学会和报馆,有16所在湖南。[4]时务学堂的创办尤其激励了开化的知识分子和年轻学生。湖南的上层士绅们争相把旧的儒家书院体系改变为现代学校,并创办新式学堂。从这一点来看,时务学堂是湖南教育革新的一个开创性试验。

在当时这种令人振奋的气氛中,时务学堂的学生和教师时而也被允许去批评清政府的专制和恶政。早已逝去的一些忠于明朝人士的被禁著作得到了重印。"学堂的氛围",梁启超后来写道:"是一天比一天激进。"[5]

在南学会,梁启超和他的革新派同事谈论学会所有成员和士绅之间的"平等"。南学会成了梁启超为湖南准备的一个宏大计划的一部分。在1898年1月写给巡抚陈宝箴的一封信中,他界定了革新的目标,勾勒了他理想中

---

[1] 见《湘报类纂》(上海:1902;台北1968年重印本),第1册,第157页。
[2] 散见于《湘报类纂》(上海,1902;台北1968年重印本),第1册,第15～16页。
[3] 湖南省志编纂委员会编:《湖南近百年大事记述》,第150页。
[4] 湖南第一师范学校校史编辑委员会:《湖南第一师范学校校史——1903～1949》,第2页。
[5] 梁启超:《清代学术概论》(徐中约翻译)(麻省剑桥:哈佛大学出版社,1959),第123页。

的体系。时务学堂和南学会让民众开化,而这种民智可以延伸成为民权的基础;在一种美国式的三权分立的体系中,民众将与地方士绅和政府官员分享平等的权力。[1]这些年轻的革新派,尤其是谭嗣同不遗余力地钻研《孟子》《公羊传》《六经》和其他古代经典著作,以表明民权其实就为中国传统所固有。[2]

尽管这些年轻的革新派下工夫在中国古典中寻找革新的先例,但他们的激进理论和观念已经开始让湖南士绅中那些强大而更为正统的成员警觉了。这些人起先是革新的支持者,但当他们认识到康有为的观念和年轻人革新派的激进理论在根本上威胁到社会秩序的核心价值和制度时,反对就开始形成了。根据这些人的批评,革新派和激进人士的理论并非是让中国有一种防御性的自强,而是攻击性地要颠覆中国的传统,在社会秩序中造成革命性的改变。他们看到那些传统观念、风俗制度和社会政治结构全都受到了攻击。

1898年夏天,由王先谦和叶德辉(1864~1927)领导的反对派发难了。他们逐渐得到了革新派官员如张之洞和陈宝箴的支持。王先谦是陈宝箴的好友,曾做过很多事情来支持湖南最初的温和改革。在王先谦自己看来,只是到了1898年2月,当他出席南学会的开幕式时,他才开始怀疑革新运动的道路问题。这个仪式于1898年2月21日在长沙孝廉堂[3]举行,有300多人出席,有平民也有政府官员和士绅。[4]学会新的会长皮锡瑞(1850~1908)发表了开幕词,黄遵宪、谭嗣同和巡抚陈宝箴都讲了话。王先谦因这些讲话中的异端基调而警觉,而随后在《湘报》上发表的文章读起来更有威胁感。后来,当叶德辉给他带来时务学堂课程里的讲授材料时,王先谦彻底相信康有为和他的追随者是在谋划反叛了。[5]

叶德辉是湖南湘潭人,1898年时才34岁。他与王先谦很不相同,但却是同等重要。他是一位杰出的学者和藏书家,1889年中了进士。[6]他曾在吏

---

[1] 梁启超:《戊戌政变记》第3册,第130~137页。
[2] 见梁启超:《清代学术概论》。
[3] 这是在孝廉堂的大厅。孝廉堂是长沙主要的学堂之一。
[4] 田伏隆编:《湖南近150年史事日志:1840~1990》,第41页。
[5] 见《湖南省志:湖南近百年大事记述》,第157页。
[6] 邵延淼:《辛亥以来人物年里录》,第152页。

部任职,后回家继承一笔巨大的遗产。他将自己财富的大部分用来购书,他也是一位绘画鉴赏家。叶德辉坚信学习是通向道德培养的门径。至于国家,他认为中国最好的希望就是避免任何形式的西方影响,所以他从来没有参与过湖南维新运动任何自强项目。他的极右立场与年轻的革新派相冲突,使得湖南士绅要找到一条中间道路,这就变成了1898年保守派的一种反应。

事实上,当激进的革新派在南学会谈论"平等"时,他们所说的平等是指士绅中间,他们的明确目的就是要扩大士绅的力量。他们之中许多人受到诸如清代初期思想家顾炎武(1613～1682)等人的影响,顾炎武就建议各省由世袭的地方行政官员来服务。清代的"回避之规"禁止那样做。康有为、梁启超和年轻的革新派常常表达对于"回避之规"的反对。所以,这清晰地显示他们是想要扩大地方士绅的影响。[1]

王先谦和湖南上层人士想要维持士绅地位,但又反对激进革新派在士绅中间实施"平等"的理论。他们觉得像谭嗣同和唐才常这样的年轻人受到如同上层翰林一样的对待,这种想法完全不可接受。正在强化的保守派士绅感觉到,儒家思想的本义与这些新理论是对立的,这些新理论挑战着社会的层级秩序。王先谦和其他上层士绅也很不满于革新派年轻人对经典的新解说。不过,他们也是在利己的基础上为儒家正统进行辩护。康有为当时在北京已经出名,梁启超在长沙的学校和学会中也团结了一批年轻湖南人,湖南社会和政治圈中久已建立的士绅支配受到了威胁,他们还焦虑于湖南人在朝廷的突出地位也会因此结束。对于王先谦和其他保守派上层人物来说,最为糟糕的是康梁和他们的广东人群体有可能已经控制了湖南的年青一代。如同一位湖南保守派人士所言:"就上而言,他们[革新派]有广东人的支持;就下而言,他们又拥有一群暴民。"[2]王先谦本人也警告巡抚陈宝箴:

> 康有为心迹悖乱,人所共知。粤中死党护之甚力,情状亦殊叵测。若辈假西学以自文,旋通外人以自重,北胡南越本其蓄念,玉步未改

---

[1] 见《湖南省志:湖南近百年大事记述》,第147页。
[2] 苏舆编:《翼教丛编》(台北,台联国风出版社,1970),第242页。

而有仇视。[1]

显然,康梁及其广东信徒所倡导的西方学问威胁到了湖南保守派,刺激了他们的抵抗。首先,叶德辉这样的保守士绅坚信保持中国学问不被西方影响、污染,是中国最好的希望。第二,湖南的保守派士绅从来没有忘记湖南在半个世纪之前如何激烈抵抗来自广东和广西的伪基督教太平天国叛乱,湘军是如何在曾国藩的领导下英勇作战,最终才把这场叛乱镇压下去。他们常常在康梁身上看到太平天国叛乱的化身。尽管说革新派在传播西方学问与基督教的这种指控有点妄想狂,但来自广东的"一小撮"今文学派学者是有可能控制湖南教育界的。如果康有为或梁启超的理论侵蚀了保守的正统理论,王先谦和他的同事及学生就会被从教育界或政治圈中剔除出去。在中国,多少个世纪以来,学识与政治权力之间的关系通过科举考试体系已经制度化了,二者之间联系密切。

此时的长沙城内,紧张与指控正在逐渐增长。1898年6月初,岳麓书院的一群学生向王先谦请愿,要求巡抚陈宝箴解除梁启超时务学堂总教习的职务。他们谴责梁启超的异端观点如"民权"和政治"平等"。"如果皇帝的权威被打倒,那么谁来统治?"学生们这样请愿道:"如果民众能够治理他们自己,那么皇帝的功能是什么?这些政治观点将导致帝国走向混乱","激进分子将误导学生变成无父无君的叛逆。"[2]

岳麓书院这些学生的请愿引发了时务学堂学生的愤怒回击。徐仁铸作为湖南学政开始时支持时务学堂的学生,谴责岳麓书院的学生。然而,王先谦支持岳麓,徐仁铸的声音被压下去了。王先谦、叶德辉、张之洞和其他7人向巡抚陈宝箴提出撤换梁启超的要求。[3] 这些湖南士绅不仅向巡抚请愿,而且把他们的抗议带到了北京。所以,熊希龄就提议撤掉所有的保守派(书院领袖),用"开化、正直、渊博的学者"来替代他们,从而使这些保守派"不能

---

[1]《王祭酒致陈中丞书》,见苏舆编:《翼教丛编》,第397页。
[2] 见《湖南省志:湖南近百年大事记述》,第142~146页;参看中国人民政治协商会议湖南省委员会文史委员会汇编:《湖南近150年史事日志:1840~1990》,第40~42页。
[3] 见《湖南省志:湖南近百年大事记述》,第151~152页。

接触时务"。[1]

熊希龄的提议没有被采纳,更为激烈的论争在持续。保守派很快就增加了压力,而激进革新的领导层开始陷入分裂。一个接一个地,革新派年轻人离开了湖南,一些人事实上是被驱逐走的。梁启超和谭嗣同这样的人觉得,即使革新在湖南陷入了困境,但在北京仍然可以得到更大的机会,那里的"百日维新"才刚刚开始。[2] 1898年6月8日,皮锡瑞辞掉了南学会的会长,离开湖南回到自己在南昌的家。6月中旬,熊希龄辞掉了时务学堂的管理职务,那些随梁启超而来到时务学堂的教习们也离开湖南回广东了。随后,由于张之洞的坚持,巡抚陈宝箴也实施了对《湘报》的较为严格的审查。到了1898年夏天,应谭嗣同之邀,唐才常也前往北京,但刚刚走到汉口就得知了谭嗣同的就义。谭嗣同由光绪皇帝诏赏四品卿衔军机章京,在"百日维新"中发挥了关键作用。慈禧太后9月的政变镇压了维新运动,谭嗣同成为被处死的变法派"戊戌六君子"之一。

政变之后,朝廷清除了湖南激进革新派的残余势力,使得湖南发生的变化戛然而止。然后朝廷指定保守的湖南按察使俞廉三替代陈宝箴担任湖南巡抚。[3] 1898年10月6日,慈禧太后下旨命令张之洞关闭了南学会和湖南保卫局(警察署),并把南学会所有谈革新的文字材料全部烧掉。[4] 在王先谦的监管下,时务学堂多存活了一点时间,不过,只有大约40个学生留了下来,所有的进步教师和学生都走了,或者是被驱逐。1899年,这所学校搬到了长沙的另外一个地方,名称也改为"求实书院"。《湘报》则早在8月就停止了出版。在这些重要的改变之中,只有保卫局维持未动。新巡抚解释说,实际上它就是保甲这种传统邻里安全体系的另一个名称而已[5]。

---

[1] 见《湖南省志:湖南近百年大事记述》,第143页。

[2] 朝廷命令谭嗣同和黄遵宪(黄遵宪被任命为驻日公使)前往北京参与维新运动。谭嗣同由于生病,直到9月初才到达北京。黄遵宪也生了病,慈禧太后于1898年9月21日镇压了"百日维新"之后他才抵达上海。

[3] 田伏隆编:《湖南近150年史事日志:1840~1990》,第42页。

[4] 周锡瑞认为,张之洞下令把南学会所有谈革新的文字材料全部烧掉,其动机无疑是为了保护许多参与了维新的士绅。周锡瑞:《中国的改革与革命:湖南与湖北的辛亥革命》(伯克利:加州大学出版社,1976),第18页。

[5] 见《湖南省志:湖南近百年大事记述》(长沙:湖南人民出版社,1959)。

革新之后：分裂与革命

将1898年这批激进革新派赶出湖南，关闭湖南省创办的那些革新事物，这是很容易的；但就儒家教义而展开的新旧争论仍在持续。湖南省分裂成了两个派别——人们所称的"新派"（激进派）与"老派"（保守派）。

儒家教义上的争论造成了政治上的分裂。王先谦和张之洞这些有影响的上层士绅在维新运动的开始阶段是支持的，而现在则加入了那些保守派，认为维新走得太远了。在慈禧太后的政变之后，他们把自己的忠诚给予了她，以重申儒家正统为己任，同时强化传统的社会和政治秩序。

尽管遭到了驱逐和镇压，但湖南那些年轻的戊戌激进革新派却坚持自己对社会政治进步和国家强大的展望。这些有着新思想的年轻爱国者，决心打破或摧毁已有的贵族对地方社会和政治力量的支配。然而，清政府对革新的拒绝使得这些激进改革派必须去反抗这个合法政府，他们的政治立场现在已经与革命派孙中山或一些非法秘密会社的强力领导人的立场没有什么不同了。由于自己主张的常规进步道路和通常的获得政治影响的合法来源已经被切断，这些1898年的激进改革派就加入了康有为、梁启超和其他流亡于日本的广东人的阵营[1]。

1900年，唐才常和其他1898年的湖南激进改革人士在湖南和湖北的秘密会社中招募了一支不小的军队，在康有为的"保皇会"的鼓励下，发动了一次反抗清政府的起义。刘易斯认为，激进改革派与秘密会社之间的合作有助于吸引大众参与到变革运动之中。[2] 唐才常的起义被镇压了，他和他的追随者在武昌刑场被斩首。如同他的朋友谭嗣同一样，唐才常也作为改革的烈士而死去。在张之洞的命令下，唐才常的头颅第二天被挂在武昌城门外。据说，他的眼睛一直睁着，凝视着远方。[3]

---

[1] 1898年唐才常与梁启超在日本相聚。第二年，梁启超在东京创办了"高等大同学校"，长沙"时务学堂"原来的11名学生来到日本，继续跟随他学习。

[2] 刘易斯：《中国革命的序幕：湖南省的观念与体系转变，1891～1907》，第69页。

[3] 李守孔：《唐才常与自立会》，收入吴相湘编《中国现代史丛刊》，第6册，第41～159页。

随着唐才常的死去,许多年轻的湖南改革派要建立一个强大和革新的帝制中国的希望破灭了。留存下来的湖南革新派心灰意冷,转向用革命性的暴力推翻这个政治体系。另一方面,保守的湖南上层士绅,因受到康梁异端的威胁,就支持政府官员努力维持现存的社会政治秩序,去培养正统的价值观念。

湖南的开化

1898年后,外国人开始渗透到湖南。湖南是一个长期以来以排外著称的省份,在整个19世纪,湖南人都激烈抵挡并成功阻止了任何外国人进入本省。然而,保守力量却无法克服1891年中国与英国交战失败、1894～1895年中日甲午战争日本胜利和1897～1898年列强瓜分中国的影响。传统的湖南排外情绪显然已经过时。即使是在1890年代初期,湖南省的官员就已经能够减缓湖南人士中的排外心理了。在1898年的革新论争中,激进人士和保守人物都曾对排外做过一种合理化。随着排外主义开始失败,帝国主义对湖南的渗透就加快了。传教士们希望湖南人皈依西方宗教来拯救他们的灵魂,而商人们是急于开发中国中部的资源和市场。

1899年到1906年的8年间,4个"条约口岸"在湖南先后被开放,岳州是1899年,长沙是1904年,常德和湘潭是1906年。[1] 长沙的开放对于湖南至关重要,这倒不是由于长沙的经济重要性,而是因为它是湖南省的政治和文化中心。湖南人对外国进入的抵抗是建立在政治和文化的排外之上,所以,作为政治和文化中心的省会的开放,就标志着湖南排外影响的被克服或至少是减弱了。

外国人在湖南的商业利益快速增长,随着外国商业扩张的进展,随之而来并得到了协助的就是传教士进入湖南省。湖南的河流上行驶着外国炮艇,它们象征、保护和强化着西方商人和传教士的特权和条约权力。大量的廉价工业品被输入湖南,这打破了传统的商业模式,威胁到了地方士绅的权威。

---

〔1〕 见《湖南省志》,第170～198页。

更为重要的是,它又有助于唤醒湖南人对自己经济权利的意识。不过,外国利益的扩张在湖南并未遇到传统的敌意,1900年之后,这种敌意就已经只存在于湖南省的一些偏远地方了。事实上,这种扩张得到了政府官员和地方上层保护与合作的促进。

  基于正统儒家教义信念而来的早期那种绝对的排外主义,已经让位于政治上的民族主义。湖南人认识到中国的安全不能依赖教义上的正统,而要依靠工业化的变革,依靠对西方那种物质力量的需要,依靠中国经济权利的恢复。一个新的中国并不是建立在一些道德原则之上,而是建立在铁路和矿山之上。不同于旧式文人那种反对外国的运动,正在出现的要去阻止帝国主义潮流的政治民族主义,呼唤一种不同的反应来面对外国人。不是害怕和伤害外国人,这种政治民族主义倡导中国人以一种友好的方式与他们论争,从而恢复自己的权利。不同于1898年的维新运动只限于一些激进的爱国者,这种新近出现的民族主义者包括许多不同的人群。

  随着外国渗透在湖南的扩展,湖南上层强化了1890年代开始的革新项目。湖南上层已经启动了工业和商业项目,这些在许多方面都与朝廷1907年宣布的目标相一致。由湖南上层领导和支配的一个强大的改革运动,部分地抑制了外国在湖南的扩张。这第二波的改革浪潮正好适应了新的民族主义氛围。

第 2 章 从儒家书院到现代学堂

1900~1911 年湖南的教育改革

1900 年之后,帝国主义的危险在增长,这变成了湖南对外关系的主要忧虑,而教育革新则成为内部争论的主要焦点。对 1898 年维新运动和 1900 年起义的镇压,重新树立了保守派上层在湖南省的支配力量。

杨念群对湖南的描述[1]和丹尼尔·麦克马洪(Daniel McMahon)的文章[2]在岳麓书院及其在湖南文化活动中地位的研究上做出了很大贡献。在 1919 年之前,岳麓书院一直是一所传统的儒家书院,在那之后,它合并入湖南大学。本书所关注的是湖南第一师范学校,它是 1903 年由城南书院转变为一所现代学校的。

湖南的一些上层士绅成了这场新的民族主义运动的领袖,要恢复湖南省在采矿、铁路和工业及运输方面的权利。[3] 尽管他们在促进技术和经济变革上意见相对一致,但对于教育革新的各种问题仍然看法不一。一些人推崇西式课程设置和新式学堂,主张废除科举考试;但包括参与了镇压 1898 年激进革新的保守派在内的其他人,则维护传统价值观念和制度,反对西方学问的快速扩张。开始时,他们得到了保守倾向的巡抚俞廉三的支持,俞廉三对新的教育政策发动了一场保守的攻击。然而,想要阻止强有力的革新再次引入,保守派在这个问题上再也不能像以前那样成功了。事实上,当 1905 年科举考试被北京废除后[4],他们已经被逐出了中心舞台。

---

[1] 杨念群:《儒学地域化的近代形态:三大知识群体互动的比较研究》。
[2] 丹尼尔·麦克马洪:《岳麓书院与湖南 19 世纪重视经世致用》,收入《晚期中华帝国》(巴尔的摩:约翰霍普金斯大学出版社,2005),第 72~109 页。
[3] 见《湖南省志》,第 160~197 页。
[4] 见《湖南省志:湖南近百年大事记述》,第 1 册,第 166~167 页。

20世纪初,当湖南的保守上层在本省反对教育革新时,中央政府和其他地方的舆论已经因义和团引起的灾难而赞同革新了。[1] 此时,教育革新已经变得非常普遍,新式学堂、新式学会和报馆在全国各地不断出现。于是,清政府在1901年颁布了称为"新政"的政治改革。[2]

在张之洞和其他高级官员的建议下,中央政府建立了一个全国性的学校体系,派遣学生出国留学,组建了一支现代陆军,修建铁路,推进工业,废除科考,革新官僚机制,最后于1906年宣布预备立宪。

新政最为重要的一个方面就是教育革新。在这方面,北京最早一批上谕中有一道发布于1901年9月,下令所有的儒家书院转为新式学堂。到了1902年和1903年,清政府就教育革新又发布了一些新的上谕。[3] 这些新的政策旨在废除科举考试,加强新式学堂的建立,派遣学生出国留学。根据这些革新上谕,所有的儒家书院都转为省府县三级不同层级的新式学堂。省级书院转为高层级的大学(大学堂),州府一级的书院转为中间层级的学校(中学堂),县级书院转为低层级的学校(小学堂)。

此时长沙有三所儒家书院。城南书院是这种教育途径和历史的一个典型代表。城南书院于12世纪由南宋大儒张栻[4]创建。城南书院的教学方法综合了个别钻研、相互问答和集众讲解。它的主要课程是研习儒家经典,间或讨论时政。城南书院对湖南的学术思维和文化的发展有着深远影响。它被赞为"昔贤过化之地,兰芷升庭,杞梓入室,则又湘中子弟争来讲学之区也"[5]。

1822年,道光皇帝(在位1821~1850)亲笔写下"丽泽风长"四字以赞扬城南书院,大意是"同学相互切磋学问,此地学术氛围浓郁"。皇帝御书刻匾,匾额悬挂于书院讲堂。

---

[1] 周锡瑞认为,清政府之所以转向维新,是因为义和团的保守排外带来了那样巨大的失败和耻辱。周锡瑞:《中国的改革与革命:湖南与湖北的辛亥革命》,第41页。
[2] 见《湖南省志:湖南近百年大事记述》(长沙:湖南人民出版社,1959)。
[3] 1902年的法令称为"壬寅学制",1903年称为"癸卯学制"。
[4] 张栻(1133~1180):南宋时著名儒家学者,与同时代的大儒朱熹和吕祖谦齐名,时人称为"东南三圣"。
[5] 见《湖南省立第一师范学校校志》(长沙:湖南省档案[1918]:59-5-37)。

关于教育的新政上谕发布之后,湖南巡抚俞廉三在得到上层保守士绅王先谦和叶德辉等人支持和鼓励下,尽自己所能对此予以抗拒。为了回应将传统书院转为现代学堂的要求,俞廉三和他的下属在当地保守派上层的支持下,强调长沙三所主要儒家书院的教育过于古老,学生也年龄过大,无法将经典研习改为新课程了。俞廉三和他的支持者们想维持这三所领头的书院不变,只把以前的时务学堂改成现代学堂。〔1〕

为了回应派遣学生出国留学的要求,巡抚俞廉三和他的下属允许派出12个学生到国外留学6个月。这12个学生经过仔细挑选,所有人都是成年的有功名者,而且是在传统中国学识上最有根基者。〔2〕1902年6月,当湖南省学务处建立后,巡抚宣布了一系列教育原则:

> 兴学要义三端:曰培养德性,以作忠孝;曰开拓智识,以致实用;曰作兴志气,以振顽懦。〔3〕

这些教育原则类似于19世纪自强运动的精神,但与20世纪维新运动的要义却相距甚远。

尽管保守派在某种程度上能够在湖南本省颠覆北京的教育革新上谕,但新式学堂已经在全国遍地出现,迫切需要新型教师。1902年,教育部要求进行正规的教师培训。

在这种氛围的压力之下,湖南巡抚俞廉三于1903年2月建立了湖南师范学校(师范馆)。这所新的省级师范学校,任务就是培训县级小学堂的教师。这所师范学校位于长沙的一个士绅居住区,俞廉三倚重王先谦这位著名的保守派人士和自己在教育事务上的核心顾问,任命他担任师范馆的馆长。俞廉三希望,尽管教育结构变成了新的,但内容要保持不变。〔4〕

第一年,这所师范学校只有60个学生,都在同一个班。它的课程包括数

---

〔1〕 见《湖南省志:湖南近百年大事记述》(长沙:湖南人民出版社,1959)。
〔2〕 同上,第176~177页。
〔3〕 湖南省志编纂委员会:《湖南近百年大事记述》,第1册,第177~178页。
〔4〕 见《湖南省立第一师范学校校志》(长沙:湖南省档案[1918]:59-5-37)。

学和其他理科课程,总共有 15 门或 16 门课,仍然坚持"中学为体,西学为用"的观念。[1] 有四分之一的课程是古老方式的研读经典,发展文学技能。它的教学方法和管理主要遵循岳麓书院的做法。不过,它也培训学生学习数学、艺术和其他"西方"课程,这在以前的儒家书院是从来没有教过的。所以,这所学校起到了作为湖南省教育现代化范例的作用。这所师范学校的建立也标志着湖南教师培养教育的开始。

湖南第一师范的形成

1903 年年初,湖南巡抚俞廉三被赵尔巽(1844～1927)替代。在此之前,湖南省没有实施什么有效的改革措施。赵尔巽是一位翰林学士,汉军旗人,一位说话颇有分量的官员。在教育革新上,赵尔巽致力于一种现代的课程设置。他不久就把长沙的岳麓书院和城南书院改成了现代学堂。他下令建造了许多新的小学和中学校舍,引入西方科目和西式课程设置,关注购买现代教材。[2] 1903 年 11 月,赵尔巽上奏朝廷,奏请把城南书院改为湖南省师范学堂。他的建议得到了批准,他任命具有革新思想的学者刘棣蔚担任这所新学校的监督。

保守士绅很不喜欢赵尔巽的革新措施,尤其是分别担任岳麓书院山长和城南书院山长的王先谦和刘采九,他们积极抵抗那些改革措施。王先谦和保守人士厌恶新的学校体系的课程设置,责难教室里上课的那种杂乱节奏。王先谦写道:

> 铃声一响,学生冲进教室抓书背诵。这种训练岂能获得真正的理解?《大学》有言,静心才会有静思,静思才会有熟虑。现在的课堂教学被切成了好几段,这么多学生挤在一个教室里,他们怎么可能"静心"和

---

[1] 湖南第一师范学校校史编辑委员会:《湖南第一师范学校校史——1903～1949》,第 4 页。
[2] 《东方杂志》1.1:22(1904 年 2 月)强调教科书问题的急迫性,建议湖南当局翻译日本教科书供本省使用。田伏隆编:《湖南近 150 年史事日志:1840～1990》,第 45 页。

"静思"呢？更不必提"熟虑"了！[1]。

王先谦要求关闭新式学堂，学生可以"为科举考试在家自学，这样中国学问至少可以保存……现在花在这些学校上的大量金钱或许可以较好地用于发展我们的工业"[2]。

保守派还谴责新式学堂重视大群学生的集中授课，在他们看来这在结构上类似于教堂，而不是任何传统的中国教育体系。

不过，以王先谦为代表的保守派文人对这位新巡抚没什么影响，他不像前一位巡抚那样听取王先谦的建议。作为抗议，王先谦辞去了湖南师范学堂监督的职务，"氛围日趋恶化，唯有悲凉观之"[3]。

赵尔巽任命具有革新思想的刘棣蔚接替王先谦担任湖南师范学堂的监督。当城南书院于1903年11月转入湖南师范学堂时，刘棣蔚也是这所学校的监督（1912年改监督为校长）。1914年3月，湖南省政府将这两所学校合并为一所现代学校，称为"湖南省立第一师范学校"，它最终成为"湖南第一师范学校"。[4] 刘棣蔚在革新这所学校的办学理念、课程设置和管理体系上相当活跃。第二年，这所学校有了130名学生，分成3个班。

1903～1912年一师的演变与政治文化

在20世纪的最初几年中，湖南政府的领导层有一种进步与倒退的交替模式。首先来的是革新头脑的巡抚陈宝箴，接下来是保守派俞廉三，再接下来又是积极的革新派赵尔巽。1904年5月，陆元鼎接替赵尔巽担任湖南巡抚，他是一位受过教育的反启蒙主义者。开始时事情还在朝前推进，但不久革新的步伐就迟缓下来。这种令人沮丧的局面持续到1907年。在这些年

---

[1] 王先谦：《虚受堂文集》（上海国学书社，1910）。
[2] 同上。
[3] 王先谦：《王先谦自定年谱》，时间约为18世纪后期至19世纪初期。
[4] 1904年，合并后的湖南师范学校和湖南省立师范学校重新命名为"中路师范学堂"。1912年，校名改为"湖南公立第一师范学校"。1914年定名为"湖南省立第一师范学校"。2008年，校名改为"湖南第一师范学院"。

间,湖南没有一贯的革新政策。

巡抚陆元鼎接受保守派的意见并得到他们的支持,关闭了新创办的女子学堂,并责备转为新式高中后的岳麓书院丢失了道德培养,又建立了一所较为保守的学堂,这所学堂要求学生先学好中国传统经典,然后再谈西方学问。尽管陆元鼎在湖南的统治延缓了教育革新的步伐,但造成的损失并不大,因为他只在湖南待了6个月。陆元鼎的接替者是精力旺盛的满族人革新派端方,他也只在湖南任上7个月,1905年夏天就被召到京城去了。[1]然而,在端方短暂的任期内,各种革新,尤其是教育革新,都在认真实施。

到1907年时,由于巡抚的快速更替,革新政策的不一贯,湖南学堂体系的发展起起伏伏,局限于大城市,尤其是省会长沙。初级学堂的数量只有419座,这个数字是很小的。[2]不过,湖南在中等教育上取得了很大的进步,比如小学高年级、初中、师范学校和技术学校等。这些学校绝大多数集中于城市地区。

尽管几任校长更替很快,但湖南第一师范学校建立的头几年中发展迅速,1905年9月,谭延闿担任了校长。在他任期内,大礼堂和学生宿舍建造起来。1906年,学校扩大为250名学生,分为6个班。谭延闿是第一个在此校采用日本学制的人。在此之后,第一师范学校就一直使用日本特色的课程,直至1925年。谭延闿还在学校后山妙高峰上创办了一所简易师范学堂,[3]它相当于初级师范学校。1906年11月,刘人熙接替谭延闿担任一师校长,继续谭延闿的革新政策和实践。

1908年10月,瞿宗铎接任校长。他正式明确了这所学校的任务就是培养县区小学的教师。他还将学制统一定为5年,头一年为预科。学生必须在14岁以上才能入预科读第一年,15岁以上才能进入本科。1909年之后,一师成为正式的中等师范学校,有了统一的招生制度、培养目标和学习年限。直到今天,一师仍然是一所中等师范学校。[4]

---

[1] 田伏隆编:《湖南近150年史事日志:1840~1990》,第46~48页。
[2] 湖南省志编纂委员会:《湖南近百年大事记述》,第1册,第221页。
[3] 见《湖南省立第一师范学校校志》(长沙:湖南省档案[1918]:59—5—37)。
[4] 这所学校于2000年3月升格为普通高等师范专科学校,2008年4月升格为普通高等师范本科院校,并更名为湖南第一师范学院。——译者注

一师历史的头9年中,课程设置几乎没有改变。它的课程有16门,包括国文、经学、修身、教育、英语、翻译(满文译为汉语)、历史、地理、数学、物理、化学、博物、手工、绘画、乐歌和体操。对于儒家书院来说,这些课程中许多都是新的西方科目。

对教师的挑选,一师有着严格的遴选程序,只有那些受过良好教育的人才可能被聘用。尽管一师的前9年中,校长更替频繁,但这所学校的教师和课程设置却形成了改革的持续性。此外,尽管有些人在政治上偏于保守,但那些校长全都被视为"皆彪炳冠一时"的饱学之士。学校的第一任校长王先谦是古典哲学汉学派的著名学者,撰写和编纂过大量有影响的书籍。谭延闿校长则是久负盛名的翰林院翰林。王达(1872~1927)校长是著名的地理学家。王凤昌校长是著名的教育专家。教师们也都是饱学之士。尤其是在谭延闿任监督期间,他延聘了整整一批具有革新头脑的学者来指导学校各个班级。谭延闿校长甚至聘请了两位外国人作教师,一位是日本人,另一位来自美国。[1] 学校的教师人数不多,但专业素养很高,非常能干。[2]

一师得到了省政府的宽裕资金,吸引了湖南省最好的学生。学校扩大了校舍,购买了历史课、地理课和博物课所需的教学材料,还修建了一个更大的图书馆,为人数正在增长的学生服务。1903年时,一师的学生人数为60人,到了1911年就增长为252人。1904年之后,其学生名额固定为250人左右。不过,在谭延闿长校期间,学生人数达到了400人。一师创办后的头9年(1903~1912)中,毕业的学生为450人左右,其中40人去了日本留学,100人左右继续深造,许多成为了湖南教育革新的领军人物。[3]

第一师范学校头9年的教育一直走在教育革新的进程上,但也一直有着各种各样的曲折和矛盾。一方面,学校已经从老式的儒家书院转变为一所现代学校,采用了新的教学方法和新的日式课程,讲授大量的西方科目;另一方

---

[1] 见《湖南省立第一师范学校校志》(长沙:湖南省档案[1918]:59—5—37)。
[2] 比如,1909年时第一师范学校仅有29位教职员工,4个年级学生共225人。湖南第一师范学校校史编辑委员会:《湖南第一师范学校校史——1903~1949》,第8页。
[3] 1910年,学校被火烧毁,1912年重建,成为长沙第一批现代建筑。1938年,第一师范在长沙大火中再次被烧。今天的第一师范学校是1968年依据学校最早的特征重建的。《湖南第一师范学校校史——1903~1949》,第2、9页;《湖南省志》,第259~260、704~705页。

面,学校仍然强调"中学为体,西学为用"的教育理念。它的课程集中于文科,轻视科学类课程。儒家经典、修身和满汉文翻译是所有学生都必须学的。儒家经典尤其重要,构成了课程一个很大的部分。不过,即使如此,第一师范学校也仍然是湖南省最为著名的学术机构,因为它吸引了湖南的著名学者和最好的学生。20世纪头10年中,学校实施的教育革新,由此而来的政治文化,为它在民国时期的进一步发展奠定了有利的基础。它向学生灌输一种承担社会变革的理念和道德,这将对激进主义的发展发挥作用。[1]

辛亥革命后湖南的动荡与改革

1911年秋天的辛亥革命后,清政府垮台了。与旧政权有着较为紧密关系的第一师范学校却留存下来,尽管有着1911年至1917年政治动荡的背景,但它却在社会中发挥着一种塑造的作用。

一师原来的校长谭延闿,于1911年10月替代焦达峰(1887~1911),担任了湖南都督。谭延闿在湖南采取政治稳定的政策,又积极支持全国的革命事业。他的优先考虑就是避免动乱。为了达到这个目的,谭延闿组织了一个由省议会成员和留日归来学生组成的省政府。所有的被任命者基本上都与他的观点一致,所有的被任命者也都是辛亥革命期间长沙的居民,而留日归来的学生都出身于一些富裕的士绅家庭。所以,这个新的省政府基本上就是一个新的城市精英人物的政权。

得到了最为重要的湘省士绅这个革新派精英阶层的支持,谭延闿就可以迫使那些敌对因素尤其是一些军事领导人服从他。他的最早行动之一就是裁减膨胀的军队。他还对有300年历史的税收制度进行改革,这使他能够充实空虚的国库。这些举措展示了一个分散管理的联邦性政府的效率和能力,也显示了湖南对袁世凯想在官僚政治和财政上进行中央集权的强烈反对。

谭延闿的政府进行了富有进取心的政治运作和竞选活动,要在1912~1913年的选举中赢得共和政体的合法性。在党派政治中,谭延闿的政权反对

---

[1] 见《湖南第一师范学校校史——1903~1949》,第2、9页;《湖南省志》,第259~260、704~705页。

袁世凯而支持国民党。国民党由原来的革命组织同盟会和其他4个小型政党转变而来,于1912年8月在北京成立。与此同时,那些通常支持袁世凯的人则集结在共和党内,这个党也是1912年8月建立的。[1] 谭延闿被北京的国民党邀请担任湖南分部的主席,他接受了,并率领整个湖南城市上层人士随他参加了国民党。国民党的目标是团结反对袁世凯的那些人,通过定在1912～1913年的大选来赢得议会多数,从而制约袁世凯的权力。最终,国民党的确在湖南赢得了压倒性的胜利。不过,它并不是作为一个受欢迎的革命政党做到这一点的,而是作为自由派城市上层人物和它的那些机会主义盟友的代表而做到的。[2]

然而,此后发生的事情是谭延闿的离开,汤芗铭担任湖南督军。汤芗铭是一位留学出身的海军军官,来自湖北省。1913年10月,袁世凯任命汤芗铭接替谭延闿担任湖南督军。汤芗铭的任务是根除"乱党",强化对湖南管理机构的中央控制。1913年8月,袁世凯已经关闭了各省议会和其他代表机构。当汤芗铭于10月抵达长沙时,他选择用自己的人担任所有的重要职务。他甚至逮捕了在言论或行动上反对袁世凯的原谭延闿政府的16位官员,以赢得袁世凯中央政府的好感。[3] 不过,汤芗铭意识到了他自己的来自北边的力量与湖南本地上层人物之间的这种敌意关系,这是不能长期存在下去的,他需要湖南上层人物的合作与支持。就湖南一方而言,湘省上层中一些人也准备与汤芗铭合作,以维持和平与秩序,维持他们自身的权力和利益。所以,湖南省上层一些人在1915年后期加入"筹安会",支持袁世凯的皇帝野心,这就并不令人吃惊了。[4] 这71个所谓的"湖南民众的代表"甚至于1915年10月28日投票,"恭请我们的大总统承受帝位"。[5]

在汤芗铭统治湖南期间(1913年10月到1916年7月),湖南人经历了袁世凯的这些追随者带来的某种程度的恐怖。比如,一些密探进行逐户搜查,

---

[1] 史仲文编:《中国全史》(北京,人民出版社,1994),第91、29页。
[2] 同上,第28～31页。
[3] 见《湖南省志》,第335～336页。
[4] 同上,第337～339页。
[5] 北京"筹安会"的领袖杨度是湖南湘潭人,他在长沙的助手包括叶德辉、教育家符定一和富有权势的商人。

查找亲国民党分子。据说他们使用了各种酷刑,比如在指甲下面钉竹签子,让囚犯躺在火炭上,剥人头皮等等。毛泽东的传记作者之一李锐认为,在汤芗铭统治湖南期间,他屠杀了大约5000人。[1]其他人认为人数要少一些。汤芗铭的残暴和专制并没有吓倒湖南人,相反,它激起了强烈的反抗,尤其是来自那些被压迫的社会下层。

当汤芗铭离开湖南后,谭延闿再次担任了湖南省的省长兼督军。他的管理持续了一年,从1916年8月至1917年9月。[2]

辛亥革命后的教育政策

1912年,新的民国政府开始发布一系列革新政策。临时大总统孙中山于1912年1月任命蔡元培担任中华民国第一任教育部长。这清晰地显示了在新的政权下教育政策将发生深刻改变。蔡元培1890年获得过科举考试的最高功名进士,当时他只有23岁,是有史以来最年轻者之一。1892年,他被点为富有声望的翰林院的庶吉士。1894年,他成为翰林院编修。[3]这样,蔡元培就获得了帝国制度下能够得到的最高学术证明。[4]1906年,失望于自己曾经支持过的革命政治,蔡元培离开中国去欧洲学习。他于1910年在莱比锡大学获得文学士学位。[5]对中西教育有如此丰富的经历,蔡元培就成为新的共和国内执掌教育部的一个理想人选。

蔡元培找来一批富有才华的年轻学者充实教育部。他任命范源濂

---

[1] 李锐:《毛泽东同志的初期革命活动》(北京,中国青年出版社,1957),第49～50页。
[2] 见《湖南省志》,第69页。
[3] 蔡元培的更多情况,可看蒂莫西·B.韦斯顿:《北京大学与中国政治文化:1898～1920》(伯克利:加州大学学位论文,1995);霍华德·L.布尔曼编:《中华民国人物传记辞典》,第3册,第295～296页。
[4] 蔡元培这方面的更多情况,可看叶文心:《地方道路:文化、空间与中国共产主义的起源》,第76～83页;蒂莫西·B.韦斯顿:《北京大学与中国政治文化:1898～1920》,第86～101页。
[5] 为蔡元培作传的美国作家威廉·德鲁克(William Duicker)认为,蔡元培在德国的留学"给他提供了一种新的世界观的哲学基础"。不过,蔡元培仍然从儒家学说中汲取了道德责任。所以,欲将唯物论与超越性的道德力量加以调和的康德,以及强调道德的新康德派哲学家弗里德里希·泡尔生(Friedrich Paulsen),就对蔡元培具有巨大的吸引力。关于蔡元培在德国留学情况,可看威廉·德鲁克:《蔡元培:现代中国的教育家》(大学公园:宾州州立大学出版社,1977),第3章。

(1875～1927)担任教育部次长。1903年,范源濂作为助教,曾于京师大学堂帮助组织过反俄示威。蔡元培还任命蒋维乔(1873～1958)担任教育部秘书长。蒋维乔曾参加"中华教育会",后任"爱国女子学校"的校长。蔡元培还邀请鲁迅(周树人,1881～1936)——他曾在日本学医,后成为中国最有名的作家——担任了教育部的一个低级职位。

1912年2月,蔡元培发表了题为《对于教育方针之意见》的文章,提出了他对民国新的教育规范的建议。[1] 在这篇文章中,他强调清朝的教育是从属于政治的,而新的民国的教育必须以民众的意愿为基础,所以要超越政府的控制。蔡元培反对清朝1906年奠定的教育原则,指出那种对忠君的强调与共和政体的要义完全格格不入。同样,尊孔也与信仰自由的精神相矛盾。

蔡元培倡导教育要从创造世界上的幸福出发,而最终是认识"实体世界"或"观念世界"。不过,他认为清朝对军事、实用和道德的强调是可以保留的。他说这些和"公民道德教育"[2]是创造"现世幸福"的基础。他还呼吁进行"世界观的教育"和"美感之教育"。"世界观的教育"旨在通过强调那些非儒家哲学和其他中国本土思想的重要性来打破儒家思想的垄断地位。蔡元培相信,"世界观的教育"相当于认识"实体世界",而"审美教育"则是取代儒家学说中的宗教意味,把康德所言美与庄严能够把现象世界与实体世界联结起来的观念教给学生,从而让人们感觉靠近了创造这个宇宙的力量。[3] 蔡元培认为"审美教育"是接触"实体世界"的一种手段。

蔡元培的教育观为民国政府提供了基本的教育学基础来实施它的教育原则。在1912年的临时教育会议上,蔡元培主张以改变学制长度、男女童小学同校和废除精读儒家经典的课程来改革学校。在这次会议后不久,教育部

---

〔1〕 1912年教育部颁布了各大学不同的课程指导方针,反映了蔡元培此文中的一些教育理想。这篇文章当时以《对于教育方针之意见》为题于2月8日至10日在《民立报》连载。见高平叔编:《蔡元培全集》(北京:中华书局,1988),第2册,第130～137页;此文的英文翻译,见邓嗣禹和费正清编:《中国对西方的回应:文献纵览,1839～1923》(剑桥:哈佛大学出版社,1982),第235～238页。

〔2〕 蒂莫西·B.韦斯顿指出,蔡元培提出的"公民道德教育"与传统道德教育鲜明不同,它明显植根于法国大革命的"自由、博爱、平等"的理想。见其《北京大学与中国政治文化:1898～1920》,第88页。

〔3〕 关于蔡元培的美学观,详见威廉·德鲁克:《蔡元培:现代中国的教育家》,第28～30页,另见邓嗣禹和费正清编:《中国对西方的回应:文献纵览,1839～1923》,第237页。

就颁布了一系列涉及综合学校教育的原则,它们被人们称为"壬子癸丑学制"[1]。不过,当这些原则于1912年后期公布时,蔡元培已经因抗议袁世凯的独裁而辞职了。[2]

1911～1919年一师的教育改革

蔡元培的全国性政策为湖南的教育改革提供了有利的氛围。而且,文化界的改革倾向在湖南就从来没有真正停止过。湖南文化界的持不同见解者一直自觉地把自己与古老遗产区分开来。开始于1898年,他们首先成为所称的激进知识分子改革者;然后,他们成了政治上所说的反清革命分子;最后,在一种意识形态和社会背景中,他们成为了马克思主义者和大众的马克思主义组织者。辛亥革命之后,尽管稳定的保守政治仍然支配湖南,但谭延闿领导的"自由派政权"有着明显的推进。这个自由派政权在教育和司法改革以及现代工业化上做了很大努力,合而观之,它们可以视为是晚清革新的一种延续。

谭延闿对晚清革新的持续,最为惊人地体现于教育,他和他的那些革新派助手战胜了保守派对手,赢得了巨大的胜利。所以,大规模建立现代学校的道路就已经被打开了。几所职业培训学校如工程学校、法律学校和商业学校都在湖南创建。新式学校数量如此之多、开办如此之快,以至于一位记者描述这种局势就好比"木秀于林"。

湖南教育改革的普遍氛围,使得第一师范学校能够按照自己的实践去探讨和发展现代教育。第一师范学校能够在湖南省启动教育改革的这个事实,正是湘省革新派士绅战胜了那些保守派对手的结果。这也是第一师范学校实施蔡元培的改革观念和教育部的全国性教育原则的结果。

辛亥革命之后,一师停课了4个月,然后于1912年2月复课。[3] 1913

---

[1] 这些原则体现在被称为"教育宗旨""学校系统""小学校令""中学校令""大学令""训各校生令""注重尚武精神令""师范教育令"和"师范学校规程"的一系列文件之中。

[2] 蔡元培于1912年7月辞去教育部长职,同时辞职的有总理唐绍仪和另外三位阁员。随后,蔡元培再赴欧洲留学。

[3] 见《湖南省立第一师范学校校志》(长沙:湖南省档案[1918]:59-5-37)。

年 4 月,改革派教育家孔昭绶接替曾沛霖(1878~1939)担任第一师范学校的校长,开始实施教育部的改革原则。不过,在 1914 年 1 月,因为反对袁世凯,湖南督军汤芗铭下令逮捕孔昭绶,他逃亡到日本。

1914 年 3 月,湖南省政府下令第四师范学校并入第一师范学校,重新命名一师为"湖南省立第一师范学校"。一师的数学教师张干被任命为校长。张干不仅维持而且扩展了孔昭绶在学校的教育改革。张干任校长只持续到 1915 年 8 月,接下来是 3 个校长快速更替。到了 1916 年 9 月,谭延闿再次担任湖南省的省长,他重新任命了刚刚结束日本流亡而归国的孔昭绶再长一师。孔昭绶的第二任校长持续了 2 年。在这期间,新文化运动开始在全国各地发挥巨大影响。孔昭绶是新文化运动的热心支持者,在他的领导下,第一师范很快就进入这场运动的主流之中。孔昭绶将自己在国外所学应用于第一师范学校的进一步改革,让改革更为正规和系统化。[1]

从 1911 年辛亥革命到 1919 年"五四"运动的这些年,是第一师范学校历史上的最好时光。在这一时期,第一师范学校有孔昭绶和张干这样热心的改革派教育家当校长,还拥有一群进步而富有学识的教师。这所在思想智力上富有活力的学校成为湖南省最大和最著名的公共学术机构,并在新观念的传播上发挥了重要的中介作用。

---

[1] 以陈独秀创办的《新青年》为标志,新文化运动于 1915 年开始。当时的知识分子猛烈攻击中国传统文化,尤其是儒家学说,提倡现代西方文化的核心"科学"与"民主"。这场运动后分成左翼与自由派,后者倡导渐进的文化改革,代表人物为胡适;前者的代表人物有陈独秀和李大钊,他们引入了马克思主义,倡导政治革命。见《湖南省立第一师范学校校志》。

第3章 1912～1919年的一师

一师的环境

湖南第一师范学校位于长沙城南门外妙高峰山脚下。民国初期,一师是长沙唯一真正的现代建筑,当地老百姓称它为"西洋房子"[1]。这所学校用一道墙围了起来,大门外有一条路分别通向几条小街。长沙城本身在北边,朝南则是一段大约500级的石头台阶通向铁路。[2]

湘江,这条湖南最大的河流在学校前方远处流淌,大大小小的船只在河上航行。河的中央有一个狭长的小岛,上面种有数千株橘树,于是这个岛就有了那个广为人知的名称"橘子洲"。橘子成熟时节,远望小岛,似有一片橘色云彩映于水面。[3] 第一师范学校的学生经常作诗描绘"橘云"和"橘云小岛"。美丽的岳麓山与第一师范学校隔江相望。前有波浪涌动的湘江,后面是翠绿起伏的山岭,第一师范学校环境优美、风景如画。

1911年辛亥革命之后的15年,可谓第一师范学校花开满园的一个黄金时期。在辛亥革命之前,学校已经从一所儒家书院转变为一所现代学堂,其日本特色的课程将传统中国学问与现代西方科目结合起来。1926年,第一师范学校与湖南其他中等学校一道,将日本式的双轨制——将普通中学系统与师范学校系统区分开,改为美国式的单轨制——综合性中等教育的课程设置。[4]

---

[1] 萧子升:《毛泽东和我曾经是乞丐》(伦敦:哈钦森出版有限公司,1961),第34页。关于第一师范学校的建筑,参看注释95。

[2] 同上,第34页。

[3] 同上。

[4] 湖南第一师范学校校史编辑委员会:《湖南第一师范学校校史——1903～1949》,第5～6页。

1911年到1926年，第一师范学校先后由谭延闿[1]、孔昭绶和张干担任校长。在他们长校期间，这些人开展了学校在政策、理念、实践和课程方面的改革。第一师范学校很快就屹立于湖南最重要的教育机构之列，吸引了许多著名的和广受尊重的教师，如杨昌济、徐特立、黎锦熙和方维夏等。与湖南的其他教育机构相比，这所学校的教师和学生人数都是很多的。它的招生很严格，考生要经历好几场入学考试，只有那些分数最高者才能入学。在民国的头10年中，第一师范学校成为湖南省最著名的学术机构，并作为新思想和政治运动的一条传播路径而发挥作用。在这个时期（1911～1919），它的毕业生大约有1000人，许多人成了中国共产主义运动和中国教育界的著名人物。

将第一师范学校的教育放在当时中国的变革大背景中来考查，就会显示出这所学校的独特性，展现出它如何塑造了学生的思想和心态，如何作用于20世纪头10年中这些学生思想精神的转变。普遍而言，这所学校的课程设置遵循着民国初期的标准构成，包括大量的中文课程——从较为当代的内容到古典的研读以及修身课和体育课。不过，一师也改革了民国初期的标准课程，以适应自己的需要，并增加了一些更具自身特色的活动，比如人物互选——每学年由学生按所定道德标准投票互选人物一次，举行定期的写作竞赛等。

教育理念与规章制度

一师的任务是培养教师。而学校教师被认为不仅是校园里的教育者，而且要作为领导者来促进地方上新的公民精神。对师范学校作用的普遍看法，在第一师范学校的招生广告上可以清晰地看到。它的第一段是这样的：

> 国之盛衰视人才，人才之消长视教育，教育之良窳视师范。师范者，教育之教育，固陶铸国民之模范，造成青年中国之渊泉也。[2]

---

[1] 谭延闿（1879～1930）是湖南人，曾是翰林，24岁就考中进士。1912年至1920年，谭延闿数次任湖南参议院院长和省长。1905年至1906年，任湖南第一师范学校校长。人们视他为湖南士绅改革派的领袖人物。关于他的更多情况，参看孙海林编：《湖南第一师范名人谱1903-1949》（长沙：湖南第一师范学校，2003），第17～18页；霍华德·L.布尔曼编：《中华民国人物传记辞典》4：第220～223页。

[2] 见《湖南省立第一师范学校校志》（长沙：湖南省档案[1918]:59-5-37）。

第一师范学校说得很清楚,自己的教育理念、规章制度、课程设置、学制长度、招生制度、学生入学和毕业分配都以"充任教员"——培养小学教师的目标为中心。

1912年9月,新民国的教育部颁布了《教育宗旨令》[1],它强调军国民教育、实利教育和道德教育。然而,道德教育是基本,而实利教育和军国民教育是辅助的。这个宗旨令表达得很清楚,道德教育要由"美感教育"的手段来完成。依据这个宗旨令,第一师范学校把自己教育学生的原则放在了一起,融入了它自己在教师培养上的一些原则。这些原则以《教养学生之要旨》的名称来表述,其中的主要条款宣布:

> 1. 健全之精神宿于健全之身体,故宜使学生谨于摄生,勤于体育;
> 2. 陶冶情性,锻炼意志,为充任教员者之要务,故宜使学生富于美感,勇于德行;
> 3. 爱国家,尊宪法,为充任教员者之要务,故宜使学生明建国之本原,践国民之职分;
> 4. 独立博爱,为充任教员者之要务,故宜使学生尊品格而重自治,爱人道而尚大公;
> 5. 国民教育趋重实际,宜使学生明现今之大势,察社会之情状,实事求是,为生利之人而勿为分利之人;
> 6. 世界观与人生观为精神教育之本,故宜使学生究心哲理而具高尚之志趣;
> 7. 教授时常宜注意于教授法,务使学生于受业之际悟施教之方;
> 8. 教授上一切资料务切于学生将来之实用,以克副《小学教令》及其"施行细则"之旨趣;
> 9. 为学之道,不宜专恃教授,务使学生锐意研究,养成自动之能力。[2]

---

[1] 关于《教育宗旨令》的细节,见《湖南省立第一师范学校校志》。
[2] 同上。

这些目标清晰显示出第一师范学校关注道德、实用和军国民教育,特别是道德培养。学校非常重视审美教育和世界观教育。它还提倡自动自治。对德育、体育、自动、自治的强调,为小学培养教师,就成为这所学校的办学传统。

第一师范学校采取了一种民本主义的教育政策,民国政府的法令和官员也是这样明确阐述的。学校以"勿忘国耻"为自己校训的内在核心。在那个时代颇具革新倾向的这个校训,本书图示 3.1 已经将其列举出来。"勿忘国耻"是其中心,而热心公益、诚挚、勤奋和节俭则从属于它。教育被分为德、智、体三个方面。为了贯彻这一政策,第一师范学校还增加了 4 项要求:

1. 各科教授应照上列教育方针积极进行,求为有系统有精神之教育。
2. 应时时以国耻唤醒学生之自觉心。
3. 各科教授应提倡自动主义。
4. 暂定国文为各科联合中心。[1]

学校当局还谱写了一首校歌。这首校歌只有 40 个简单的字,学生们易记易唱。校歌的目的就是唤起学生对当教师的兴趣和自豪,在他们身上培养忠诚理想。第一师范学校还有校旗,饰以红色流苏,如同古代军旗,校旗上端有一杆黄色标枪。旗为蓝绿色,中间是一颗白色五角星,五角星中央绣一个黑色"师"字。第一师范学校还给学生们提供校服。所有这些标志和象征,为的是唤起学生的爱国意识和对自己学校的热爱,也显示了学校当局要努力培养学生的忠诚理想。[2]

根据教育部 1912 年 12 月发布的《师范学校规程》的指导,在孔昭绶校长的领导下,一师依据对自身实际情况的考虑,也对它的学习年限做了一些改变。它的"师范本科"有两个部分:第一部和第二部。一部的学习年限为 5 年

---

[1] 关于《教育宗旨令》的细节,见《湖南省立第一师范学校校志》。
[2] 同上。

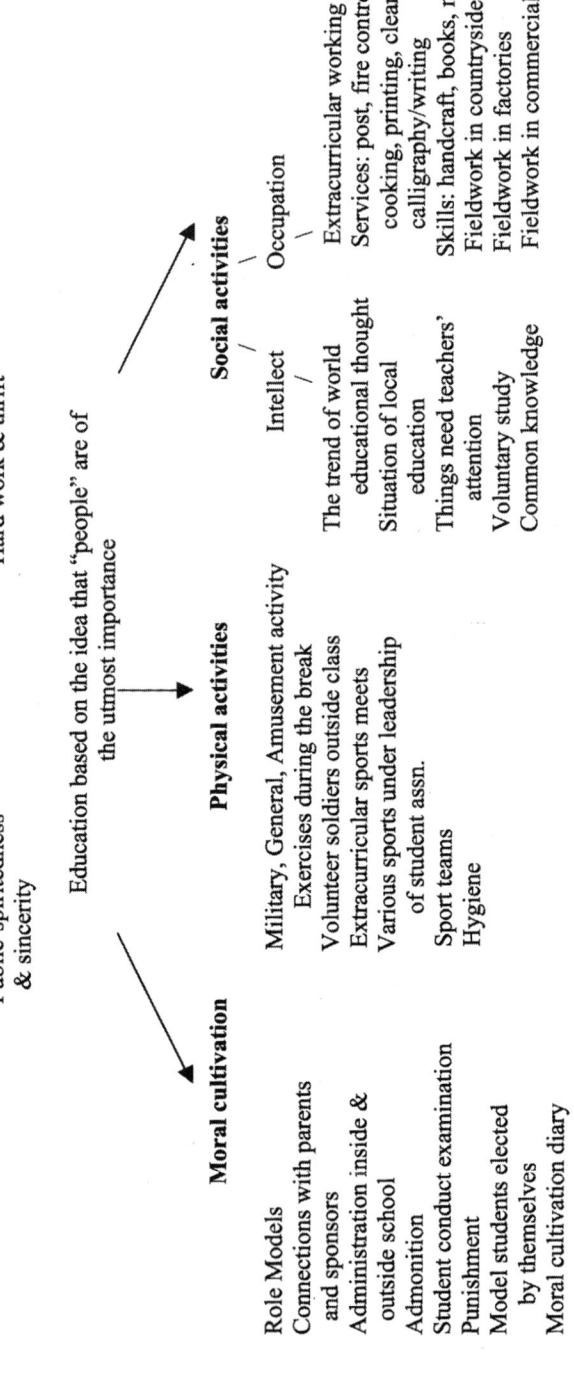

Figure 3.1. Hunan First Normal School Admonition (1911–1918).

到5年半。在进入第一部之前,所有学生都必须在本校读完一年的预科——5年学制的第一年。预科的毕业生通过了所有的入学考试,才能进入本科学习。本科第二部的学习时间为1年。

根据自身的具体情况和需要,第一师范学校也对课程设置和学习科目做了一些改变。在预科原有的8门课程之外,又新增加了4门:历史、地理、博物和手工。学校当局认为,史地是国文的要素,而博物和手工则对指导农业至关重要。

在本科阶段,学校也增加了科目。在本科第一年的课程中,原有的数学课增加了几何,原有的图画课增加了几何绘图,此外还有两门新课:物理和农学。学校当局相信,制图/绘图对于工作和清晰理解物理学很重要,而几何学则是制图/绘图的基础。[1]

另外,湖南是一个农业省,需要格外重视农业。所以,第一师范学校在本科第一年的课程中增加了4门相关科目。本科的第三年课程,则增加了经济学和商学两门新课,因为中国需要在这些领域与领先的欧洲帝国主义竞争。

考虑到实践在农学和工业中极其重要,所以一师定下规则,从第三年开始,除上课之外,一师所有学生每周都要有3个小时的农学或工业实践,学生可以在这二者中间选择。由于在原来的课程设置之外有了这些较多的增加,所以本科阶段的课程时间增加了6个月。(见表格3.1)

---

[1] 见《湖南第一师范学校校史——1903～1949》,第15页。

图表 3.1 1913 年一师预科和本科第一部、第二部每周课程、课时表（来源：《湖南第一师范学校校史——1903－1949》，第 16 页）

	预科	本科第一部 第1学年	本科第一部 第2学年	本科第一部 第3学年	本科第一部 第4学年 第1,2学期	本科第一部 第4学年 第3学期	本科第二部
修身	2	1	1	1	1	1	1
教育			3	3	11	11	15
国文	10	6	4	3	3	3	2
习学	2	2	2				
外国语	4	4	4	3	3		
历史	1	2	2	2	1		
地理	1	2	2	2	1		
数学	6	4	2	3			
博物	1	2	2	2			
理化		1	2	3	3		2
法制经济				2	2	2	
图画	2	2	2	2	2	2	2
手工	2	2	2	2	2	3	2
乐歌	1	2	1	1	1	1	1
体操	4	4	4	4	4	4	3
农业		2	2	2	2	2	2
商业				2	2	2	2
	36	36	35	37	38	34	36

第一师范学校——尤其是 1913 年在孔昭绶校长管理之下，很快就成长为在湖南实施民国教育改革的关键机构。作为一所公立学校，一师的资金来自省预算，所有学生都免学费。学校还为每个学生提供一定数量的在校必要开支的钱。不过，所有的新学生在学年开始注册时必须交大洋 10 元作为押金，还得交校服钱和学生会的会费。如果学生退学，必须偿还学费和住宿费，押金就起这种保证作用。

第一师范学校的学生占到湖南高级师范学校总人数的三分之一。在 1912 年和 1913 年，一师从湖南省 75 个县的 20 个县招收学生；到了 1914 年，它的招生范围扩大到25个县。[1]

第一师范学校的招生程序非常严格,考生[2]必须身体健康,品行端正,成绩突出。此外,还必须是自愿报考一师。考生先得向自己所在县的县政府申请参加在该县举行的初考,然后县长选出10~20名合格的考生推荐给第一师范学校。这些考生还要在一师参加另外一场入学考试。

这场入学考试由笔试、口试和体检组成。笔试包括国文、算术、历史、地理、理科和英语。笔试分成两个部分:初试和复试。只有初试合格者才能进入复试。只有通过了复试者,才能进入口试和参加体检。依据考生的总分来录取(笔试占总分的75%,口试和体检占25%)。在民国的头10年中,第一师范学校每年从数百名考生中录取了100人左右。

由于学校免学费和食宿费,还给予经济资助,所以对那些来自不富裕家庭的考生非常有吸引力。然而,那些来自真正贫困家庭的人要被一师录取也并不现实,这既是因为他们的经济状况,也是因为一师严格的入学考试。比如,1917年秋季招收的120名预科生中,只有32%来自农民家庭,45%来自学者家庭,21%来自商人阶层。[3]

新学生有4个月的试读期。试读期内,任何表现不好、健康有问题、旷课或者是发现入学考试作弊的学生,都会被劝退。过了试读期,学生出现问题就根据学校的奖惩规定来处理。

在一师完成了学业的毕业生要去服务社会。第一部毕业的学生要在湖南的县级小学教书7年,第二部毕业的学生要在本省小学教书2年。如果由于某种原因毕业生不能做到,他就必须向省政府申请免除服务,或者是偿还学费以及在学校的其他费用。

录取进来的学生面对要求很高的研习经典的课程(见图表3.1)。在这所学校里,国文所占的课时要超过其他科目。除了国文外,学校还要求学生养成一个受过教育者应有的道德品质和政治责任感。从预科的第一年直到本

---

[1] 见《湖南第一师范学校校史——1903~1949》,第17~18页。

[2] 1927年之前,第一师范学校只收男生。预科生必须14岁以上,毕业于高等小学堂或相似程度。本科生必须15岁以上,毕业于预科或相似程度。师范本科必须17岁以上,毕业于中等学校或相似程度。

[3] 见《湖南第一师范学校校史——1903~1949》,第20页。

科第五年,修身课是每一学期都必修的。体育也是非常强调的,在课程设置中占了颇大比重,在校5年,学生每周都要上4节体育课。因此,在民国的头10年中,第一师范学校一直进行着传统的道德和文化教育。它的目标是培养未来的教育者为自己的学生和地方树立道德榜样。[1]

课程内容与考试制度

在1910年代,第一师范学校也是将现代西方科目融入自己课程结构的一个范例。学校共有17门课,除了数学、物理、化学和博物外,学生还得掌握在修身和国文方面要求很高的课程。

修身课是每个学期都必修的。在第一师范学校,这门道德培养课的要旨就是在学生身上培养崇高的道德价值观念。实际上,道德培养依赖的是自身的内在价值观念。[2] 它是自主的,被视为超越了所有的功利考虑。在这个意义上,它就很不同于那些新增加的西式课程,那些课程可以更为具体地界定,可以为学生未来的职业而有意设计。比如,修身课教师杨昌济就相信"静坐"是一种自我道德培养的途径,认为借此人的头脑可以把宇宙之心或根本之"理"吸纳进来,他热心地向学生和自己的同事推荐这样做,自己一辈子也是这样做的。[3]

修身课鼓励学生在自己的日常行为中实践课堂所学。因为学生将来要去做湖南的小学教师,他们懂得并力行高尚的道德价值观念就非常重要。在当时的社会,公众非常尊敬教书先生,教师被视为承担着重要的社会使命:为学生和地方树立一个好的道德榜样。因此,第一师范学校的学生就应该参与社会活动并展现社会活动的意义。修身课还教给学生在未来小学的修身课

---

[1] 见《湖南第一师范学校校史——1903~1949》,第20页。
[2] 修身课的详细内容包括:"(1)按各级教本所列之德目,注意如何实践,以养成高尚人格;(2)配引经训,以示圭臬;(3)间引中西学者嘉行懿言,以昭伦理之大同;(4)表彰模范人物(胪举模范人物事实);(5)利用各纪念日举行时,临时训诲;(6)依学生个性及事实上之发现与现时之缺点加以训练,务养成优良之习惯;(7)注重作法,习应对进退之仪;(8)三、四年级兼课教授法,并就小学修身教科书,示以需要德目实际应用。"《湖南省立第一师范学校校志》,第30页。
[3] 杨昌济1896年9月7日日记,见《文集》7。

上怎样布置教室和教学技巧。

国文也是每个年级学生必修的课程。在预科的第一年,学生每周有10节国文课。在接下来的本科4年半中,第一年每周上6节国文;第二年每周上4节国文;此后则是每周3节。

国文课的宗旨是帮助学生理解和掌握中国语言。通过这种方式,学生可以培养对文学的兴趣,而这反过来又会启发他们的道德和思想意识。教师们还帮助学生理解和掌握小学课堂上讲授国文的方法。比如,当时一师的学生在课余比赛,看谁读的文章篇数最多。然而,他们读得快却并不能理解自己所读的东西。对此,教学法教师徐特立提出了一种解决方法:"不动笔墨不读书。"[1]他告诉学生,重要的是理解自己所读的东西。阅读时,通过思考、在书中关键字句做标志、摘录要点和给予评说等方法,就可以评估一本书的价值了。这样,他们就能够记住自己读过的东西。要充分理解,要懂得学以致用的目的。[2]徐特立的主张深刻地影响了他的学生。在那些实践徐老师要求的学生中,毛泽东就是一个。毛泽东在第一师范学校读书的第一年,写下了"讲堂录"[3](课堂笔记)、"读书录"、"随感录"和"日记"。就《伦理学原理》一书,他写下了13000字的注解和评论。他还抄录了好几本书。

一师首先讲授现代文学,然后是近代文学,接下来是中古和古代文学,汉字的起源和发展,汉语语法和中国文学史也要讲授。学生要熟悉和掌握这门语言,能够在日常生活和未来的课堂教学中很好地使用。

对于课堂上讲授的阅读材料和诗歌,一师有着特殊的选择要求。阅读材料要包含中国和世界的相关内容,要与其他科目有一定的联系,要与世道人心或气节相关。阅读材料常常选择一些勇敢和坚定的武士故事,或者是一些擅长武术的人,他们的事例会唤起侠义行为和精神。[4]

阅读材料的安排,依据学生受教育的程度而循序渐进。比如,预科学生学习记叙文,然后是信札,最后是议论文作品。词和赋与唐之前的古诗在第

---

[1] 周世钊:《我们的师表》(北京:北京出版社,1958),第54页。
[2] 见《湖南第一师范学校校史——1903~1949》,第86页。
[3] "讲堂录"为毛泽东1913年11月至12月在第一师范学校所记的课堂笔记。伦理学笔记为杨昌济讲课,国文课笔记为袁仲谦讲课。袁仲谦要毛泽东读韩愈的作品,在作文上学习古文风格。
[4] 关于国文课的详细内容,见《湖南省立第一师范学校校志》,第31~33页。

四学年讲授。不过,相关的安排只要求讲授几首古诗和赋。记叙文要清晰完整和准确,议论文和信札要简朴、自然和流畅。赋、诗和民歌要优雅但不华丽,朴素而不粗俗。对于讲授所选择的这些阅读材料,也有一些具体的要求,包括对文章进行标点。[1]

对于学生的作文,一师也有自己的独特要求。作文的题目要与学生的智力水平相适应,也要与其他科目有联系。作文的内容需要与现实事件联系起来。学生首先练习写记叙文,然后是书信,最后是议论文。当学生写作记叙文时,要求他们的思路清晰、连贯一致,不允许以纯粹想象为文。议论文和书信要求实用、通情达理、令人信服和条理清晰。还要求学生写一点五言古体诗,但这是到了第四学年的事。

在评阅作文时,一师要求教师在作文每一段的边上指出此段的弱点,作出评论和建议,并加以改正。所有的错别字、使用不当的字词和成语都要改正。作为一种教学实践,四年级的学生要评阅小学生的作文。暑假和寒假,学生都要按教师规定的题目写作文。

在一师的教学目标和对所有课程的讲授要求之中,有三个明显的特征:一是体现了中华民国倡导民主和科学的教育理念;二是强调道德教育、实利教育和军国民教育,这可以使学生在道德、学业和体质三个方面都得到发展;三是关注小学教师的职业训练。

在民国的头 10 年中,第一师范学校忠实地实施了教育部提出的教育原则。为了给新共和国培养合格的毕业生,第一师范学校不仅建立了自己系统而完整的课程设置、教学大纲和教学内容,而且有自己严格而全面的考核制度。考核强调的是三个方面——操行考察、学业考察和体格考察,它们分别称为"学生表现之评价""学生学业之考查"和"体格考查"。

对学生表现的评价包括 12 个小项:礼节、容止、言语、性情、能力、嗜好、交际能力、修学、社会服务、职业态度、运动和整洁。每个月末或每个学期末,

---

[1] 讲授所选阅读材料的具体要求包括:"预习,先令学生自行圈点或轮派预讲;复习,每篇授完轮派回讲;思考,随时发问,以发展其推理能力;说明主旨,提出通篇概要;区分单元,分清阶段及段中要义;指示结构,说明篇法、句法及用笔行气之法;说明训诂;读法,先为范或令学生合读、分读,务正音读,授以反切之法,以'广韵'为主;指示自由看书之法。就各班程度选定一种二种适当之书,令学生课外参看。"《湖南省立第一师范学校校志》,第 40 页。

由教师依据上述12项对学生的表现给予评价,分为甲、乙、丙、丁四等。校长、学监、教师、家长、学生的保荐人和他们的同学,全都有责任来检查学生的表现。校长、学监和其他教职员负责在学生的操行记录上写下他们表现得好或坏。当学校提出要求时,家长和保荐人需要向学校报告他们的孩子或所保荐学生的表现。就学生自身而言,要求他们每学年都从学生自身的群体中投票互选出符合学校要求标准的模范学生。人物互选活动成了第一师范学校评价学生表现的传统方式之一。

在学生中间选模范学生,其标准主要有三个方面:道德、学业和体格。在道德方面的要求包括正直诚实、克己自制、学习勤奋、节俭朴素和志愿服务。"正"和"诚"意味着有荣辱感、道德勇气、交友谨慎和有拒绝外在诱惑的意志力。"自制"意味着遵守纪律、注意礼仪和谈笑谨慎。学习能力意味着不旷课、勤勉学习、经常复习和多多使用参考材料。"克己"包括改掉坏习惯和不良欲望如懒惰、饮酒、赌博和好色,能够吃苦耐劳。"节俭"和"朴素"包括对个人的饮食和衣着不过于挑剔,愿意过一种俭朴的生活。[1]

体育的要求和内容包括勇气,体育、武术和其他运动方面的技能。"勇气"和"洞察"包括勇敢、锐意进取和警觉。卫生则包括作息有规律、生活整洁、经常洗澡。健身包括在休息时善于锻炼、喜爱运动等。武术包括长于拳术/功夫和剑术。运动包括擅长球类、田径和游泳。

学业方面的要求和内容包括文学、科学、审美感知、职业、能力和演说。"文学"指精通中国经典、诗歌散文等。"科学"要求懂得英语、数学、物理、化学、历史和地理。"审美感知"要求长于书法、绘画和音乐。"职业"指认真参加农工商实践训练。"能力"指有能力处理紧急情况或复杂情况,处理事务时能干仔细等等。"演说"包括长于演讲、辩论和应答机敏。

模范学生人物互选的做法很可能是孔昭绶校长在1913年创造的,此前中国学校很可能从未这样做过。每个学生可以投3票,每票只能选一个人。学生们可以从自己班里选,也可以从别班选。在选模范学生时,选票上已经列出了合格标准的详细项目和内容,不允许学生基于感谢而选某人。由于标

---

[1] 见《湖南省立第一师范学校校志》,第40页。

准高而要求严,没有多少学生能够被选上。比如,在1917年的互选中,有12个班的575个学生参加,但选出来的模范学生只有34人。在这34人中,毛泽东得到了最多的票,周世钊(1897～1976)获得了第二多的票。选出的其他人中包括李维汉、张昆弟、张国基(1894～1992)、贺果(1896～1990)和蒋竹如(1898～1967)。[1]

学业等级的评定分成两个部分:平时成绩和考试。平时成绩的等级依据学习中的回答问题和兴趣激发来评定。鼓励学生在每门课程的学习上预习、复习和独立思考。预习要求学生在上课之前阅读材料。在讲授课文之前,教师会要求学生解释课文的主要观点,他们认为这样做有助于学生更好地理解课文。复习要求学生对学过的东西再过一遍。在讲授新课之前,教师会要求学生回答旧课的要点,以便帮助学生看到新旧课之间的联系。独立思考指教师就已学内容或将学内容提出问题,对于这些问题,学生可以自由决定怎样来回答。在回答这些问题之前,他们可以做一些研究。教师让学生讨论这些问题,然后再给他们答案,通过这种方式来鼓励学生独立思考。[2]

其次,平时成绩的等级评定也考虑课后作业。比如,每篇作文、每次数学作业、每次书法作业,都有教师给予等级评定。第三类就是实践训练的等级,比如教学训练、志愿服务,学生志愿军护校、体育活动、合唱和乐队活动,以及农工商方面的实践训练。第四,功课等级还要看记课堂笔记和日记。教师至少每学期检查一次学生的课堂笔记。考试则是每一学期末、每个学年末和毕业之前都要举行。

第一师范学校的等级评定规定严格而清晰。所以,学生们不仅对考试很认真,而且从进入学校的第一天开始,在日常功课上也很认真,因为日常功课占总成绩的60%。[3]

为了促进学习交流,鼓励学生之间相互学习,增强他们的学习兴趣,第一师范学校举行作业展览,这成了每年一次的盛大活动。作业展览包括那些考得最好的学生的试卷,学生最好的中文和英文作文,最好的绘画和书法作品,

---

[1] 见《湖南省立第一师范学校校志》,第40页。
[2] 同上。
[3] 同上。

最好的课堂笔记,最好的读书报告和评注,以及学习和实践活动的心得。与此同时,尽管作业展览包括课程中的所有科目,但国文写作被认为是最有分量的。如果一个学生的国文作文写得好,大家会认为他是优秀学生。[1] 作业展览通常在讲堂展出。15个左右的班级的学生每周必须写一篇作文。每班最好的作文被提交给教师委员会,它选出3到5篇贴在大展览厅内的玻璃橱窗里,供所有学生作为范文阅读。萧子升和毛泽东的作文就经常得到这种荣誉。[2]

除了作业和作文展览外,每个学期还举行作文水平测验。在这种测验中,除了毛笔和白纸外,不允许学生携带其他任何东西,不准抄袭,不准交谈,不准离开教室,测试要持续5个小时。在1917年7月的这样一次作文水平测试中,575个学生中有414人通过了测试。在这414人中,只有30人得到了甲等。这种测试制度体现了当时第一师范学校在学生训练方面的严格性。[3]

在修身、表现和学业的考查之外,对于新增加的西式体格测验也有一些具体要求。这包括测量学生的身高、体重、胸廓、肺活量、视力、听力、脊柱、体形、牙齿、手劲和疾病。体格检查通常由校医(他多半是一位西医)、体育教师和教务主任来做。体格检查也分为甲、乙、丙、丁四等。在测量学生的身高、体重、胸廓、肺活量和手劲时,要求检查者考虑到学生的年龄来定等级,这样来评定对每个人就比较公平了。

尽管第一师范学校在评价学生的道德、学业和体质上设置了很高的标准,但绝大多数学生仍然能够达到这些标准并通过测试,这要归功于学校严格的招生制度和有效的教育理念与实践。1917年,毛泽东所在那个年级的测试结果就提供了一个例证。这个年级有173人参加了测试,166人通过了德育测试,172人通过了学业测试,155人通过了体格测试。第一师范学校的目标就是要培养生气勃勃的教育者和新的公民精神的引导者。[4]

---

[1] 萧子升:《毛泽东和我曾经是乞丐》,第32页。
[2] 由于毛泽东与萧子升的决裂,新民学会的创建成员之一萧三在他的《毛泽东同志的青少年时代》一书中谈一师的最优作文展览时,没有提他的哥哥萧子升。
[3] 见《湖南省立第一师范学校校志》。
[4] 萧三:《毛泽东同志的青少年时代》,第39页。

对教职员的要求

为了维持很高的学术标准,进行富有竞争性的体育项目,培育学生的道德品质,第一师范学校将教职员的作用看得非常重要。学校忠实地执行教育部1912年9月颁发的《训管理员及教员令》。学校坚信:

教职员"在校内既为学生所矜式,在校外则树社会之楷模,果具高尚贞固之精神,以终身尽职为乐"[1]。

学校当局认为:

如果教职员能够做到这些,"则我中华民国学术之发达,风俗之转化,与世界列强同臻进化之盛轨,盖非远莫能至者矣"[2]。

因此,就要求第一师范学校的所有教师和管理人员:

于其职务,务宜竭诚将事,以尽先知先觉之责。对于学生亲之如良友,爱之如子弟,本身作则,以陶冶其品性,养成其独立自营之能力[3]。

在民国的头10年中,第一师范学校由省政府直接任命的管理人员只有校长和会计这两位。学校管理人员由4位学监组成,还有一个庶务、一个会计、一个文牍、一个图书馆管理员、一个仪器管理员、一个校医和几名事务员。这种分工负责制是学日本的。依据班级大小和教学负担,校长会向省政府提交建议,希望增加或减少教师人数。比如,在1917年第二学期,一师有549名学生,分成12个班,教师人数为45人。7位教国文,5位教数学和体育,3

---

[1] 见《湖南省立第一师范学校校志》。
[2] 同上。
[3] 同上。

位教英语和绘画,2位教修身兼地理、物理和农学,3位教历史,但其中一人也教地理,另一位教历史兼国文。

为了让每一位教职员工尽到自己的职责,第一师范学校不仅制定了必须遵守的总章程,而且对不同部门有详细的工作规范,总的章程分为14条。它规定:"所有教师和管理人员由校长延聘和任命,他们要与校长商讨自己的工作。他们要负起责任、行为端正、坦诚真挚,为学生树立良好榜样。他们要对教育研究感兴趣,切实做好自己的工作。"[1]总的章程还对离职或旷工不发报酬做出了具体规定。详细的工作规范包括涉及校长职责的11项、学监职责的58项、教师职责的13项。每一项的要求和义务都写得明确而具体。

每个周五晚上,第一师范学校都要召开管理方面的例会。校长、学监、文牍、会计和其他管理岗位的人员必须参加。所有学校管理方面的提议和建议都在这些会议上讨论和决定。如果有紧急情况发生,就召开临时会议。

除了这些管理会议外,第一师范学校还召开教育管理会议。这些教育管理会议对全校教学工作做出指示和指导。会议在每个学期开始时召开,全体教师参加会议。开会之前,校长或学监会收集教师在学校课程或教学方面的意见和建议,准备好一个议程,起草的这个议程会发给每位教师。然后,校长召集会议,讨论和决定这些建议,出席会议者一半以上若赞同,就通过决议（投票的这种想法可能来自西方）。决议通过之后马上公布并付诸实施。第一师范学校的这种会议制度遵循着民国教育原则的那些要求。它有助于加强学校的教学和管理,一师以此保持着它的卓越地位。[2]

对学生行为的管理

在学生的管理指导上,第一师范学校也有颇为具体的要求。第一师范学校转发了全国性的"师范学校教育改革令",并为这个法令加了一个"前言":

---

[1] 见《湖南省立第一师范学校校志》。
[2] 在第一师范学校现存的档案中,学生管理方面有67条规则,分为6类,它们为1910年代的管理规定。这些规则的具体内容,见《湖南省立第一师范学校校志》。

"有治人然后有治法,然无治人未必有治法也。法者,人之所恃以为治者也。"[1]从这一点看很清楚,第一师范学校忠实执行教育部颁布的规章和条例。第一师范学校要求它的学生致力于修身和学业,在体质和心智两个方面都健康发展,每个人都是自由的;然而"自由以法律为范围者也,学校规则必应遵守之;平等非无秩序之谓也,学校秩序必应尊重之;若忘当然之职务,辄思骛外,失难得之良机,不求进取,是则自暴自弃,后虽悔悟,亦无及矣"[2]。因此,学校"望诸生保有健全之人格,预储独立自营之实力。我中华民国之前途,唯有为之青年是赖"[3]。

尽管学校的规章制度极为严格和传统,但它们符合民国的教育原则,并与此时中国整体的社会、经济和教育氛围是一致的。萧子升回忆道:

> 第一师范学校学生的日常课业非常刻板,学生从早到晚的活动安排得非常严格;进教堂、入阅览室、到饭厅以及寝室等等,都须随着号角的响声依时而行。当号角响声一起,在十个训导人员的指挥之下,一千多学生就像鸭群一般迅速地集合起来。[4]

第一师范学校为学生制定的行为规则,包括礼仪、风纪、服务、时间安排、场合和奖惩6个方面。

"寻常礼仪"的规则规定,学生在进入和离开教师和职员办公室时,在教师开始讲课之前和讲完课之后,在其他时候遇见教师,都要脱帽鞠躬。"特别礼仪"则用于庆贺、开学、学期结束、毕业和纪念等场合。特别场合的礼仪要求(所有学生、教师和职员)要脱帽向国旗三鞠躬,学生和教师之间还要相互鞠躬。

此外,临时礼仪用于校长安排的一些重大事情。比如,当有政府视察小组来校时,或者是一些重要客人或组织来访时。这些场合通常要求任何人不

---

[1] 在第一师范学校现存的档案中,学生管理方面有67条规则,分为6类,它们为1910年代的管理规定。这些规则的具体内容,见《湖南省立第一师范学校校志》。
[2] 同上。
[3] 同上。
[4] 萧子升:《毛泽东和我曾经是乞丐》,第56页。

得无故缺席这些仪式。

在风纪方面的规则包括学校秩序和卫生。"学校秩序"指学校的纪律,它可以概括为"28条禁止事项"[1],在卫生方面有18条,相当详细。比如学生生病时应该怎样做,如果得了传染病应该怎样做。还规定了学生在课堂上要坐直,只有在课间休息时才能离开教室,不允许饮酒或吸烟,不准随地吐痰,人要保持整洁,宿舍、教室和公共场所都要保持干净。这些规则中有一些显得僵硬,体现了那个时代的局限性,对它们的坚持也因人和不同的管理而有显著的变化。比如,在革新思想的孔昭绶担任校长期间(他的两任校长分别是1913年4月到1914年1月和1916年9月到1918年9月),他就没有实施学校纪律规定中的一些条款,比如不允许学生参与任何与学业无关的经营活动的第一条,学生不允许参加任何非关学术之党社组织或教育协会的第二条。[2]

服务指的是第一师范学校"服务生"的工作。指定的这些服务生包括来自各班的周值日生,学生会的审计员,学生护校队员,在学校农场或园圃干活时的小组领导人,学校商店的店员和那些临时被指定在体育比赛或学术展览上帮忙的学生。

服务生的职责包括"向同学传达教师和管理人员的指示,向教师和管理人员表达学生的意见,看护公共财产,帮助维持学校纪律,安排学生打扫教室"[3]。学校想借此训练学生处理各种事务与活动,培养他们独立工作的能力和自制力。

学生管理原则方面的第四部分,涉及日常作息安排和请假方面的明确规定。根据第一师范学校的历史记录,在民国的头10年中,从未有学生违反过请假规定。比如,1917年入学的预科120名学生,平均缺课时间只有6节课。

学校管理制度的第五部分称作"场所",它指学生在公共场所如办公室、教室、实验室、操场、图书馆、阅读室、展览厅、电话间、茶室、饭厅、自修室和浴

---

[1] 第一师范学校的处罚条例共有28条,每条都明确规定学生不能做某事。比如,第一条为学生不得参与任何与学业无关的经营活动。关于这些条例的详细内容,见《湖南省立第一师范学校校志》。

[2] 这些规定的详细内容,见《湖南省立第一师范学校校志》。

[3] 同上。

室应该遵守的纪律规则。对学生在各个公共场所应该怎样做都有具体规定。这些规章还清楚说明破坏规则会受到什么惩罚，这通常是在某个科目上扣掉1到2分。这些规章的主要目的是强调学校精神和学校纪律，促进良好学风，维护学校秩序。

一师这些规章制度的最后一部分涉及奖惩。奖励共有6种：加分，展示优秀作业，书面或口头表扬，经济奖励和颁发奖状。惩罚有7种：扣分，口头批评，书面警告，写检查，张榜批评，留级和开除。奖惩条件非常明确。在民国的头10年中，第一师范学校没有班主任或政工人员，它管理学生和维持秩序的主要方式就是依靠极其严格的规章制度和奖惩方法。

学校的规章制度是要把学生培养成遵守纪律、品行良好、善良正直和富有责任感的人。这些学生是未来的教育者，"中国在一个敌意和竞争的世界中能否生存下来就靠它的民众的品质"[1]。所以，第一师范学校实施的教育革新，就形成了这种重新配置的理念、政策、实践、课程内容和学校规章制度，它们为一师学生的思想转变提供了有利的氛围。

插图1. 湖南第一师范学校（依据1912年学校原貌于1968年重建）

---

〔1〕 保罗·约翰·贝利：《改造民众：中国20世纪初期国民教育的看法变化》，第83页。

插图 2. 毛泽东和其他学生常年洗冷水澡所用之井

湖南省立第一师范学校校歌

6·1 5 3	6-·0	1 2 1 6	5-·0	3-5-

衡　山　西，　　岳　麓　东，　　城　南

| 6- 5- | 3- 21 | 2-·0 | 3 3 5- | 6 6 5- |

讲　学　峙　其　中。　人可铸，　金可熔，

| 1 1 6 6 | 5-·0 | 3- 3- | 2- 1 2 | 3- 3- |

丽泽绍高风。　多　材　自　昔　夸　熊

| 5-·0 | 1 2 6 5 | 3- 53 | 2- 1- | 2-·0 |

封。　男儿努力，蔚　为　万　夫　雄。

衡山西，

岳麓东，

城南讲学峙其中。

人可铸，

金可熔，

丽泽绍高风。

多材自昔夸熊封。

男儿努力，

蔚为万夫雄。

第4章 讲授新文化:一师的教员

1936年,毛泽东在与埃德加·斯诺的一次谈话中说:"我在师范学校读了五年书……我的政治思想在这个时期开始形成。我也是在这里获得社会行动的初步经验的。"[1]毛泽东的话反映了第一师范学校许多激进学生的共同经历。比如,1914年这所学校年龄最大的学生之一何叔衡[2]写了几封信回家,要求家里的女性放脚。对于保守乡村中的家人而言,他的这种倡导显得过于激进,所以家中实际上没有女性照他说的去做。不过,1913年他回家过暑假,就让他的三女儿把家里所有的裹脚带和三寸金莲[3]鞋收拾起来,当众销毁了。从那以后,他家里所有女性成员都放了脚,这件事在当地引起了轰动[4]。

尽管学生的激进化与他们参与其中的这个变化的世界有关系,但他们思想和政治转变的更直接来源却在于这所学校。学生的激进化与那些让人印象深刻的进步教师是分不开的。如同保罗·贝利[5]和萨拉·麦克埃尔罗伊(Sarah McElroy)[6]指出的那样,教育者对教育改革做出了巨大贡献,在转变民众的性质上做了巨大努力。在20世纪的第二个10年之中,第一师范学校的这些教师带来了一种思想转变。

---

[1] 埃德加·斯诺著,董乐山译:《西行漫记》(北京:新华出版社,1984),第125页;埃德加·斯诺:《红星照耀中国》(纽约:蓝登书屋,1938),第128页。
[2] 何叔衡1913年被第一师范学校招录时已是37岁,比毛泽东大17岁。
[3] "三寸金莲"比喻女性被裹之足。
[4] 杨青:《何叔衡》(石家庄:河北人民出版社,1997),第22~23页。
[5] 保罗·约翰·贝利:《改造民众:中国20世纪初期国民教育的看法变化》(温哥华:英属哥伦比亚大学出版社,1990)。
[6] 萨拉·C.麦克埃尔罗伊:《用教育改造中国:严修、张伯苓与建立一个新型学校体系的努力,1901~1927》。

教师整体

依据1918年撰写的第一师范学校校志，当时学校有52名教工。这些人中有30人毕业于或者是曾经在湖南高等师范教过书，只有少数教师毕业于湖南优级师范。普遍而言，毕业于湖南高等师范的那些人立场较为激进，而优级师范的毕业生则代表了一种相对保守的观点。

所有这些教师都是目睹了革新之路潮涨潮落的一代人。湖南作为1898年"百日维新"运动中最为活跃的一个省份而出现。20世纪开始时，在那些派遣学生前往日本留学的省份中，湖南派出的人数是名列前茅的。这些留学生中，许多人去了日本的师范学校。毕业之后，他们回到湖南，成为湘省教育革新的活跃人物。这些归国留学生创办了一些著名的中小学，如长沙的楚怡、明德、修业和周南。这些归国学生中的许多人积极参加了新文化运动和"五四"运动。

教师的激进和进步对他们学生的精神生活和政治生活产生了巨大影响。他们中的一些人如孔昭绶、杨昌济和徐特立，不仅在湖南享有威望，而且新文化运动时在整个国家都颇有影响。

在第一师范学校，教师所起的独特作用和他们为学生创造的那种经历，展示了他们对这些年轻人的生命发挥了一种积极和持续的强有力影响。在这所学校，教师的介入并不开始或结束在课堂之内。他们的影响超过了教室，在学生的人格和学业发展中起到了塑造作用。他们教给学生一些有价值的东西，这并不限于讲授的科目，而且是他们自身的展示。他们启迪了学生的头脑，改变了他们的生活，让他们想得更为深刻。对于走进了自己生活的那些学生们来说，这些教师如同一座桥梁，而不是终点。所以，这些教师实际上就改变了他们学生的生命轨道，极大地影响了这些年轻学生的思想转变和激进化。第一师范学校全盛时期的许多杰出教师中，下面这些人值得格外关注。

校长孔昭绶

孔昭绶，号竞成，湖南浏阳人。他毕业于湖南高等师范，又到东京政法大学留学,于1916年获法学士学位。他两次担任第一师范学校校长,先是1913年,然后是1916年到1918年。[1]

孔昭绶是民国早期最有影响的教育改革家之一。在他的第一任校长期间,他就支持1912年教育部颁发的改革倾向的教育宗旨。他提议制定全面的学校规章制度来管理学生的表现、学业和体格考核。他还倡导学生自动与自治活动。比如,1913年9月,在他的领导下,学生创办了一个"技能会"[2]。

这个"技能会"(它于1915年改名为"学友会")旨在促进品德、学习和教育。它的成员致力于提高学识、培养勤奋、锻炼身体,以及在学生中间创造友爱。1915年到1917年这个时期,学生们4次选举毛泽东担任这个组织的干事。1918年,毛泽东在自己读一师的最后一个学期中,又被选为这个社团的管理者和它的教育研究部的领导。[3] 这个社团有14个部,根据学生成员和教师成员的需要发起各种活动。年轻人可以参加它的辩论部或讨论教育问题和时事的团体。这个社团经常邀请名人来做讲座。在1920年代的南北军阀战争期间,这个社团领导学生维持校园治安,防止窃贼和外来袭击。

基于作为一位教育改革家的声誉,孔昭绶在湘省上层人士、教师和学生中间吸引了大量的支持,但同时也有来自反对派的反对甚至是极端的敌意。1913年孔昭绶当校长时,袁世凯任命汤芗铭担任湖南督军。孔昭绶反对袁世凯和他在教育方面的保守主张,袁世凯想恢复儒家思想作为学校课程设置的要素。所以,1914年1月,湖南督军汤芗铭就下令逮捕孔昭绶。一营士兵包围了第一师范学校。不过,有人向孔昭绶透露了消息,他化装成一个卖水人,从一个侧门逃出了学校。逃出来之后,他很快去了日本。[4]

在袁世凯死去和汤芗铭去职后,孔昭绶恢复了校长职务。他请来一批富有学识的进步人士来做教师。他重新聘请了那些显示了正义感、讨厌"汤屠夫"统治的人。方维夏和王季范成为学监。他还聘请杨昌济担任一师的伦理课教师,徐特立担任教学法教师。孔昭绶甚至请了一位美国人担任英语教

---

[1] 孙海林编:《湖南第一师范名人谱1903—1949》,第62页。
[2] 见《湖南第一师范学校校史——1903~1949》,第71页。
[3] 李锐:《三十岁以前的毛泽东》(广州:广东人民出版社,1994),第197~200页。
[4] 见《湖南第一师范学校校史——1903~1949》,第71页。

师、一位德国人担任音乐教师。[1]他聘用了45位教师,绝大多数都毕业于高等师范,其中6人是从英国和日本留学归来的。[2]孔昭绶将自己在流亡日本时所学的东西融入进来,在第一师范学校积极推进一种全方位的教育革新,领导这所学校进入新文化运动的主流之中。

孔昭绶致力于学校规章制度的制定,修改旧的,创制新的。他重新安排了课程,改变了各方面的教学方法。比如,学校的会议制度,教师和职员的义务与责任,课程要求和对学生的管理,在孔昭绶的领导下,这些都变成了正式写定的规章制度。[3]他的教育理念包括采取最新民本主义规定教育方针,以人格教育、军国民教育、实利教育为实现救国强种唯一之教旨。他的教育理念与民国教育部1912年颁布的《教育宗旨令》是吻合一致的。

孔昭绶积极倡导爱国主义。在他的建议之下,第一师范学校校训的重点由原来的"诚"改成了"知耻",体现了对当时环绕中国之局势的一种反应。如同这一时期其他许多中国知识分子一样,孔昭绶被1915年日本对中国提出的"二十一条"所激怒。

1917年5月17日,第一师范学校召开了一个纪念"国耻日"[4]的大会。孔昭绶就培养爱国主义和向上精神做了长篇演讲。后来,李维汉和其他三个学生将他们各自的记录整理后送去发表。这是一篇13000字的文章,讲了10个问题。这些问题包括中华民国重要的地理位置、日本人的野心、袁世凯的卖国、亡国灭种之"二十一条"、抵制日货、中日政俗之比较、军事力量之比较、教育、财政和国家拯救。孔昭绶在演讲中概述了这些问题,强调要使中国免于灭亡,每个中国人就要意识到国耻。他认为,如果每个人都把消除国耻的事业当成自己个人的责任,中国就能够得救,洗刷各种耻辱。[5]

孔昭绶相信,教育代表着解决这些问题和拯救国家的最终手段。"如果

---

[1] 孙海林编:《湖南第一师范名人谱1903—1949》,第63页。
[2] 见《湖南第一师范学校校史——1903~1949》,第72页。
[3] 同上。
[4] 1915年5月9日,袁世凯接受了日本的"二十一条",这激怒了整个中国,引发了一场反日运动。从那以后,5月9日被称为"国耻日"。有些地方将5月7日定为"国耻日",这一天日本向中国发出了最后通牒。
[5] 引自孔昭绶1917年"国耻日"讲话。他这篇讲话的详细内容见《湖南省立第一师范学校校志》。

每个人都知道国耻,都约束自身,尤其是培养自己的个人道德",他说:"社会就会变好,如果社会变好了,有才华的人就会大批出现,如果国家有了大量具备超常能力的人,这个国家就一定会变得强大。"[1]所以,他就呼吁他的学生在努力时不要忘记中国的国耻。

在孔昭绶看来,人格教育、军国民教育、实利教育的教育理念,无疑是最好地适应了中国。人格教育被认为是根本,而实利教育和军国民教育次之。不过,他也对军国民教育非常重视。

1916年10月,在第二次担任第一师范校长后不久,孔昭绶向湖南督军谭延闿提交了一份创建学生课外志愿军的提议。他认为建立这样一个团体是对教育部颁发的《注重尚武精神令》的很好回应。他提出,这也符合当前潮流,因为现代世界中所有大国都强调军国民教育。他倡导改变或放弃一些旧习俗,比如"好铁不打钉,好男不当兵"之说。在给谭延闿的这封提议中,他写道:"如果我们强调军国民教育,如果我们的公民能够培养强健体魄,在自己国家受到欺负时有能力去保护它,那么这就会改变中国为'东亚病夫'的国际形象。"[2]他强调,军国民教育能够让年轻人做好准备,一旦需要他们为国家战斗,他们就能派上用场。所以,他请求谭延闿提供足够一个连使用的武器。

在谭延闿批准了孔昭绶的提议后,一个学生课外志愿军就在第一师范学校建立起来。根据第一师范学校1918年的每月"大事"记录,这个学生课外志愿军在战乱时期对校园的保护上做得很出色。1917年11月,战争在湘南爆发,人们十分恐慌。学生志愿军在校园巡逻,以防外来袭击。1918年3月,当长沙市出现了恐慌和混乱时,这支学生志愿军冷静地警卫着自己的校园,并与其他学校的队伍一起在长沙城维持治安。到了4月,当战争在湘东爆发后,这支志愿军再次组织起来在校园和市里维持治安,并给长沙市居民提供帮助。[3] 他们还建立了一个专门帮助妇幼的小队。

---

[1] 引自孔昭绶1917年"国耻日"讲话。他这篇讲话的详细内容见《湖南省立第一师范学校校志》。

[2] 引自孔昭绶1916年给湖南督军谭延闿关于创建学生志愿军的建议,见湖南第一师范学校校史编辑委员会《湖南第一师范学校校史——1903~1949》,第74~76页;关于学生志愿军的详细情况,见《湖南省立第一师范学校校志》。

[3] 李锐:《三十岁以前的毛泽东》,第192页。

作为能干的第一师范学校校长和教育革新中的活跃人物,孔昭绶不仅成为湘省教育事务中的突出声音,而且在全国也颇有影响。1917年11月和12月,孔昭绶出席了在杭州召开的全国教育大会。在这次会议上,他提交了一份10000字的"意见书",建议中国的中等师范和高等师范改革它们的课程设置。他指出,这种取自日本的课程设置已不再适用于现代中国的学校。他呼吁在课程设置和教学方法上进行彻底改革,创造新型的教师职业。比如,他认为典型的师范学校课程超过了20门,这负担过重。他建议这些学校或者是减少一些课程,或者是将学校分成偏于知识和偏于技能的两部分。由于孔昭绶深受杜威实用主义教育理念的影响,所以他倡导教育是最好的救国之道的观念。

由于健康原因,孔昭绶于1918年夏天辞去了校长职务,不久后在长沙逝世。

教学法教师徐特立

徐特立,原名徐懋恂,湖南长沙人。他出身于一个贫苦农民家庭,年仅4岁时,母亲就去世了,父亲和10岁的哥哥农田劳作,以维持温饱。[1] 1886年到1892年,徐特立在自己这个村子读了几年私塾,但由于贫困,读到15岁就辍学了。他想继承祖父的职业做一个中医。[2] 然而,在读了两年的中医书籍之后,他发觉过于艰深,就放弃了这个想法。18岁那年,他当了一个塾师,一直做了10年。

1905年,徐特立参加了在岳州举行的地区考试以测试自己的学习成果,结果在3000多考生中名列第十九,[3] 于是在湖南赢得了名声,不少学校都争着邀请他去任教。同一年,为了进一步提高自己,徐特立进入长沙的宁乡速成师范读书,4个月后毕业。在宁乡速成师范读书期间,他读了很多新的科

---

[1] 周世钊:《我们的师表》(北京:北京出版社,1958),第7页。
[2] 凡喆:《中国古今教育家》(上海:上海教育出版社,1982),第223页。
[3] 张兴:《徐特立——伟大的无产阶级教育家》,收入麻星甫主编《师范群英 光耀中华》(西安:陕西人民教育出版社,1992),第49页。

目,得出了西方科技超过中国的结论。他还从这所学校的校长、同盟会会员周震鳞那里接触到并接受了孙中山的革命思想,并经常向自己的学生加以介绍。

毕业之后,徐特立在长沙创办了一所私人学校,自己又在空余时间研习代数、几何、三角和解析几何。1906 年,他到长沙的周南女子中学任教,并利用这所学校作为一个传播革命思想的舞台。他组织学生罢课来反对清朝政府。1907 年发生了清政府向外国屈辱妥协的事件,徐特立在学校作时事报告,讲到激愤之处,热泪如倾,拿菜刀把自己的左手小指砍掉,蘸着血写了 8 个大字"驱逐鞑虏,恢复中华"[1]。

1910 年,虽然已是极受尊重和广为人知的教师,但徐特立又前往上海,参加江苏省教育厅举办的小学教师培训班,不久又前往日本考查教育。回国之后,他继续在周南女校工作,既是校长又是教师。作为孙中山的热心支持者,他参加了辛亥革命。后来,他被挑选担任湖南省政府教育司的科长。1911 年,他被湖南省议会选为副议长。1912 年,他创办了长沙师范学校,这所学校提供速成师范课程。第二年,他在自己家乡村庄办了一所小学。

1913 年,徐特立受邀加入湖南第一师范学校的教师队伍。他在这里讲授教育学、教学法和修身,一直到 1919 年。他为人谦虚,但在言辞和行动上却又破除旧习。在长沙城的各所学校任教,他来往都是步行,从不坐人力车,颇令人瞩目。当时,长沙有许多中等教育机构,这些学校的教师都有很高的社会地位,所以,他们中绝大多数人去学校都是坐人力车。徐特立同时还是长沙师范学校的校长,这所学校位于长沙北门,而任教的第一师范学校是在长沙的南门,两校之间的距离有 10 里路(大约 4 英里)。他总是步行于两校之间,哪怕是雨天。[2] 这样的举动不仅对他的学生有巨大影响,也感染了其他教师。比如,第一师范学校的一位绘画课教师黄澍涛家庭负担很重,经济压力颇大,但一直习惯于坐昂贵的人力车。看到徐特立的榜样后,有一天他告

---

[1] 张兴:《徐特立——伟大的无产阶级教育家》,收入麻星甫主编《师范群英 光耀中华》(西安:陕西人民教育出版社,1992),第 224 页。

[2] 见《湖南第一师范学校校史——1903~1949》,第 84~85 页。

诉徐特立:"你不坐轿子,学生仍然很尊敬你,今后我要向你学。"[1]从那以后,他去学校再也没有坐过人力车。

徐特立长于教学法,他的课程使用的教材全是自己编写的。1914年,他在《公言》杂志上发表了一篇题为《中国教学法之研究》的文章。[2] 他与第一师范学校的其他几位教师杨昌济、黎锦熙和方维夏一道,创办了宏文图书编译社来出版小学和中学教科书。这家出版社为中国的小学课程出版了两卷教学法。

讲课时,徐特立总是声音洪亮,极具感染力。在他的授课中,他总是格外注意社会生活与学生实际想法之间的联系。学生对他的课评价很高,他们说他这些注重实用的课程很容易理解。徐特立喜欢使用古往今来典型人物的嘉言懿行作为例子,他甚至使用自己的经历来引导学生。一次,在一堂修身课上,当谈到节俭时,他告诉学生过俭朴生活不但节省金钱,而且能够培养顽强精神和坚强意志,养成高尚品德。他说:"我平生过惯了俭薄的生活,觉得只有俭薄才能使精神愉快。"[3]

> 我还有一桩得意的事情,就是从来没有被"扒手"扒过东西。我的房里没有皮箱,大概,也没有值钱的家具、物品。我有钱,就随手放置在网篮的破旧书籍中,扒手不会想到这些故纸堆中会放着他们所要偷窃的钱,因此我的钱不曾失过。我在街上走路时,扒手们看见我穿得这样破旧,很快地就走开了,因为他们担心我扒他们的东西![4]。

学生们喜欢他的课,不仅是因为他生动的讲授,而且是因为他可以非常清晰地回答他们的问题。他的学生熊瑾玎回忆道:"徐老师的课从来不是老一套,从来不呆板枯燥。他上课总是避免陈词滥调,讲出新意来。他总是用

---

[1] 见《湖南第一师范学校校史——1903~1949》,第85页。
[2] 他的这篇文章发表于《公言》杂志(1914)。
[3] 孙海林:《异乎寻常的关怀和爱护:徐特立在湖南一师》,收入《徐特立研究》1996年第4期,第29页。
[4] 徐特立的学生周世钊在《我们的师表》中记述徐特立的话,见该书第30页。

一种简明的方式解说复杂的问题。所以,他的课非常令人愉快,非常生动。"[1]

徐特立要求学生发展出一种适宜的学习方法。他告诉他们,对于自己读过的东西理解要确切,读书时要记下要点。用这种方法,他们读过的每本书都会有价值。[2]

徐特立有极强的正义感,这也深刻地影响了他的学生。早在1911年,他就组织学生罢课以抗议清政府的铁路政策。那一年,清政府决定对私人拥有的几条主要铁路实行国有化,将其作为隐蔽的巨额外国借款的抵押。当这个消息传到湖南时,徐特立正在周南女校教书。愤怒之下,他联系长沙其他学校,呼吁举行罢课。几天之后,长沙所有学校都赞同他的提议。这就是长沙历史上最早的学生罢课。[3]

1915年,当袁世凯想要称帝时,他的追随者在各省都组织了"筹安会"来支持袁世凯的称帝野心。第一师范学校的一位名叫廖名缙(笏堂,1867～1927)的伦理学教师,是船山学社的成员。在船山学社的讲学中,如同学社所有其他成员一样,廖名缙谈到帝制与民意和中国局势不相容,号召人们起来反对袁世凯的称帝野心。然而,在第一师范学校的课堂上,他却宣称帝制符合人民和国家的利益。徐特立、杨昌济、方维夏、王季范和袁仲谦等教师一样,都非常厌恶廖名缙的虚伪,与之对立。徐特立甚至以学生的名义给廖名缙写了一封信。他写道:

> 先生在船山学社反对帝制,在第一师范学校鼓吹帝制,一人之身,两种面目……吾等处积威之下,无以为报;将来有机会之时,当不忘先生之赐也……[4]

在接到这封信后,廖名缙意识到自己的行为已经激起了众怒,所以再也

---

[1] 孙海林:《异乎寻常的关怀和爱护:徐特立在湖南一师》,第29页。
[2] 见《湖南第一师范学校校史——1903～1949》,第86页。
[3] 张兴:《徐特立——伟大的无产阶级教育家》,第51页。
[4] 周世钊:《我们的师表》,第51～52页。

没有公开支持过帝制。

1915年6月,湖南省议会宣布,从秋季这个学期开始,师范学校的学生要交10元的学费和杂费。对于第一师范学校的绝大部分并非来自富裕家庭的学生来说,10元不是一个小数目,他们向校长张干抱怨。毛泽东甚至在学生中组织了一次罢课,要把张干驱逐出校。张干愤怒地下令开除毛泽东和其他16个学生领导者。然而,徐特立、杨昌济、王季范和方维夏全力为毛泽东和其他学生说情,校长最后收回了成命。[1]

1918年,张敬尧这位保定军官学校毕业的安徽人,被任命为湖南督军。在其统治期间,张敬尧把湖南的经济弄到了崩溃的边缘。此人使用各种手段为自己弄钱。比如,他甚至利用自己母亲去世作为借口,从已经负担过重的商人处搜刮钱财。除了卖鸦片,征重税,从湖南士绅处横征暴敛外,他还在长沙开了裕湘银行,大量印刷纸钞在全省流通。然后,这家银行又拒绝将这种纸币兑换成其他货币。接下来张敬尧则命令那些握有这些纸币的人去购买他发行的彩票,以这种方式,与他发行的这些纸币等值的钱财几乎全被他窃走。[2]他还没收了来自学费的有限的教育收入,这意味着教师有5、6个月没有报酬,而公立学校的学生没有饭吃。

张敬尧完全依赖自己的军事力量来维持统治。他让他的3个兄弟张敬舜、张敬禹、张敬汤都在自己部队当军官,张氏军队忙于四处勒索,抢劫私人财物。军队走到哪里都强奸妇女,军官则索求士绅人家的女儿做妾。在湖南,关于这四兄弟有一个说法:"尧舜禹汤,虎豹豺狼。"[3]湖南人对张氏兄弟的仇恨是可以理解的。

徐特立积极参加了湖南学生驱逐张敬尧的运动。他指出:"张毒不除,湖南无望。"[4]他呼吁湖南的学生和民众都来参加驱张运动。1919年夏天,张敬尧下令逮捕徐特立,但徐特立已经在筹资去法国勤工俭学了,这个活动是蔡和森与毛泽东在1919年9月促成的。

---

[1] 孙海林:《异乎寻常的关怀和爱护:徐特立在湖南一师》,第30页。
[2] 张敬尧发行了200万张的彩票,每张彩票卖5块大洋。见《湖南近150年史事日志:1840~1990》,第73页;也见周世钊:《我们的师表》,第34~35页。
[3] 李锐:《毛泽东同志的初期革命活动》,第114页。
[4] 孙海林:《异乎寻常的关怀和爱护:徐特立在湖南一师》,第30页。

徐特立在巴黎大学学习了3年,在里昂大学学习了1年。在法国学习期间,徐特立还在一家金属制品厂当学徒,并且为工人们做饭。然后徐特立又去德国和比利时的工厂工作了1年。1924年,他从法国回国,创办了长沙女子师范学校——俗称稻田师范,担任它的校长兼教师。他说:

> 我是一个不愿参加政治活动、好埋头读书的人。由于外力压迫,政治黑暗,就不自觉地转入爱国运动。以为人民大众不参加爱国运动是由于无知,救国的方法首在教育。[1]

所以,在中国共产党人最为严峻的1927年"白色恐怖"时期,徐特立加入了中国共产党。1937年1月,在他60岁生日时,为他举行了一个特殊的庆典,毛泽东称他为自己在一师时最热爱最尊敬的老师之一。[2] 毛泽东还给徐特立写了一封信表示生日祝贺,信中这样写道:"您是我二十年前的先生,您现在仍然是我的先生,您将来必定还是我的先生。"[3]

徐特立在教育领域工作终生,于1968年11月28日在北京逝世,享年91岁。

学监主任方维夏

方维夏,号竹雅,湖南平江人,中国共产党早期的一位领导人物,也影响了一代湘省学生。

方维夏1906年毕业于第一师范学校的简易科,很快又就读于湖南优级师范学校。他在这所师范学校学习了3年,于1909年毕业。然后他去日本留学2年,1911年回国。他在第一师范学校一直工作到1918年,开始时教博物学和农学,然后担任一师的学监。[4] 1916年到1918年,他在第一师范学

---

[1] 见《湖南第一师范学校校史——1903~1949》,第87页。
[2] 周世钊:《我们的师表》,第58页。
[3] 同上,第82页。
[4] 孙海林编:《湖南第一师范学校名人谱1903—1949》,第25页。

校扮演了一个特别重要的角色,他在一师的地位和作用使得他的重要性仅次于校长孔昭绶。

在第一师范学校工作期间,方维夏是孙中山革命思想的一个坚定支持者,并坚决反对袁世凯的独裁专制。1915年,当袁世凯试图恢复帝制时,方维夏与一师教师徐特立、杨昌济和王季范一道,反对袁世凯的企图。他坚决反对袁世凯在湖南的那些追随者如叶德辉,当时叶德辉组织了筹安会,支持袁世凯的称帝野心。反过来,方维夏支持革新头脑的谭延闿。所以,1920年当谭延闿第二次担任湖南督军时,他就任命方维夏担任湖南省政府教育司长。

在第一师范学校讲授博物学课,方维夏通过让学生到现场去学习来增强他们的兴趣。他经常把学生带到岳麓山去采集植物、矿物和岩石标本。[1] 担任学监期间,他代表孔校长做了"学友会"的会长,指导它的活动。

孔昭绶于1916年重新担任了第一师范学校的校长,他让方维夏担任学监。这两个人不仅政治观点和教育理念一致,而且是好朋友。担任学监期间,方维夏为所有5个年级的每门科目制定了课程设置。

在湖南的教育事务中,方维夏的声音分量颇重,享有很高声誉。他在一师期间,被选为湖南省议会的议员,又担任湖南省政府教育司长。他的激进态度和革新思想,也常常带来湘省保守派对他的反对和嘲笑。然而,他得到了自己学生和同事的支持。作为第一师范学校的学监、省议会议员和省教育司长,方维夏和孔昭绶校长一道,在第一师范学校开始了一场全面的教育革新,这场革新对一师的管理、课程、政策制定及其师生都产生了深远的影响。

1920年,毛泽东在长沙开了一家书店,方维夏利用自己作为省议员的能力给予支持进行宣传,还为其提供了资金资助。方维夏还组织了这家书店的平江分店,对马克思主义在湖南的传播起到了作用。[2]

1924年,方维夏加入了中国共产党,并开始在谭延闿的湘军中从事政治顾问的工作,对在这支军队中培育共产党员做出了贡献。北伐期间,方维夏担任了国民革命军中的一位中共代表。在国共分裂之后,他参加了1927年

---

[1] 孙海林编:《湖南第一师范名人谱1903—1949》,第25页。
[2] 见《湖南第一师范学校校史——1903~1949》,第80~83页。

南昌起义。[1] 然后,他被派往苏联的中山大学学习。1931年他从苏联回国,在福建省的一所红军学校当政治部主任。红军开始长征[2]后,他留在湘赣边区领导游击战争,1935年在湘南被国民党分子逮捕,同年被处死。

数学教师兼学监王季范

王季范是湖南湘乡人,来自一个富裕家庭。他的父亲王文生在北方曾当过一段时间的清政府低级官员,他的母亲是湘乡王氏家庭的第6个孩子,也是毛泽东的母亲的姐姐。王季范是其父母的第二个孩子,比毛泽东年长9岁,在姨表兄弟中排行第九,所以毛泽东总是称他为"九哥"[3]。

从幼年时起,王季范就被认为刻苦而聪明。20世纪初,他考入长沙优级师范学校读书。在长沙学习期间,他对"新学"产生了兴趣,受到革新派的影响。他觉得革新和自强是改变中国积弱积贫的唯一道路。

毕业之后,王季范开始在第一师范学校教书。由于他的启蒙和革新思想,也由于他的学术造诣,他受到了学生的欢迎和尊敬。毛泽东尤其从他那里得到了很多思想和财力上的帮助,除了师生关系之外,他们还是姨表兄弟。[4] 年幼时,由于父母害怕毛泽东会夭折,再加上另有两个更小的孩子,所以毛泽东就与自己的外祖父母住在一起。在外祖父母家,毛泽东知道了王季范并且很佩服他,他向王季范请教自己不明白的一切事情。毛泽东在第一师范学校读书5年期间,王季范在物质和思想两方面帮助他。在与自己的学校老友周世钊的一次谈话中,毛泽东回忆道:"我没有正式进过大学,也没有到国外留过学,我的知识,我的学问,是在一师打下了基础。"[5] 当毛泽东遇到麻烦时,王季范帮助解决,比如1915年因驱逐校长张干而被开除那件事。

---

[1] 1927年8月1日的南昌起义由中国共产党领导人朱德、周恩来、贺龙和叶挺领导,这支部队与毛泽东领导的1927年9月9日秋收起义的另一支暴动部队合在了一起,两支部队组成了中国工农红军第四军。

[2] 长征(1934~1935)是中国工农红军的一次主要战略转移,起始于江西省,抵达北方的陕西省,穿过了11个省,行程25000里。

[3] 秀娟编:《毛泽东与亲眷》(北京:中国人民大学出版社,1993),第52页。

[4] 孙海林编:《湖南第一师范名人谱1903—1949》,第61页。

[5] 同上,第54页。

对于其他学生,王季范也提供帮助和忠告。他鼓励学生对时务感兴趣,他支持学友社和学生组织的新民学会和长沙书店,他还支持"驱张"运动、湖南自立运动和赴法勤工俭学。

王季范在长沙一直工作到1937年,先是在第一师范学校,然后从1928年至1936年担任长沙长郡联立中学的校长。1937年春天,他去河南省教育厅任秘书长。他在这个职务上只待了3个月,然后返回湖南,担任广益中学校长。

1949年以后,王季范担任过一段时间的湖南行政学院副院长,然后任湖南省文史馆馆员,政务院参事,他还是第一、二、三届全国人大代表。1972年7月11日,他于北京逝世,享年88岁。在他的追悼会上,毛泽东送的花圈缎带上写的是"九哥千古"[1]。

历史教师黎锦熙

黎锦熙,字劭西,湖南湘潭人,是著名语言学家。他15岁时就考中秀才,然后被湖南优级师范学校录取。他在这所学校的史地部学习,22岁时在辛亥革命之中毕业。他创办了《长沙日报》和《湖南公报》并担任其主编。[2]他的报纸刊载介绍民国革命的文章、对时务的评论,传播新学。黎锦熙还与一些帮助他抄写稿件的进步年轻人联络,这些年轻人除了帮助抄稿外,还对稿件本身发表评论。黎锦熙曾经回忆到,有3个年轻人帮助他抄写稿件,3人彼此各异。第一个人准确抄写稿件原文,不问任何问题;第二个人会就稿件提一些问题,有时会修饰一下词句;第三个人如果不同意手稿中的观点就拒绝抄写。第二个人就是后来的著名剧作家田汉(1898~1968),第三个人就是毛泽东。第一个人没有太大成就,所以黎锦熙没提他的名字。[3]

1914年和1915年,黎锦熙在第一师范学校教授历史。1915年9月,他

---

[1] 秀娟编:《毛泽东与亲眷》,第58页。
[2] 晏如:《纯笃的学者》,收入麻星甫主编《师范群英 光耀中华》第2册(西安:陕西人民教育出版社,1992),第2册,第92页。
[3] 同上,第2册,第93页。

被教育部邀请到北京担任中小学文科教科书特约编纂员。1919年,他开始在北京师范大学教书,在此工作59年,直至1978年逝世。

尽管黎锦熙在第一师范学校教书的时间不长,但他对学生的影响却很深远。他比绝大部分学生只大几岁,但早已是一位精力充沛和勤奋用功的学者了。具有革新头脑的他,与学生的关系非常好。1914年和1915年,黎锦熙、杨昌济和一师其他四位教师都住在长沙的李氏芋园,1914年,黎锦熙和杨昌济组织了"哲学研究小组"[1]。这个小组的学生成员有蔡和森、毛泽东、陈昌、萧瑜、萧三和张昆弟。他们每周周日定期来到李氏芋园的教师家中。在这些聚谈中,他们就自己的学习向黎锦熙和杨昌济请教,相互之间介绍所读过的文章,交换看法,讨论时事。[2] 黎锦熙1915年4月至8月的日记准确记下了学生到芋园的来访。这些记载展示了他与学生的交往。

> 1915年4月4日,星期日。上午,润之(毛泽东)来,阅其日记,告以读书方法……
>
> 4月11日,星期日。上午……一师学生萧子升、润之和焜甫(熊光楚)至,讲读书法。
>
> 5月30日,星期日。上午……焜甫、润之至。又遇季范[王季范]。久谈改造社会事。
>
> 7月11日,星期日。上午……章甫同润之来,问小学(文字学和音韵学)功夫做法。余谓宜读段注说文。
>
> 7月13日,星期二。夜归,与润之、章甫说读史法。[3]
>
> 7月20日,星期二。上午……坐门间,阅《群学肆言》"缮性"竟。甚爽适,润之亦移坐此室。
>
> 8月15日,星期日。上午……润之、章甫至,为论读书法于焜甫处。
>
> 8月29日,星期日。……上午……季范至……子升、润之至,谈学

---

[1] 见《湖南第一师范学校校史——1903～1949》,第103页。
[2] 王兴国:《杨昌济的生平及思想》,第92页;《湖南第一师范学校校史——1903～1949》,第103页。
[3] 1915年暑假,毛泽东、陈章甫和熊光楚留在位于李氏芋园的宏文图书编译社,在黎锦熙和杨昌济支持下编纂课外读物。

颇久。[1]

与他的朋友和同事杨昌济、徐特立和方维夏一道,在1914年和1915年,黎锦熙也帮助组织了宏文图书编译社。这家出版社主要为民国出版中小学教科书。黎锦熙担任这家出版社的主编。[2]

黎锦熙与第一师范学校学生的联系,在"五四"运动之后仍然继续着。毛泽东从1915年11月至1920年6月写给黎锦熙的信,揭示了毛泽东不只简单地将黎锦熙视为老师,而且视他为一位可以信任、"可与商量学问,言天下国家大计"的好友[3]。比如,在1915年11月的一封信中,毛泽东抱怨一师的课程设置,写道:

> 如此等学校者,直下下之幽谷也。必欲弃之,就良图,立远志,渴望兄归,一商筹之。生平不见良师友,得吾兄恨晚,甚愿日日趋前请教。[4]

当时有流言传来,说黎锦熙在北京为袁世凯工作,毛泽东急迫地写信给黎锦熙,用坦率的言辞请求他不要被袁世凯欺骗而误入歧途,说:"快快回来,不要迟疑。"[5]从这些信件和日记中我们可以看到,黎锦熙与他的学生之间的关系保持紧密。在中华人民共和国成立之后,黎锦熙继续与毛泽东和周世钊保持着联系。在"文化大革命"(1966~1976)后期,他甚至把自己的预立遗嘱寄给了周世钊[6]。然而,黎锦熙的寿命超过了毛泽东和周世钊。

黎锦熙将自己的一生献给了语言学研究,对汉语语法和句法研究做出了重大贡献,也对汉字改革和词典编纂贡献甚多。1949年后,如同王季范一样,黎锦熙也被选为第一、二、三届全国人大代表。他还是第一、二、三届全国政协委员,也是富有威望的中国科学院社会科学部委员。除了这些社会和学术

---

[1] 见《湖南第一师范学校校史——1903~1949》,第103~105页。
[2] 同上,第93页。
[3] 晏如:《纯笃的学者》,收入麻星甫主编《师范群英 光耀中华》,第2册,第102页。
[4] 毛泽东:《毛泽东早期文稿》,第31页。
[5] 晏如:《纯笃的学者》,收入麻星甫主编《师范群英 光耀中华》,第2册,第102页。
[6] 周彦瑜:《毛泽东与周世钊》,第24页。

职务外,黎锦熙一直在北京师范大学工作。他于1978年3月27日逝世,享年88岁。

其他教师

第一师范学校的其他教师如袁仲谦(1868～1947)和易白沙(1886～1921),也具有一定的影响,并在一师学生身上留下了他们的印记。袁仲谦也叫袁吉六,在一师讲授中国语言和文学课。他的外号是"袁大胡子"。袁仲谦得过举人[1],在中国经典方面根底很深。他要求学生认真研读经典,鼓励学生学习古代的道德君子,以他们为榜样。在他的课堂上,他经常列举中国历史上的史学家、作家、诗人、画家和书法家作为例证,以这些人的成就激励学生。他要求学生:"学不胜古人,不足以为学;才不胜今人,不足以为才。"[2]他瞧不起梁启超那种非古典的文风,因此嘲笑毛泽东的文风是梁启超体。他要求毛泽东以唐代著名文章家韩愈为学习榜样。毛泽东认真地这样做了。比如,在毛泽东的"讲堂录"中,他的笔记主要是杨昌济的伦理学课和袁仲谦的中国古典文学课。毛泽东在1936年回忆道:"所以多亏袁大胡子,今天我在必要时仍然能写出一篇过得去的文言文。"[3]袁仲谦也鼓励自己的学生去听船山学社的讲座,研读17世纪初期学者王夫之的著作。在他的鼓励下,许多像毛泽东、蔡和森和萧三这样的一师学生参加了船山学社的活动,吸收这里的思想。

易白沙(原名易坤)是湖南长沙人,毕业于上海德文学校,后主持安徽怀宁县中学和安徽省立大学。在1911年的武昌起义之后,他在安徽组织了一支学生军保护省会的公众安全。当1913年的"二次革命"[4]失败后,易白沙逃往日本。在日本,他和章士钊(1881～1973)创办了《甲寅》杂志,他发表了

---

[1] 马玉卿:《毛泽东的成长道路》(西安:陕西人民出版社,1986),第68页。
[2] 孙海林编:《湖南第一师范名人谱1903—1949》,第113～114页。
[3] 斯诺:《红星照耀中国》,第129页。
[4] 由孙中山领导的"二次革命"是1913年夏天国民党反抗袁世凯的一次军事起义,直接起因是宋教仁被刺。江西、江苏、安徽、湖南、广东和福建各省以及上海和重庆宣布独立于袁世凯政府,加入反袁革命。不过,袁世凯于1913年9月粉碎了这次革命。

许多文章如《广尚同》来抨击袁世凯的独裁专制。

1915年,一份激进的打倒偶像的刊物《新青年》面世后,易白沙开始在其上发表文章,倡导民主和科学,如《述墨》《孔子平议》和《诸子无鬼论》等。他的《孔子平议》代表了"五四"时期对孔子最早的正式谴责之一。[1] 他认为,中国人对孔子的崇拜使得帝王统治者可以使用孔子作为工具来控制人们的思想,夺走人们的自由。为了打倒意识形态和学术界的专制,易白沙强调真理只有在辩论之后才会明确,只有竞争学问才会长进。[2]

易白沙于1917年和1918年在第一师范学校教中文和历史,这也正是他绝大部分文章发表于《新青年》之时。易白沙还为一师的学生团体做公开讲座。比如,第一师范学校的历史记录表明,1918年3月26日,易白沙被邀请做公开讲座。[3] 易白沙尤其对墨家感兴趣[4],他一生高度赞扬墨子,这似乎对蔡和森这样的学生产生了深远影响,蔡和森年轻时崇拜墨子。

在20世纪的第二个10年中,第一师范学校聚集了一批思想进步、富有学识的教师。他们致力于思想探究,将其作为国家更新的基础,他们也认为教育是拯救国家的最好途径,教育可以"渗透到社会问题的根部,提供解决方案的基础"[5]。他们要在第一师范学校培育一种自豪感,将学生塑造成一个志同道合的群体,将来去改造社会。教师们激励学生去实现校训中的理想,而学生们真的通过中国共产党改变了他们的世界。

在学术上,学生们在中国经典方面接受了扎实的培养,当时这些学生生活在一种老派的文人文化之中,它富于诗意想象和历史典故,珍视一种审美追求和哲学深思的自由自在的生活。与此同时,教师们也引导学生研究西方思想和制度的各个方面,包括西方科学技术的切实应用。外国知识与本土智慧一起讲授,传统理想与当代变革熔为一炉。教师们深刻地影响了学生的思想转变,这无疑有助于塑造这些学生的职业和思想,对他们的激进化产生作用。

---

[1] 孙海林编:《湖南第一师范名人谱1903—1949》,第100~101页。
[2] 王兴国关于"五四"时期的未刊手稿,第19~20页。
[3] 王兴国在他这份手稿中引证了此事。见手稿第20页。
[4] 墨家兴起于春秋战国时期(公元前770年~前221年),墨子为这一学派的创始人,他强调兼爱、非攻、尚同,并对逻辑问题感兴趣,这种兴趣导致了墨家的兴起。
[5] 蔡元培:《中华职业教育社宣言书》,见高平叔编《蔡元培全集》第3册,第12页。

第 5 章 "圣人"杨昌济

第一师范学校全盛时期,在这里任教的杰出人物很多,而杨昌济值得特别注意。杨昌济(又名怀中),是长沙东乡板仓人,这个地方位于长沙城东北约 50 公里处。杨昌济是一位著名的新儒家学者,擅长宋明理学,对西方学问也同样深有研究,曾分别在日本(1903～1909 年)、苏格兰(1909～1912 年)和德国(1912～1913 年)用 10 年时间研究西方哲学和教育。所以,杨昌济就将西方的自由主义和个人主义思想如康德和新康德伦理学、T. H. 格林(Green)的自我实现概念、卢梭倡导的人道主义和自由派传统以及斯宾塞的实用主义,融入自己的社会政治和伦理思想,从而能够重新评估儒家思想。他猛烈抨击诸如"孝"和"贞"这样的儒家道德准则,以及君为臣纲、父为子纲和夫为妻纲的"三纲",但同时又维护儒家人道主义的框架。在"五四"运动之前,杨昌济是第一师范学校的一位伦理学教师。不管从哪方面说,他都是这所学校最有影响、最受尊重的教师之一。他教过毛泽东,是毛泽东的第一位妻子杨开慧(1901～1931 年)的父亲。

一位传统学者

杨昌济广泛而又折中地吸收传统的儒家思想。早在没有遇见革新和革命观念之前,他就已经储备了丰富的可以导出这些观念的早期思想。依据时代的要求,对于这些早期思想,有一些杨昌济保持或履行着,有一些则抛弃了。杨昌济出生于一个有着长期理学思想传统的学者家庭。在他的性格形成时期,这种家庭背景对他影响甚巨,而湖南的知识传统和那个时代形成的思想与价值观念也对他影响很大。这样的影响,如同张灏指出的那样,可以通过正式和非正式的教育渠道而发挥作用。[1]

在17世纪后期,杨昌济的祖先从长沙县的蒲塘村迁到了板仓,在这里几辈人世代务农。由于他们脱离了宗法制度的束缚——用杨昌济的话来说就是"此则由于与异姓接触,得新感化,又与同宗隔离,脱旧思想之故"[2],他们就开始注重自己后代的教育了。杨昌济的高祖和曾祖都是"太学生",他的祖父是"邑庠生",祖父在杨昌济出生前10年就去世了。杨昌济的父亲是"例贡生",但他从来没有做过官,终其一生在本地做私塾教师。

杨昌济的母亲来自一户姓向的著名文人家庭。他的外高祖中过进士,做过清朝的国子监学录;他的外曾祖中过举人,曾在几个地方做过学政;他的外祖父也是一位儒家学者,但年纪轻轻就去世了。[3] 母系向家以精通朱熹的理学而著名。

受到这种家庭传统的影响,杨昌济对理学思想深感兴趣。7岁时,他就开始学习儒家经典。在父亲的指导下,杨昌济几年之内就掌握了四书五经。他还广泛阅读了中国古代的哲学、史学和伦理学。年龄稍大之后,他开始研读一些著名儒家人物如周敦颐(1017~1073)、"二程"程颢(1033~1107)和程颐(1032~1085)、朱熹和陆九渊(1139~1192)以及王阳明的著作。

周敦颐是湖南人,被视为宋代理学思想最重要的奠基者之一。他对朱熹有重大影响,对"二程"思想的形成起到了巨大作用——二程年轻时曾随周敦颐学习过。朱熹的思想体系和实践从周敦颐和二程处吸收颇多。周敦颐的道德哲学思想概括在他的两部主要著作《太极图说》[4]和《通书》之中。在《通书》中,周敦颐详细阐释了他的道德哲学,核心是"诚"。"诚"对他而言是最高的善,成了道德原则的最终来源。[5] 诚是"圣人之本","圣无非是诚"。[6]

---

[1] 张灏:《危机中的中国知识分子:寻找秩序与意义,1890~1911》,第4页。
[2] 杨昌济:《达化斋日记》(长沙:湖南人民出版社,1980),第56页。
[3] 王兴国:《杨昌济的生平及思想》,第7~8页。
[4] 在《太极图说》中,周敦颐使用儒家经典之一《易经》详细阐述了一种形而上的宇宙论:"无极而生太极,太极动而生阳,动极而静。静极复动,一动一静,互为其根;分阴分阳,两仪立焉。"参见杜维明:《向心与共性:论儒家虔诚》(纽约:纽约州立大学出版社,1989),第16~72页;班豪·金姆(Bounghown Kim)《周敦颐(1017~1073)思想研究》(博士学位论文,亚利桑那大学,1996),第1章。
[5] 周敦颐:《通书》,见《周子全书》第2章;陈荣捷:《中国哲学原始资料》(普林斯顿:普林斯顿大学出版社,1963),第461页。
[6] 同上。

所以,诚就被用来区分善恶,用来完善个人。通过将诚与圣等同起来,周敦颐就把宇宙的进化过程与人的道德发展联结起来,这就是他的道德哲学的核心,为理学伦理学和儒家个人主义提供了基本线索。[1]

周敦颐的自我修养的学说对湖南学者有巨大影响,这种学说主要建立在周敦颐对诚的辩证思路之上。诚在本质上被设定为"寂然不动",而就其功能而言则是动态的。"动而无动,静而无静",就展示出一个人的终极精神状态,也就是"圣"或完美的"诚"。由于在周敦颐的哲学中"寂然不动"是"圣"的基础,所以他在自我修养的方法中就赞同"静"。[2] 在周敦颐看来,一个人必须"惩忿窒欲""迁善改过",然后才能达到"不勉而中,不思而得"的状态,最终入圣。[3] 周敦颐关于诚和自我修养的概念对后来的湖南儒家学者有很大的影响。[4] 对于后来的儒家学者而言,周敦颐本人就是诚之美德的人格化,体现了先天之善和人性智慧的充分实现。杨昌济在周敦颐的道德修养和诚的概念上吸收很多,而且终生奉行。

杨昌济所专注的理学,是宋代两大儒家流派之一,它以朱熹的伟大思想达到顶峰。朱熹的哲学视这个世界由"理"这种理性、自然和道德的秩序和"气"这种物质力量双重决定。"理"可以被理解为宇宙中一切事物的结构或组织原则,它充分地体现在存在的每件事物上。"理"决定了为什么事物是它们现在这个样子,它们应该成为什么。作为物质力量的"气"有着清浊不同的各种程度。

朱熹认为,天之道表现为理或原则。"理"是纯正的,"气"之清浊则在变化。由于我们的"气"生来混浊,所以我们不能发现自己的"理"或原则。为了澄清我们的"气",得到开化,我们就必须认真研读四书,在智者导师的引导下"探究事物"。显然,朱熹强调的是道德自我修养的传统儒家理想。

---

[1] 张明:《行走于东西方之间:杨昌济(1871~1920)及其思想》(爱丁堡大学博士论文,2002),第1章。
[2] 同上。周敦颐:《通书》;陈荣捷:《中国哲学原始资料》,第463页。
[3] 周敦颐:《通书》;陈荣捷《中国哲学原始资料》,第469~477页。
[4] 较详尽的讨论,见康拉德·希罗考尔(Conrad Schirokauer):《朱熹与胡宏》,收入陈荣捷编《朱熹与理学》(檀香山:夏威夷大学出版社,1986),第480~502页;霍伊特·克利夫兰·蒂尔曼(Hoyt Cleveland Tillman):《儒家话语与朱熹的支配地位》(檀香山:夏威夷大学出版社,1992),第1、2章。

朱熹的个人修养理论和它的主要教诲"存天理,灭人欲",根本上是为了善良的实现和邪恶的摧毁。他在根本上认为"天理"和"人欲"是对立和根本不同的。对于朱熹来说,"天理"意味着人的头脑与理性相一致的状态,"人欲"则指人的头脑陷入了诱惑的状态。他的个人修养的理论将善恶问题与欲望联系起来。于是,他就将邪恶理解为"天理"的缺少,他对"存天理,灭人欲"的要求可以视为一种禁欲主义。朱熹对湖南学术的巨大激励,部分也是因为他复兴了岳麓书院。1194年春天,他在担任位于潭州(今天的长沙)的金湖南路按察使期间,曾到岳麓书院来讲学。[1]

如同劳延煊指出的那样,朱熹的另一贡献涉及他对君师合一概念的强调。朱熹认为,统治者作为理想的统治者/圣君,作为古代和道的教师,作为道德楷模,身兼统治和教导自己臣民的双重职责。他这种君师一致的理论对毛泽东有强烈影响,其终生都想实现这种一致。毛泽东可能长久以来就对被称为"四个伟大"(伟大的导师、伟大的领袖、伟大的统帅、伟大的舵手)中的"伟大导师"格外在意。这种强调塑造了毛泽东的诗文和他发动的那些群众运动,包括延安整风运动、反右运动、大跃进运动和文化大革命运动。[2]

19世纪时,在杨昌济读书的那些年中,曾国藩和一群湖南学者兼官员发起了理学的复兴。曾国藩是一位显赫的朝廷命官、政治家和将军,但最为人们记住的却是一位杰出的儒家学者,太平天国起义是他镇压下去的。曾国藩是折中派,除了儒家理学外,他还广泛吸收各种思想,比如汉学和诸子百家。[3] 他对个人修养的强调,正是杨昌济从他那里吸收,并在变化的一生中始终保持的东西。

理学的复兴,可以视为对儒家思想中那种在社会政治义务上无动于衷的实证研究派的反拨。理学学者们深化了对自己思想世界的关注。曾国藩和那些理学学者感觉到了一种迫切的需要,要重申已被忽略的儒家重视内圣从而外王的观念。他们要保持道德自我修养的观念,在很大程度上吸收了周敦

---

[1] 李肖聃:《湘学略》(长沙:岳麓书社,1985),第143页。
[2] 劳延煊:《君师合一与程朱政治思想》,收入《劳贞一先生九秩荣庆论文集》(台北:兰台出版社,1997),第579～591页。
[3] 曾国藩著述很多,他给朝廷的奏章和文章受到杨昌济及同时代人的高度评价,他们很推崇156卷的曾国藩文集,这套文集是李鸿章(1823～1901)于1876年校勘的。

颐关于"诚"的概念。对于他们而言,自我修养的关键就是心的培养,每日自省,使用"省身日课"和"人格修养"的方法。[1]

理学的复兴,也是对历史变化的一种对抗。尽管太平天国起义被曾国藩的湘军于1864年镇压下去,但清政府仍然生活在挥之不去的恐惧之中,在琢磨这场反叛是如何发生,为什么发生。曾国藩认为,来自中国南部的太平天国叛乱,是内部叛乱与外国侵入相伴。他觉得,太平天国从"外夷"那里取来了"天堂统治者的教义",使用"所谓的耶稣教诲"(耶稣被说成是太平天国领导人洪秀全的兄长)来摧毁正统儒家思想的原则。[2] 所以,粉碎了太平天国,曾国藩就呼吁儒家正统思想的急迫复兴,而对他来说,这就是宋明理学。曾国藩终其一生都在研究和推广理学,他也熟悉汉学。而且,他还倡导将诸子百家有价值的方面融入进来。他的观点是,理学是这个世界的终极原理,尽管其他的哲学学派也提供了具有一定价值的见解。这深刻地影响了杨昌济。杨昌济曾经写道,他永远不会轻视和拒绝其他哲学学派,但推崇的只有儒家教诲。[3] "余本自宋学入门,而亦认汉学家考据之功;余本自程朱入门,而亦认陆王卓绝之识"[4]。理学道德哲学的复兴,与之相伴的还有对"经世致用"理想的强调。

清代后期的学者,尤其是湖南学者,都很崇拜曾国藩,他被视为"中兴名臣""一代儒宗"。[5] 杨昌济的父亲也钟爱曾国藩的文章。由于父亲的鼓励,杨昌济认真研读了许多曾国藩的文章,后来在一师教书时对学生高度赞扬曾国藩。在哲学方面,曾国藩高度重视理学中的"诚",杨昌济也更深地受到曾国藩关于道德修养观点的影响。杨昌济的"达化斋日记"展现了他对曾国藩读书种类乃至于曾国藩待人接物、生活方式和学习方法的格外关心。在家学习时,杨昌济把自己的书房命名为"达化斋"。杨昌济特别欣赏曾国藩的"格

---

[1] 曾国藩日记详细记录了他每天对自己错误和缺点背后的内心想法和动机的发掘,以此来改进自身。见邓嗣禹:《曾国藩》,收入邱为春编《中国现代史读本》(纽约:牛津大学出版社,1971),第183页;《曾国藩全集·家书》,第130页、第220页。关于"人格修养"的详细讨论,见邱为春编:《中国现代史读本》,第149~161页。
[2] 罗尔纲:《湘军兵志》(长沙:商务印书馆,1939),第23~24页。
[3] 《劝学篇》,见《公言杂志》(长沙,1914年10月),《杨昌济文集》(1983),第198~204页。
[4] 同上。
[5] 李沛诚:《杨昌济教育思想简论》(长沙:湖南教育出版社,1983),第7页。

物"方法。他在自己的日记中写道:"昔曾文正自定课程,每日读史十页,终身不间断,此可师也。"[1]他经常引用曾国藩作为学生应该学习的榜样,同时也作为激励自己的一个楷模。

在19世纪之交,王夫之的思想成为另外一种重要的激励来源,不仅作用于湖南知识界而且是整个中国文人世界。[2] 王夫之发展出来了一种革命性、唯物论和民族主义的历史观,展示了对独裁专制的批评态度。[3]他反对那种认为曾有过"黄金时代"的流行历史观,认为今胜昔,古代的法律和道德并不必然适用于当代世界,每个时代都有自己的特点。一个好的统治者有职责来改变政策和制度以适应变化的时代和自己臣民的需要和愿望。他认为,不同的文化和地理区域应该保持自己的习俗,应该有自己的统治者和政府形式。[4]他的观点对清政权做了间接的抨击。他认为满族人并不属于中国。无论是1898年的革新派还是20世纪之交的革命党人,都从王夫之的著作中汲取思想,尤其是受影响于他热烈的民族主义、革命性的历史观,以及必须进行社会与政治变革以适应当代需要,同时为未来找到指引的理论[5]。王夫之对中国人与非中国人的"夷夏之辨"的强调,无疑成了杨昌济和毛泽东所支持的那种民族主义的一块基石。

就"天理"与"人欲"的联系而言,王夫之认为人们的共同欲望无非就是满足他们生活的基本需要。他反对佛教对人之欲望的放弃,他也批评程朱理学强调只有"灭人欲"才能"存天理"的观点,认为天理无非就是人们共同的欲望。[6]

---

[1] 杨昌济:《达化斋日记》,第40页。
[2] 苏珊·M.琼斯(Susan M. Jones)和菲利普·A.库恩(Philip A. Kuhn):《清朝的起源与衰退》,收入《剑桥中国史》第10卷,第158页。关于王夫之对谭嗣同的影响,更详细的讨论见张灏:《危机中的中国知识分子:寻找秩序与意义,1890~1911》,第43、72~73、81~84、87~94页。
[3] 关于王夫之的独特历史观,见贺麟:《王船山的历史哲学》,收入《哲学评论》10(1935):23~29页;嵇文甫:《王船山的学术渊源》,收入《王船山学术论丛》(北京:三联书店,1978),第122~163页;邓嗣禹:《王夫之论历史和历史著述》,《亚洲研究》28.1(1968),第111~123页。
[4] 萧公权:《中国政治思想史》(台北:联经,1982),第670~671页;侯外庐:《中国思想通史》(北京:人民出版社,1956),第5卷:第69、114页。
[5] 麦穆伦(Ian McMorran):《王夫之与理学传统》,见希欧多尔·德·巴里(Theodore de Bary)编:《理学的演变》(纽约与伦敦:哥伦比亚大学出版社,1975),第413~414页,收入德·巴里编:《中国传统的来源》(纽约:哥伦比亚大学出版社,1983),第597页。
[6] 王夫之:《读四书大全说》(北京:中华书局),第519页。

就"三纲"的教诲而言,王夫之的观点也不同于朱熹的。如同劳延煊所指出,朱熹和他的理学通过将"三纲"等同于天理(太极)[1],从而极大地促进了"三纲"的传播。王夫之对于历史的革命性观点——"三纲"应该改变以适应改变了的时代,以及他对独裁专制的批评态度,代表了一种对朱熹"三纲"观的隐蔽反抗。持一种选择和综合的态度,杨昌济和毛泽东从王夫之处吸收的东西超过了朱熹。就"三纲"而言,他们二人都是攻击的。杨毛二人也从谭嗣同处吸收了很多东西,正如谭嗣同在这个问题上也极有可能受王夫之影响一样。

王夫之的思想在湖南学术界得到传授,构成了湖南新儒家学生学习内容的一部分。[2]魏源的一些关键性的哲学和革新观点如革命性的历史观和对厚古薄今者的谴责,很多都来自王夫之。[3]谭嗣同的两位老师也致力向学生讲授王夫之的哲学,谭嗣同本人深受王夫之的影响。谭嗣同那种用"以太"作为基础的一元论,他的形而上学动态论,他的道德行动论和激进主义,他的倾向于"实学",这些全都来自于他对王夫之教导的研究。[4]

尽管王夫之选择了隐居生活,但他的思想却是对那个时代世界上所发生事情的思考乃至于热切关注。[5]在一个王朝衰败和外来入侵的时期,"对于他来说,儒家思想如果不是那些在道德上承担解决当下问题者的哲学,那它就什么也不是"[6]。这就是为什么王夫之作为17世纪哲学家和史学家的思想能够在20世纪之交中国面临一种形式不同的同样危机时,能够吸引儒家知识分子和革命派。杨昌济也非常崇拜王夫之,王夫之一直是他思想活力的一个来源,这体现为他高频度地在自己的日记、讲课和文章中引用王夫之的著作。

---

[1] 当被问道"天理"为何时,朱熹这样回答说:"宇宙之间一理而已。天得之为天,地得之而为地,凡生于天地之间者,又各得之以为性;其张之为三纲,其纪之为五常,盖皆此理之流行,无所适而不在。"(见《朱子语类大全》第24章)所以,"三纲"就成为理学的价值观念,从宋朝以后就作为官方正统意识形态而被推广。朱熹的《四书集注》在1313年成为科举考试的必考内容,并一直沿用到1905年科考废除为止。劳延煊:《君师合一与程朱政治思想》,第580页。
[2] 湖南学界的王夫之研究,更多情况见李肖聃:《湘学略》,第151页。
[3] 《诗古微目录书后》,见《魏源集》第2册,第940~941页。
[4] 张灏:《危机中的中国知识分子:寻找秩序与意义,1890~1911》,第66~103页。
[5] 麦穆伦:《王夫之与理学传统》,见《理学的演变》,第413页。
[6] 同上。

王夫之的所有著作传递着一种强烈的求实倾向。对于王夫之来说，研究历史和历史著作，应该通过对历史事件的评价揭示怎样治理这个世界的基本原则——"经世之大略"[1]。他以对儒家经典的研究作为基本的起点，而对历史的研究则是它们的实际应用。王夫之思想的这一部分成为19世纪儒家经世致用理想复兴的最为重要的来源之一，并强调以专业性的经世作为达到儒家道德完善的主要途径。[2]

王夫之思想复兴的领头人物，就是一群湖南学者，比如贺长龄和魏源，他们担心内在的道德修养和楷模式的领导不足以解决中国面临的问题，他们认为还必须加上专业性的经世和制度上的途径[3]。这个思想传统开始于11世纪，从那以后得到了几乎每任岳麓书院山长的提倡。这对19世纪强调经世致用的知识分子的头脑塑造起到了重大作用，这些知识分子特别关注自我修养的道德哲学，总是将它视为"本"。[4]

在1890年代，湖南首先是仇外的一个中心，然后变成了维新运动的中心，湖南士绅成为它的推动力量。儒家传统仍然是主要来源，同时西方学问也变得很重要，这只能发生在湖南的革新运动期间，这就是杨昌济的思想开始形成时的思想背景。

尽管杨昌济8岁时就失去了母亲，14岁时父亲又去世[5]，他仍然非常自励，刻苦学习。1889年，他通过了县一级的科举考试，得到了"邑庠生"（"庠生"也就是秀才）。然而，在第二年的举人考试中却落榜了。杨昌济的父亲于1884年去世。到1888年杨昌济18岁时，他结了婚，有了一个妻子且很快有了一个女儿要抚养了。子承父志，杨昌济也当了塾师，在家授徒。

教书之余，杨昌济继续进行自己的研究，下大工夫来研习理学。朱熹的个人修养理论，尤其是他"存天理，灭人欲"的教诲影响了杨昌济。朱熹认为，

---

[1] 王夫之：《读通鉴论》卷六，见《船山全集》（台北：大源文化服务社，1965）。
[2] 张明：《行走于东西方之间：杨昌济(1871～1920)及其思想》，第32页。
[3] 张灏：《危机中的中国知识分子：寻找秩序与意义，1890～1911》，第26页。
[4] 关于岳麓书院山长情况的讨论，见朱汉民《湖湘学派源流》（长沙：湖南教育出版社，1992），第202～220页。关于经世致用的更多细节，见张灏：《危机中的中国知识分子：寻找秩序与意义，1890～1911》，第16页。
[5] 杨昌济的父亲于1884年去世，当时他才13岁。中国传统计算年龄的方法是孩子一出生即为一岁，孩子一岁生日时算两岁，所以杨昌济把自己算为14岁。

"性即理或天理",天道就表现在"理"之中。杨昌济是朱熹这种观点的坚定支持者,他坚信朱熹的构想:"理"本身纯而完善,但人因为有"气"而产生各种低级的情感和冲突,所以人性初始为善——如同孟子所言——但并不纯,"气"开始时分量极重,遮盖了"理",所以必须采取行动来净化它。杨昌济相信,摧毁遮蔽了"理"的"人欲",这是得到净化之"理"的必行之事,只有这样才能"存天理",成为一个道德君子。所以,杨昌济就把朱熹的教诲付诸实践,在自己的生活中实行苦行主义。比如,他对"制欲"就非常认真。在1894年的日记中,他这样写道:"已成为劫数,未成为杀机,在天运为阴长阳消,在人心为欲胜理灭。"[1]与此同时,他还观察到:"思量从欲苦,循理便是福。"[2]杨昌济坚定地相信,一个道德君子应该拒绝欲望,尤其是因性格扭曲而导致的自私情欲,保持一颗平静之心,只与终级之理打交道。所以,杨昌济就推荐"循理""去欲"的范例。

就道德培养而言,杨昌济又增加了陆王学派。他被王阳明(1427～1529)的"心学"所吸引,也接受了陆象山(陆九渊,1139～1192)的"宇宙便是吾心,吾心便是宇宙"的观点。陆王批评朱熹在理解"理"上过分关注勤勉学习或"格物",他们认为"理"就在人心之中。所以,寻找"理"的最好地方就是在一个人自己身上。杨昌济认为,如果人们能够培育和使用自己的心灵,就能够发现"理"对他们的要求。

杨昌济推崇的养性方法就是"静坐",这是从宋到清一种很流行的冥思方式。不过,杨昌济所实施的"游心"——这是呼吸与内在想象的融合——并不仅仅只是一种方法,而是他思想和心灵追求的一部分。[3] 年轻时,杨昌济对冥思非常感兴趣,热心地加以倡导,他一生都实行"静坐"的做法。他经常说,静坐是去除一切胡思乱想和欲望的第一步。他让自己的意念在身体内流动,想象血液循环的畅快。他让自己的头脑云游太虚之外,想象"气"的纯净与一贯。[4] 他相信,静坐作为一种养性方法建立在一种观点之上,即人心可以与

---

[1] 杨昌济1894年日记;王兴国:《杨昌济的生平及思想》,第18页。
[2] 同上。
[3] 杨昌济1896年9月7日日记,见《杨昌济文集》7。
[4] 同上,1895年;同上,第19～20页。

宇宙之心或终极之理相融。于是，他的"游心"就成为一种打破常规而寻求思想和心灵自由的方法。对他而言，一个人把握自身的观念涉及生命力的实践和儒家理想的实现，正是由静坐这种方法所保障的。通过这种方法，儒家理想会渗透到一位儒家学者的头脑和日常生活之中。

杨昌济也很着迷于理学的其他观念，比如"诚""静"和"敬"或"居敬"，经常提到它们。"诚"字开始时是一个道德概念，要求在与人打交道时要真实和诚挚。不过，周敦颐将宇宙论与儒家伦理学联结起来，就使"诚"具有了一种宇宙论的意味。他强调，做到"诚"是圣的基础，这是"五常之本"[1]和"百行之源"。所以，这个概念就有自身的实质。在讨论"诚"时，杨昌济通常从一种道德角度来接近它。比如，他写道："待人处事，一当出以至诚，然后得圣贤之正，而行之邦家无怨。"[2]杨昌济相信，一位高尚的人或一位道德君子不会被个人需要的驱动力所困，必然是以诚做人，而这样做就正是"诚"之美德的人格化，是一个人内在良善的充分实现，这反过来又会扭转社会的一些老的腐朽习惯[3]。以这种方式，杨昌济就提出了"至诚动物"的观念。他认为一个人道德潜能的优化和实现极端重要，相信做到"诚"既可以与一切事物建立情感联系，又可以实际地改善它们。

"静"和"敬"或"居敬"开始时都是一些自我修养的方法，宋代的理学以此来实现"存天理灭人欲"的目标。杨昌济借来这些方法用于读书。他如同宋儒那样，鼓励人们在"静"和"居敬"的实践中忽略那个复杂而持续变化的世界中所发生的事情，去除或限制欲望，全神贯注于个人的道德培养。不过，这个目标并不容易实现，杨昌济经常感觉受挫于不能达到理想状态[4]。

杨昌济的思想和精神追求以广泛阅读经典和理学著作作为开始，从儿时持续到20多岁。从那时起，这种艰苦的自我修养和学习圣贤就开始了。这个目标基于三个方面的人本主义考虑：人作为一个个体的终极潜能，个体与社会的联系，以及人的终极潜能的实现[5]。在方法论上，他的特点是静、敬

---

[1] "五常"之德为仁、义、礼、智、信。
[2] 杨昌济1891年日记；王兴国：《杨昌济的生平及思想》，第21页。
[3] 同上，1891年；第21~22页。
[4] 同上，1919年。
[5] 张明：《行走于东西方之间：杨昌济(1871~1920)及其思想》，第1章。

和游心。这一时期,杨昌济对于人、心和人性的根本看法已经形成,这受到了周敦颐、朱熹、王夫之和曾国藩的巨大影响。他也从湘学的思想遗产中吸收很多。所有这些再加上湖南流行的革新观念对他的影响,就极大地作用于他对自我价值的思考,用儒家关于人、宇宙和社会的观念来理解当下的现实,坚守内在道德力量是个体"自立"和自我实现之基础的信念。当中国面对着被日本击败,1895年后维新的兴起,杨昌济持有的就是这些观念。

精神改革者

19世纪中国遭受的最大耻辱就是中日战争中的失败,它让中国人受到了极大的震憾和创痛,尤其是中国的知识分子。于是,中国就被推向了一条改革之路,几乎在每个领域都有越来越激进的改变。如同自己这个时代的许多知识分子一样,杨昌济也非常关注中国正发生着的历史变化和政治变化。他对国家命运的忧虑,对尽快救国之答案的急迫寻找,驱散了自己因科举考试失利而带来的个人沮丧。1890年代时,杨昌济就读于湖南省最有声望的两所儒家书院,为三年一次的举人考试做准备。1893年,他进入长沙城南书院;1898年,他又到岳麓书院读书[1]。然而,1893年的考试,他却再一次落榜了。这次失利深深地打击了他,但1894年中日战争的爆发却驱散了他的沮丧。

湖南的革新运动是杨昌济精神生活中至关重要的事件,它给杨昌济提供了一个与西方学问接触的机会,这对于他的伦理思想、教育思想、社会思想和政治思想的形成都起了关键作用,铸成了一种中西思想相融的合成。尤其是他的改革思想,更是儒家"自强不息"的人生原则与西方自由民主观念如"主权在民""人民权利"和"个人权利"的融合,这使得他能够去挑战中国的君主制度,去呼吁政治改革。然而,他是在思想早已成熟(成熟期为1890年代后期至1902年)之后去的日本,所以,他对儒家思想的信念再也没有动摇过。他视儒家思想为一种普遍的真理,是自己思想和精神生活的源泉。在解决中

---

[1] 李沛诚:《杨昌济教育思想简论》,第8页。

国的问题上,他致力于一种主智教育的途径。

想要去获得"世界知识"来为社会提供引导,杨昌济于1903年开始了为期10年的海外求知之旅。这段经历对他的思想和精神发展极为重要。他把西方自由派个人主义的一些关键思想和价值观念,尤其是康德的自治观念、尊重自己和个人的观念以及主体性观念融入自己对自我评价的思想之中,自我和个体的独立成为其核心。从形而上的层面而言,他仍然用一种儒家方式来认识这个问题。他对理解当下现实的看法,显示出他对现实的深切关注,尤其是对"积极有为"的高度强调,个人的自我实现就要体现于此时此刻。"成圣"的儒家理想,仍然是他思想的基础。[1] 年轻的毛泽东接受了杨昌济的两个观念,并用自己的表述将其解说为"个人主义"和"现实主义",宣称自己信奉这两个原则。[2]

20世纪之交的这一时期,是中国历史上的一个关键时期。1895年之后,西方影响开始扩散到"体"的层面。儒家的基本价值观念"三纲"受到了挑战,儒家的礼制准则被打破。于是,中国人——尤其是知识分子就经受着一场认同危机,他们信奉了如此之久的文化现在成了问题。他们开始寻找一种建立在民族主义之上的新的文化认同。而且,中国关于普遍王权的观念——以中国为中心的宇宙秩序的核心,也因西方和日本的军事威胁和文化渗透而崩溃。中国的知识分子不仅要面对宇宙秩序上的危机感,还要重新审视中国社会政治秩序的制度基础。在这个意义上,中国知识分子要寻找一套新的价值观念来建造一种新的秩序[3]。如同史华兹在其著作《寻求富强:严复与西方》(*In Search of Wealth and Power:Yen Fu and the West*)中指出的那样,这些内部动力为传统价值体系的自我转变提供了一种重要的机制,使得许多古老的观念和价值标准能够存活于当代。[4] 这种思想背景激励整整一代中

---

[1] 张明:《行走于东西方之间:杨昌济(1871~1920)及其思想》,第9章。

[2] 毛泽东:《伦理学原理批注》,见《毛泽东早期文稿:1912.06~1920.11》(长沙:湖南出版社,1990),第203页。英文翻译见施拉姆(Schram)编:《毛泽东的走向权力之路》(阿蒙克:M. E. 夏普出版公司,1997)第1卷,第251页。

[3] 刘力妍:《跨越黄海的反思:关于中国和日本的研究》(香港:银河出版社,2001),第119、126页。

[4] 同上,第113~114页。

国知识分子通过哲学思想而参与到争取现代化的斗争之中。

与湖南其他类似思想的知识分子一道，杨昌济在1890年代后期的革新运动中为自己的忧虑找到了一个排放口。在国家层面上，这场革新运动于1895年春天以康有为与当时在京参加科举考试的1300多名举人共同署名上书光绪皇帝而发动。在这封信中，康有为请求光绪皇帝废除《马关条约》，即使中国失去已经恢复的和平也在所不惜；并提出了拯救国家的其他一些措施。康有为尤其强调政治革新的重要性，认为这是创造一个强大中国的基础。康有为的上书[1]很快传遍国中，影响了很多人。杨昌济也因它而激动，成了康有为变法努力的热心支持者。

由于湖南巡抚陈宝箴和代理湖南按察使的黄遵宪等政府最高层的同情，湖南的革新运动进展顺利，而湖南革新派的努力也起到了作用。1898年，革新派报纸《湘报》和《湘学报》由湖南改革派人士熊希龄、谭嗣同和唐才常创办，这得到了陈宝箴的支持。同一年，他们还创建了"南学会"和"时务学堂"。

杨昌济加入了南学会，并成为它的一个通讯会友。他为南学会写了一篇《论湖南遵旨设立商务局宜先振兴农工之学》[2]，得到了高度赞扬，发表在《湘报》上。他还经常出席南学会的各种演讲，急于了解新的知识。演讲者中就有谭嗣同，杨昌济常常向他请教。谭嗣同的哲学文集《仁学》是如此打动了杨昌济，尤其是关于"仁"的普遍性概念以及它作为宇宙动力的意味，以至于他这样说："不知仁学者，荒其一生。"[3]他还极为推崇谭嗣同的哲学观念和政治思想，尤其是他的"心力"观——这一点笔者在后面关于道德教育的章节中将详加讨论。杨昌济还支持谭嗣同对儒家"三纲"的批判。多年之后，杨昌济在1915年3月的一篇日记中回忆：

> 余研究学理十有余年，殊难及其广大；及读谭浏阳仁学，乃有豁然贯通之象。其序言网罗重重，与虚空无极，人初须冲决利禄之罗网，次须冲决伦常之罗网，次须冲决天之罗网，终须冲决佛教之罗网。心力迈进，一

---

[1] 这个事件即著名的"公车上书"。
[2] 关于这篇文章的详细讨论，见王兴国：《杨昌济的生平及思想》，第33~38页。
[3] 杨昌济：《论语类钞》(长沙：长沙宏文图书社，1914)，第20页。

向无前;我心随之,猝增力千万倍……吾由此而知吾向所抱持之宇宙观念,不免太狭隘也。[1]

这些都清晰地显示出杨昌济已经完全信服于谭嗣同的哲学观点。

如同他的同时代人一样,杨昌济尤其敬佩谭嗣同的献身精神。的确,谭嗣同那种传奇般的殉难,使他成为现代中国知识分子记忆中的具有特殊光芒的形象。杨昌济后来写道:"家有难,死一男而生一家,孝子所愿也;天下万世有大难,死一身一家而生天下万世,仁人所愿也。"[2]他经常说:"谭浏阳英灵充塞宇宙之间,不复可以死灭。"[3]

1898年的"百日维新"失败之后,尤其是1900年8月他所熟悉并极为尊重的另一位著名湖南籍革新人士唐才常被杀之后,杨昌济对慈禧把持的朝廷完全不再抱任何幻想,并对科举考试彻底失去了兴趣。此时,杨昌济的一位好友杨毓麟(1872~1911),开始倡导革命观念,并与反清活动建立了联系。1902年,杨毓麟前往日本留学,并鼓励杨昌济也这样做。

杨毓麟,又名守仁,比杨昌济小一岁,两人是亲戚。根据家谱,杨毓麟的父亲是杨昌济的远房堂兄。然而,两人却是1893年在长沙城南书院同学时成为朋友的。杨毓麟专攻释学经典,但也精通其他哲学流派的主要著作。在日本几年后,杨毓麟又于1909年去英国留学。一系列革命起义先后失败,许多革命者牺牲,其中有许多是杨毓麟的好友和同志,他陷入了深深的悲郁。1911年5月,他在英国利物浦蹈海自杀。[4]

从19世纪中期开始,在经历了被西方和日本一再击败的耻辱之后,中国一群富有学识的官员得出结论:西方拥有而中国缺乏的秘密武器就是技术优势。于是,去获取去学习去掌握西方技术的热潮就开始了。20世纪初,大批中国学生前往海外留学,他们之中许多人也对最为前卫的欧洲社会哲学和政治哲学颇感兴趣。结果,他们的所学所取就超越现代科技和君主立宪制度而

---

[1] 杨昌济:《达化斋日记》,第48页。
[2] 杨昌济:《论语类钞》,第35页。
[3] 同上,第37页。
[4] 王兴国:《杨昌济的生平及思想》,第64~65页。

延伸至民族主义(与帝制对立)、共和政体(与君权对立)、民主、无政府主义,而最终是马克思主义。基于几个原因,日本成为中国学生留学的最热之地。首先,明治维新运动表明日本学习西方的成功,是现代君主立宪制的一个好榜样;其次,较之西方,日本离中国近,学习费用低得多;第三,中日两国的文化基本相似,这使得中国学生在那儿学习较为容易;第四,日本明治政府在军事上强大。

1902年末,杨昌济参加了由湖南省政府组织的出国留学考试,高分获得公费赴日留学的资格。这种公费留学要求留学者归国后必须在本省工作5年。当时,对于赴日留学,杨昌济情感复杂。他欣喜于有机会学习新知识,帮助他实现让中国富强的平生抱负;而要离开祖国和家人,特别是妻子儿女(那时他已有一双儿女),则让他忧伤。然而,他更关心的是自己国家的命运。离国之前,他改名"怀中",表明他身在异邦,"心怀中土"[1]。

1903年2月,32岁的杨昌济启程赴日。同行的有三十多名湖南籍学生,漫漫旅途中他们常常谈起教育、文学和日本的语言,而杨昌济显然在离国之前已开始学习日语了。同船的一位湖南学生朱德尚,在1903年2月6日的日记中写道:"与杨华生(昌济)谈论日语后,我现在对它的理解深入多了。"[2] 杨昌济和朱德尚约定,到日本后,课余时间要把国人最需要的东西译为汉语,译完后立即送去出版。

1903年2月刚到日本时,杨昌济就读于由日本著名教育家嘉纳治五郎(1860~1938)创办的东京弘文学院。由于这一时期有大批中国学生赴日留学,他们中很多人不懂日语,也没有接受过任何现代西式教育,所以一些日本教育家和实业家就创办了预备学校,为中国学生入读正规大学打下基础。在综合研究和教师培训方面,弘文学院是一所最著名的预备学校。

开始时,杨昌济就读于教师培训速成科,该科的设立是为了满足中国新近涌现的西式学校对教师的急切需求。课程学习时间为6个月到3年,所有学生学成后都要回国教书。杨昌济很快就感觉课程不够难,不足以为自己想

---

[1] 关于留学动机的更多情况,见杨昌济1903年日记。
[2] 朱德尚:《癸卯日记》,见湖南历史资料编辑委员会编:《湖南历史资料》(长沙:湖南人民出版社)(1979)第1卷。

要的正规大学学习打下基础。于是,他转学正规预备课程,为教育学、心理学、伦理学和教学法的学习打基础。1906年,他从弘文学院毕业,进入东京高等师范学校学习,专攻教育学。[1]

在日本期间,杨昌济坚信,中国的生存要靠教育来提高民众的素质。当时在日本的中国留学生思想活跃,在东京创办了二十多种杂志。其中最著名之一是《游学译编》,它由湖南籍学生杨度和杨毓麟创办。应杨毓麟的约请,1903年,杨昌济在《游学译编》上发表了他1898年的部分日记,选刊的内容表明了杨昌济当时的哲学思考。

与许多同代人一样,杨昌济也被西方的个性和个人独立概念所吸引,他在日记中这样写道:"体魄界之中心点,吾身是也;灵魂界之中心点,吾心灵是也。总之,天地万物,以吾为主,君吾之君,父吾之父,师吾之师,民物吾之民物,天地吾之天地……孟子曰:'万物皆备于我矣。'宇内事,皆吾性分内事。"[2]杨昌济倡导的是个性解放和尊重个体自由。他以这种方式挑战作为中国皇权统治的基础——天命说,把掌管国家的权力赋予民众自身。

杨昌济不仅接受了个性自由的思想,还提倡把民众本身作为变革的基础,通过他们来进行社会变革、政府变革以及腐朽风俗习惯的变革。1898年失败的"百日维新"是由皇帝从上至下施加的,所以杨昌济认为中国需要从下至上的变革运动。为了使变革成功,他强调变革民众思想的必要性。在日记中,他这样写道:"法之变有二:有变之自上者,有变之自下者。变之自上者,效速而易迁;变之自下者,效迟而可久。"[3]他认为要想变革大众,就必须首先变革塑造着民众头脑的教育。他写道:"天之力莫大于日,地之力莫大于电,人之力莫大于心,精神一到,何事不成?"

在日本求学期间,杨昌济勤奋好学,生活简朴,然而喜爱旅行,信奉那句中国古话"行万里路胜读万卷书"。于是,他游览了日本的许多名胜。一次,在和一个叫李肖聃的朋友同游时,他谈到自己要掌握哲学,特别是宋明理学,还劝说李肖聃也要研究这些哲学著作。杨昌济对李肖聃说:"好博览而不读

---

[1] 王兴国:《杨昌济的生平及思想》,第49~60页。
[2] 杨昌济:《哲学上各种理论之略述》,见《东方杂志》(1916)。
[3] 杨昌济:《劝学篇》,见《东方杂志》(1914)。

程朱书,终为无本。日本学者对理学著述颇丰,君尝读之否?"[1]李肖聘回忆自己经常去找杨昌济讨论和请教学问,有时是关于梁启超,有时是关于王夫之,这段时间他受益匪浅。杨昌济把精力集中于学习之上,尽管他支持共和理想,但没有参与中国留日学生的激进政治活动。

在日本期间,杨昌济系统地学习了西方的教育心理学、教学法、哲学、伦理学和世界史。他还深受他的老师嘉纳治五郎的影响,老师的教育思想强调"德育""智育"和"体育",这为他自己教育思想的形成提供了启发,由此提出了"身心并重"[2]的教育理念。另一位老师吉田静致(1872~1945)研究西方伦理学,著述颇丰,杨昌济也从他那里了解到很多西方道德哲学及其传统。[3] 福泽谕吉(1834~1901)关于个体与社会之关系的思想,也极大地启发了杨昌济对个人独立观念的理解[4]。

杨昌济在东京高等师范学校学习期间,他的好友杨毓麟成了清政府驻欧洲留学生监督蒯光典的秘书。1909年春,在杨毓麟和章士钊的强力推荐下,蒯光典派杨昌济赴英国深造。到英国后,他进入苏格兰的阿伯丁大学,专攻哲学和伦理学。在阿伯丁大学期间,杨昌济系统学习了西方哲学史和伦理学史以及当时流行的主要哲学流派的理论。阿伯丁大学的学习,让杨昌济完整地研习了西方伦理学史和英德现代伦理学潮流,例如功利主义和进化伦理学,以及格林(T. H. Green)的自我实现的观念。

阿伯丁大学的哲学和道德哲学教育有着悠久的历史。托马斯·里德(Thomas Reid 1710~1796)的哲学在阿伯丁一直有持续影响。他的伦理思想强调将伦理原则应用于道德实践,这与杨昌济自己的哲学相当吻合。吸收了里德哲学的亚历山大·贝恩(Alexander Bain 1818~1903),是阿伯丁大学

---

[1] 李肖聘:《本校故教授杨怀中先生事迹》(1920年1月28日《北京大学日刊》)。
[2] 比如他终年坚持冷水浴。
[3] 吉田静致的授课笔记后来被杨昌济译为中文,作为自己在一师讲授伦理学的教学材料。毛泽东的《伦理学原理批注》显示他手抄了杨昌济翻译的吉田静致的《西洋伦理学史》的材料。见王兴国编:《毛泽东早期文稿》,施拉姆编《毛泽东的走向权力之路》。
[4] 杨昌济:《治身篇》,见《新青年》2.4(1916):第353~360页;2.5(1917):第451~458页。《杨昌济文集》(1983),第229~246页。

中对杨昌济哲学思想影响最大的教师之一。[1]在另一位教师约翰·克拉克（John Clark）的帮助下，杨昌济得到了一个机会，在1910年冬天去了解阿伯丁小学的真实情况。这次小学调查的结果，杨昌济于1913年春天回国后不久即写成两篇文章发表在湖南的教育刊物上。[2]

人在欧洲，通过阅读和亲身观察，杨昌济也形成了一种对健康的中产阶级社会的看法，这成为他的社会思想、经济思想和政治思想的一个重要部分。在英国时，杨昌济仍然保持自己的旅行爱好，利用一切可能的机会去深入了解英国的社会生活和文化生活。苏格兰富裕而宁静的城市生活深深地打动了他，这里有着效率很高的政府、自由的学校教育和受过良好教育、举止文明的民众。因此，社会习俗成了杨昌济的一个主要关注点。他后来的著述中就包括了婚姻、遗产继承、核心家庭、对个人权利的尊重和思想自由的主题。应用西方的人文主义价值观，尤其是康德伦理思想中的个人和个性概念，这使得杨昌济的社会批评观独具特色，与众不同。

与伦敦相比，杨昌济更喜欢阿伯丁，因为这里的生活费用很低。此外，他的好朋友章士钊已先于他在这里学习了。1909年末，杨毓麟辞去留学生监督的秘书之职，和杨昌济一样去阿伯丁专攻英语。这样，在这所大学的中国学生人数达到了4名。由于他们课外活动很少，杨昌济有大量时间研究英国教育体制、当地文化和英国的民风民俗。1912年夏，在3年学习之后，他从阿伯丁大学毕业，获得文学学士学位。[3]

杨昌济作为一位访问学者，又到德国去了9个月，由此将自己视为康德

---

[1] 杨昌济"教育课"的必读书目中就含有贝恩的著作，这门课由威廉·戴维森（William Davidson）讲授，他受贝恩影响深远。1915年，杨昌济重新阅读了贝恩的心理学著作，用于自己在一师的教学。张明：《行走于东西方之间：杨昌济(1871～1920)及其思想》，第219页；杨昌济1915年3月19日、23日和4月20日日记。

[2]《苏格兰小学校规约》，发表于《湖南教育杂志》（1913年4月30日）；《记英国教育之情形》连载于三期《湖南教育杂志》（1913年8月31日、1914年3月31日和4月30日），并发表于1914年1月30日和2月8日、15日和22日的《杭州教育周报》。这都是杨昌济1913年春季回国后不久的事情。

[3] 李沛诚：《杨昌济教育思想简论》，第12页；王兴国：《杨昌济的生平及思想》，第66页。

理想主义者,他后来到第一师范学校教书和翻译所选择的题目就显示了这一点[1]。在阿伯丁大学读书时,跟随新唯心主义者詹姆斯·布莱克·培利(James Black Bailie 1872~1940)学习,这培育了杨昌济对德国唯心主义传统的兴趣,尤其是对康德和新康德伦理学的兴趣。他去德国的主要目的是研究德国的学校制度和德国的教育思想,尤其是约翰·菲力德力赫·赫尔巴特(Johann Friederich Herbart 1776~1841)的教育哲学[2]。1913年春天,杨昌济从柏林回国,此时他持有的社会变革原则就建立在儒家学说与西方思想的融合之上。[3]

杨昌济归国后,湖南督军谭延闿请他做省教育司长,但他婉言谢绝了。[4]他厌恶窃取了革命党果实的袁世凯的独裁统治,认为谭延闿的湖南政府是被有钱有势者把持着,觉得像自己那样坚信必须变革中国政治社会制度和伦理制度的教育司长一定会招致他们的攻击。此外,他选择教育也是深深植根于儒家君子为社会之师的使命感。所以,杨昌济选择了做一名伦理学教师的职业生涯[5],这先是在湖南第四师范学校——该校于1914年并入第一师范学校,然后是在长沙的第一师范学校。1918年,蔡元培校长邀请杨昌济去北京大学任教,他在那里仍然教授伦理学,直至两年后逝世。在第一师范学校任教期间,对于那些数十年后成为中国革命领导者的青年人而言,杨昌济既是他们的课程授课教师又成了他们的精神导师。

伦理教育家

在第一师范学校任教,杨昌济面对的是一种前所未有之复杂的课程体

---

[1] 在1915年致周世钊的一封信中,杨昌济说自己正在翻译的著作包括斯宾塞的《伦理学》《社会学》和《综合哲学体系》,康德的《纯粹理性批判》和《实践理性批判》,等等。此信刊登于《甲寅》1.8(1915年8月10日)。

[2] 杨昌济:《教育学讲义》,《杨昌济文集》,第100~197页。

[3] 杨昌济何时回国有不同的说法。不过,杨昌济本人在他的《予归国后对于教育之所感》一文中写明自己当年春天回国,此文发表于1913年11月的湖南《教育杂志》。

[4] 李肖聃:《本校故教授杨怀中先生事迹》(1920年1月28日《北京大学日刊》),此文现收入《杨昌济文集》,第375页。

[5] 李肖聃:《本校故教授杨怀中先生事迹》(1920年1月28日《北京大学日刊》)。

系。在民国的头10年中,这种体系把中国的传统课程与现代西方的教学内容交织在一起。一师讲授的课程高达17门,包括几何、几何绘图、物理和农学等。除了数学、物理、化学和博物等西方课程之外,学生们还必须掌握修身和中国经典上要求很高的课程。

杨昌济是第一师范学校最有影响和最受尊敬的教师之一。除了教伦理学外,他还讲授逻辑学、哲学和教育学。他在中国经典上根基很深,宋明哲学更是他的专长。他是"一个博学的人,刚强的个性使他能恪守极严格的道德规范",萧瑜回忆道:"他的行为总是无可挑剔。他熟知儒家学说,朋友和学生都把他看作是孔圣人转世。"[1]由于他行为的中规中矩,无可指责,于是他的学生给他起了个美号"孔夫子"[2]。不过,此时他已是深受康德、斯宾塞、罗素等西方哲学家的影响。

萧三也曾是杨昌济的学生,他记得杨昌济"并不是一个出色的演说家,但是他的话语中也并无令人生厌的矫揉造作,他的听众总是尊敬地倾听"[3]。杨昌济的讲座是基于自己的研究和亲身经历,自然与那些纯粹剪切拼凑他人著作的讲座有天壤之别。实际上,他在讲座中经常融入自己《达化斋日记》的内容。的确,杨昌济最初的讲座没有给一些学生留下非常好的印象[4]。然而,"不出两个月,听取杨老师讲座的每个人都钦佩和敬重他。尽管他在课堂上话不多,却言简意赅。一年内,整个学校都接受了他,他成了'第一师范学校的孔夫子'。长沙其他学校,甚至远在岳麓山下的高校也聘他授课。很快全城的学生们都认识他这个'孔夫子'了"[5]。

杨昌济在第一师范学校教书的1910年代,各种思想潮流流行于中国知识分子之中,大略而言有两个主要群体:一是由陈独秀和胡适领导的文化激进派,他们要求中国文化和文学的彻底现代化;另一派则是新传统派,它由三部分人代表:章太炎和刘师培的"国粹"派,梁启超的"国民性格"和康有为倡议儒学为国家宗教而体制化。这两个群体的动机都是要重估中国文化,创造

---

[1] 萧瑜:《毛泽东青年时代》,第38页。
[2] 埃弥·萧(萧三):《毛泽东的青少年时代》(孟买:人民出版有限公司,1953),第39页。
[3] 同上。
[4] 萧瑜:《毛泽东青年时代》,第39页。
[5] 同上,第40页。

一种可以复兴中国的新文化。后者虽然要守护核心的中国价值观念,反对中国文化的全盘西化,但也愿意吸收一些西方观念和价值标准。杨昌济让自己的学生了解当时流行的各种思想观念,他既鼓励他们学习西方思想和制度的方方面面,但也从不让他们忘掉自己的民族遗产。在讲课中,杨昌济将自己的文化革新观点传授给学生,这种观点已经是民族主义的,但仍然包含着宋明那些古老的道德原则。1914年,他在长沙发表了一篇文章,清晰地表明了他进行教育的要义和对全盘西化中国文化的不赞同:

> 夫一国有一国之民族精神,犹一人有一人之个性也,一国之文明,不能全体移植于他国。国家为一有机体,犹人身之为一有机体也,非如机械然,可以拆卸之而更装置之也,拆卸之则死矣。[1]

所以,杨昌济就要确保自己的学生不仅对西方伦理学理论有所了解,更要对明清时期中国主要哲学家的著述掌握牢固。尽管他严厉批评儒家学说中的某些方面,摒弃许多中国传统行为方式,但却强调许多中国传统观念的重要性,如理学的核心原则——"理"以永恒为基础,"心力"之说,以及克己、爱国和抵制外族统治等品德。杨昌济坚信"理"为最终之本,为宇宙万物的组织原则。它开始时会被我们的"气"所包裹,但我们要通过勤奋学习或"格物"去发现它。

杨昌济极为敬佩王夫之[2]。在研究了杨昌济出版的著作后,彭大成得出结论:杨昌济广泛阅读了中西哲学,但他终生阅读并理解得最透彻的是《通鉴》和王夫之的《读通鉴论》。这两部书伴随他一生。[3]

1895年至1920年是中国历史上一个过渡期。在这一时期,首先是遇到

---

[1] 王兴国编:《杨昌济文集》,第199页。这篇《劝学篇》最早发表于1914年11月的《公言》vol. 1, no. 1,这是当时在长沙出版的一本杂志。

[2] 曹典球在他撰写的《杨昌济传记》中写道:在1898年的"百日维新"经历之后,杨昌济回到山乡隐居,极少进城。他完全放弃了参加科考的想法,只对阅读《通鉴》和王夫之的《读通鉴论》感兴趣。他以史为批判今日之弊的一面镜子;他研究经世致用,为它在未来的使用做准备。见曹典球:《杨昌济先生传》,收入王兴国编《杨昌济文集》,第383~387页。

[3] 彭大成:《湖湘文化与毛泽东》,第61页。

了价值观念和身份认同的危机，然后随着西方影响更加广泛的传播，旧有观念纷纷瓦解。于是中国知识分子必须在民族主义的意义上去寻找新的价值观念和新的文化认同。当刘人熙于1914年6月在长沙创办船山学社后，杨昌济就引导他的学生接触这群学者，他们要在中国传统之中——更确切地说，是在王夫之的著作中——寻找中国复兴的洞见。清军入关后，王夫之是拒绝为中国新的外族统治者服务的几个著名人物中最突出的一个。刘人熙建立船山学社后，成了它的主讲人。杨昌济经常鼓励自己的学生们去听这些讲座，蔡和森、毛泽东和萧三经常去听刘人熙的演讲。

"学社以船山为名，即当讲船山之学。船山一生卓绝之处，在于主张民族主义，以汉族之受制于外来之民族为深耻极痛"，杨昌济在日记中写道："此是船山之大节，吾辈所当知也。"[1]王船山的爱国主义观念，对外国势力入侵中国的深切忧虑，也是杨昌济高度敬佩的。

> 船山倡导的民族主义，其中心是汉人；由于中国过去是现在也是各个民族的一种联合，这种观点如今看起来似乎是狭隘的。然而，英国、法国、俄国、美国和日本这些外国的侵犯却比中国古代经历的异族统治更为糟糕。所以，即使中国是一个各民族的联合，人们也必须记住民族主义的重要性。[2]

在另一篇日记中，杨昌济这样评论道：

> 余前在日本东京高等师范学校听其西洋历史讲义，谓中国人与罗马人同，唯宝爱其文化；虽外人入主其国，苟不伤其文化，即亦安之。私心揣测，谓日本人不怀好意，颇有继满洲而入主中国之思想，此吾国所当深念也。[3]

---

[1] 杨昌济：《达化斋日记》，第46页；王兴国：《杨昌济与新民学会》，收入中共湖南省委党史资料征集研究委员会编《湖南党史论丛》（长沙：湖南人民出版社，1986），第24页。
[2] 杨昌济：《达化斋日记》，第46页。
[3] 同上，第47页。

杨昌济的讲课,从来不局限于课本,而是经常将自己《达化斋日记》的内容融入进来。关于外国侵略,关于民族主义和爱国主义,他在这些问题上的看法深深地感染了他的学生。比如,当袁世凯与日本签订了耻辱的"二十一条"的消息传到长沙时,愤怒的一师学生马上就发动了一系列反日行动,杨昌济和学校的其他教师给予大力支持。杨昌济对自己学生的影响是如此深远,有一位美国记者哈里森·索尔兹伯里(Harrison Salisbury)曾写道:"李锐在翻看了毛泽东这个阶段的笔记(即第一师范学校求学时期所写)后,发现很难分清哪些是毛泽东自己的思想,哪些是杨教授的思想。这两者似乎合二为一了。"[1]

留学日本、英国和德国十年,这并没有削弱杨昌济对宋明理学的信念。他对哲学的兴趣深深地影响了学生们。在第一师范学校任教期间,他和另一位老师黎锦熙一起组织了一个哲学研习小组,其成员包括蔡和森、毛泽东、陈昌和萧三。这个研习小组成员定期聚到一起,互相介绍阅读材料,交换学习心得,讨论那些感兴趣的哲学问题。[2]

"杨老师是一位唯心主义者",毛泽东回忆道:"一个道德高尚的人。他自己对伦理学有强烈信仰。"[3] 杨昌济对"心力"之说的研究尤其有兴趣,这个观念他取自于王阳明和谭嗣同。杨昌济认为,国家富强的力量藏在每个社会成员的心中,只有通过激发个体的积极性才能将这一力量释放出来:

> 欲图根本之革新,必先救人心之陷溺。国民苟无道德,虽有良法,未有收效。处此时势,惟在少数之善良分子,协力与多数之腐败分子奋斗,积诚立行,以回易世俗之耳目而转移其风气,故政治而外,吾辈正大有事在。欲救国家之危亡,舍从事国民之教育,别无他法。此吾所敢断言者也。[4]

---

[1] 哈里森·索尔兹佰里:《长征:前所未闻的故事》,由新华社参考资料编辑部编辑和翻译(北京:新华社参考资料编辑部,1990),第 67 页;彭大成:《湖湘文化与毛泽东》,第 82 页。
[2] 王兴国:《杨昌济的生平及思想》,第 156 页。
[3] 埃德加·斯诺:《红星照耀中国》,第 129 页。
[4] 王兴国编:《杨昌济文集》,第 45 页。

杨昌济对主观能动性、人心和教育功能的重视对他的学生产生了鲜明的影响。例如，中国共产党的创始人毛泽东和蔡和森，在1919年接触到更为激进的西方思想之前，完全赞同杨昌济那种实验的、渐进的解决问题的方法，对于改革中国社会取一种自由派的思路——强调教育民众，尤其是培育他们的心智以拯救国家。毛泽东明确表示："宇宙之真理，各具于人人之心中……今吾以大本大源为号召，天下之心其有不动者乎？"[1]同样，蔡和森也注意到："如果人心和智力相通相连，人性就不会枯竭。如果一个人有人性，他的思想就会和宇宙相连。我们应该竭力教化人心，教育人民理智；这表明了教育的极端重要性。"[2]

所以，毛泽东曾这样评论杨昌济就一点也不令人奇怪了："我在他的影响之下，读了蔡元培翻译的一本伦理学的书。我受到这本书的启发，写了一篇题为《心之力》的文章。那时我是一个唯心主义者，杨昌济老师从他的唯心主义观点出发，高度赞赏我的那篇文章。他给了我一百分。"[3]

在杨昌济的影响之下，毛泽东形成了一种强调意志力量的唯心主义观点。尽管在1920年之后他的确接受了马克思主义，但他的前期思想与后期思想并没有完全地切断。比如，1942年的延安整风运动很大程度上就建立在毛泽东的"彻底改造思想"的观念之上，而"文化大革命"（1966～1976）也显示出毛泽东对治理国家中头脑和思想起决定作用的坚信，"大跃进"（1958）也体现了毛泽东对人的意志力和自己的民众主观能动性的夸大，中国农业政策的指导原则也是毛泽东那句著名的口号"人定胜天"。这些例子说明毛泽东的早期思维方式与后期思维方式之间是有着联结的。

西方哲学教授

在第一师范学校讲授伦理学，杨昌济使用的教材是德国哲学家弗里德里希·泡尔生（Friedrich Paulsen 1846～1908）的一部著作，书名中文被译为

---

[1] 王兴国：《杨昌济与新民学会》，见《湖南党史论丛》，第25页。
[2] 同上。
[3] 斯诺：《红星照耀中国》，第129页。

《伦理学原理》[1]。这是一部新康德唯心主义哲学著作，深受康德思想的影响。康德最著名的思想是先验唯心主义，即我们给客观质料赋予先天形式，否则，世界将不可知。康德认为，我们通过感觉和它们的先天范畴来感知世界，因此，自在之物是不可认识的。我们的一切知识必然都是综合的，通过我们的感官过滤形成的。唯理论者宣称不通过经验获得知识是可能的，而经验论者则反驳说没有什么存在于经验之外；康德的认识论试图化解这两者间的冲突。他的《纯粹理性批判》的绪论这样来开篇："我们的一切知识始于经验，这是不容置疑的……我们的一切知识虽然始于经验，但并不因此即以为一切知识皆自经验发生。"[2]康德认为先天的直觉是根本，在这一点上与宋明理学家们所见略同。

海外留学十年，杨昌济在西方哲学方面打下了坚实基础。作为康德的信徒，他希望将西方哲学与复兴之后的中国文化结合起来，而不是以全盘西化的方式用西方观念替换中国传统。这样一种立场，包括毛泽东在内的学生是乐于接受的。1916年，他的文章《哲学上各种理论之略述》[3]发表于《民声》杂志上。在这篇文章中，杨昌济全面介绍了各种西方哲学理论和哲学思想流派。他还翻译了一部题为《西洋伦理学史》的著作，向中国读者介绍西方哲学理论和思想流派[4]。毛泽东借去了杨昌济这部尚未出版的译著手稿，手抄在7个笔记本上。这个手稿在一师学生中广泛传阅，影响深远。

泡尔生把哲学定义为"所有科学知识的总和"，他既批评唯理论者"完全忽视，丝毫不顾及经验"[5]，也反对经验论者忽略了真实之物理秩序与心理

---

[1]《伦理学原理》是弗里德里希·泡尔生主要著作《伦理学原理》(System der Ethik)的一部分。1900年，日本学者 Kanie Hidemaru 将此书前言和第二卷译为日文，以《Rinrigaku genri》为题出版，分为"前言"和"主要论证"两个部分。1909年，蔡元培将此书从日文翻译为中文，由上海商务印书馆出版。

[2] 康德的《纯粹理性批判》由诺曼·肯普·史密斯(Norman Kemp Smith)译为英文(纽约：圣马丁，1929[1965])，第41页。

[3] 此文首于1916年11月刊载于长沙的《民声》杂志第一卷第一、二、三期。杨昌济于1920年去世后，李石岑同年在上海《民铎》杂志上重新发表此文，见该刊第二卷，第二、三、四期。它收入王兴国编《杨昌济文集》，第274～343页。

[4] 王兴国：《杨昌济与新民学会》，见《湖南党史论丛》，第26页。

[5] 弗里德里希·泡尔生：《伦理学原理》，蔡元培译，中共中央文献研究室重印(北京：中央文献研究室，1990[1909]，第276页。

秩序之间有着本质差别。与这二者相对立,他持一种形而上学与心理学的平行论(他称之为"泛灵论"),坚持要承认心智的需求,认为意志优于智力。《伦理学原理》中阐述的这些哲学观念,对杨昌济的学生们极有吸引力。毛泽东于1917～1918年冬天仔细阅读了这本书,做了几千字的批注,并得出其主题为"精神不灭,物质不灭"[1]。毛泽东对泡尔生此书的批注,也揭示了他在1919年"五四"运动前夕的思想和1920年转向马克思主义的一些线索。如同迈斯纳指出的那样,从这些批注中可以看到一个强有力的唯意志论者的心态。书中泡尔生有一处断言,"通过使用自己的意志力,人类是可以改变自身基本性质的",毛泽东赞同地批注道:"意志之力"和"心智之力"[2]。在另外一处,毛泽东批道:

> 大凡英雄豪杰之行其自己也。发其动力,奋发踔厉,摧陷廓清,一往无前。其强如大风之发于长谷,如好色者之性欲发动而寻其情人,决无有能阻回之者,亦决不可有阻回者。苟阻回之,则势力消失矣。[3]

泡尔生进一步将自我界定为"因不是接受而是抵抗自然从而得到强化的意志"[4]。显然,毛泽东也肯定这种挑战越大成就越大的观念。他在书边批注道:"河出潼关,因有太华抵抗,而水力益增其奔猛。风回三峡,因有巫山为

---

[1] 有毛泽东批注的这个抄本被毛泽东的一个同学杨韶华借去。中华人民共和国成立后,杨韶华于1950年将它还给毛泽东。周世钊后来回忆,1950年他前往北京时,杨韶华托他将此还给毛泽东。当他把它交给毛泽东时,毛泽东说:我写在这书里的不完全正确。它关注的不是唯物论而是二元论,我们当时学的是唯心主义的哲学。所以,一旦我们接触到了唯物主义的东西,我就感觉它很新鲜、很有道理,我越是读就越感兴趣。它给我新的启发,帮助我批判我读过的这本书和分析我曾经提出过的问题。见周世钊:《毛主席青年时代的几个故事》(北京:中国少年儿童出版社,1977),第14页;参见《毛泽东早期文稿1912.6～1920.11》,第276页。

[2] 毛泽东:《毛泽东早期文稿》,第274～275页;莫里斯·迈斯纳:《毛泽东:政治与智力肖像》(英国剑桥:政治组织出版社,2007),第12页。

[3] 毛泽东:《毛泽东早期文稿》,第219页;莫里斯·迈斯纳:《毛泽东:政治与智力肖像》,第12页。

[4] 弗雷德里克·魏克曼(Frederic Wakeman):《历史与意志:毛泽东思想的哲学考查》(伯克利:加州大学出版社,1973),第202页。

隔,而风力益增其怒号。"[1]

唯意志论的观念成为毛泽东思想中一种持久的特征,深刻地影响了他对马克思主义的接受和重新解释。[2] 1945年,毛泽东讲述了一个古老的中国寓言"愚公移山",显示出他仍然相信靠着单纯的意志是可以完成任何任务的[3]。在毛泽东写于1927年的那篇《湖南农民运动考察报告》中,他也显示出对民众尤其是农民"得到引导"的意志之力的高度信心。这种唯意志论的信念给毛泽东以精神支持来与旧社会战斗,也支持他以"大跃进"和"文化大革命"这样的群众运动来改造中国。施拉姆(Schram)形容"大跃进"为"毛泽东和他的同志沉溺于共产主义历史上最大的唯意志论思维狂欢"。[4]

韦克曼(Wakeman)在他那部经典之作《历史与意志》(*History and Will*)中,分析了作为毛泽东思想来源的一些西方和中国思想家。西方思想中就包括泡尔生和新康德主义的理性创造了将自我从习俗中解放的社会形式和意志之力的观念,以及T. H.格林对意志的赞颂和他将社会描绘为个人自我实现的手段,还有达尔文进化论客观规律——这导致了毛泽东的强者推翻弱者的"生存奋斗"和暴力革命。"这些早期的思考使得毛泽东信仰一种持续和无尽的历史改革"[5]。所以,韦克曼就认为毛泽东是从泡尔生那里取来唯意志论观念的[6]。对于格林的作用,他认为是提供了毛泽东哲学观点的一块楔石,因为毛泽东在行使自身意志和调动民众意志上有明显的兴奋[7]。

1917年至1918年学年,杨昌济让毛泽东接触到西方思想传统,与此同时,中国的古典思想,包括王阳明的"良知"说、心力说和强调主观能动性,也都传授给他。所以,西方和中国的经典思想就融汇于青年毛泽东的头脑之中。也许,泡尔生和格林只是强化了毛泽东头脑中已经有了的东西。

---

[1] 毛泽东:《毛泽东早期文稿》,第180～181页;莫里斯·迈斯纳:《毛泽东:政治与智力肖像》,第203页。

[2] 关于这个问题的更多讨论,见韦克曼:《历史与意志:毛泽东思想的哲学考查》,迈斯纳:《毛泽东:政治与智力肖像》。

[3] 韦克曼:《历史与意志:毛泽东思想的哲学考查》,第47页。

[4] 施拉姆:《综述:毛泽东作为马克思主义辨证论者》,载《中国季刊》第29期(1967年1月～3月)。

[5] 韦克曼:《历史与意志:毛泽东思想的哲学考查》,第294页。

[6] 同上,第18章。

[7] 同上,第291页。

杨昌济尤其感兴趣于西方伦理学中的自我实现理论,把它看作是为"大多数近代哲学家所提倡……'我'这里意为'大我',它与宇宙结合为有机的整体。因此,为公益工作的人实现了自我实现的理想"[1]。他还明确表示:"充实自我具有发展的可能性,谓之实现自我。以实现自我为吾人行为之最高目的,谓之自我实现主义。"[2]他的学生广泛接受了他的这种自我实现观。例如,毛泽东在《伦理学原理批注》中就写道:"人类之目的在实现自我而已。实现自我者,即充分发达吾人身体及精神之能力至于最高之谓。"[3]

尽管杨昌济极为赞赏亚里士多德、康德、F. H. 布拉德雷、T. H. 格林、费希特和黑格尔等西方哲学家——这些人也都是自我实现理论的支持者,但他却批评他们理论的弱点。杨昌济认为,这些哲学家把行为的目的视为通过快乐和克己来完善自我和社会,这样做,就是走了一条享乐主义和禁欲主义的中间道路。杨昌济认为更应该强调人对社会的责任[4]。他说:"人可影响世界之发展,为发展世界而发展其自身。"[5]个体的自我实现和对社会的责任,这是杨昌济生活和思想的两个主题,也强烈地影响了他的学生。尽管杨昌济着迷于西方的自我实现理论,但他对这一概念的接受是为了强化理学通过教育来修身从而服务社会的思想观念。

归国之后,杨昌济从根本上改变了自己对欲望与原则之关系的看法。他放弃了自己早期所持的禁欲主义,觉得欲望与理性并不能简单地视为对立之物,改为倡导欲望与理性的融合。他认为,欲望既可以是邪恶之源,也可以是良善之源,视快乐和欲望为人的行动之激励,如果没有这种激励,人就会停止行动,从而也就停止了存在。杨昌济相信,道德行为源自因理性而来的要实现一个目标的律己欲望。同时,由于欲望和快乐波动变化,并不固定,所以它们不应被视为道德原则,而只是体验到的事实。社会的基础不是利己而是利他,这就确保了一个种族的团结。基于所有这些理由,杨昌济就既反对杰里米·边沁(Jeremy Bentham)的"量"的快乐论,也不赞同约翰·斯图亚特·密

---

[1] 王兴国:《杨昌济与新民学会》索引,见《湖南党史论丛》,第49页。
[2] 同上,第268页。
[3] 见《毛泽东早期文稿1912.6~1920.11》,第116~275页。
[4] 王兴国编:《杨昌济文集》,第82页;霍华德·L. 布尔曼编《中华民国人物传记辞典》4:2。
[5] 王兴国编:《杨昌济文集》,第84页。

尔(John Stuart Mill)的"质"的快乐论。[1]

杨昌济个人主义的实质与社会责任的需要相冲突。他坚信,对最多数人的最大良善之原则,虽然看似普遍,但事实上却是个人主义的相乘而已。他觉得,无论如何,边沁所言的"幸福计算"是毫无意义的,因为快乐和痛苦的相加并非正负数相加,其结果并不能归零。[2] 因此,他解决这种冲突的思路就是提倡一种强调对集体负责的个人主义:"教育应培养为正义或为人类牺牲个人利益的精神,而不是教人怯懦或培养对社会全无公共责任感的不顾他人的个人主义者。"[3]中国知识分子对自己国家和社会的这种责任感,可以追溯到屈原(公元前340~前278)的时代,这种精神传统认为读书人应该把国家的命运和大众的苦难置于任何个人的欲望和快乐之上。杨昌济的学生完全赞同他的这种观点。毛泽东在其《伦理学原理批注》中高度赞扬杨昌济的"有公共心之个人主义",他将这种个人主义称为"精神之个人主义"。[4]

作为一位学贯中西的学者,杨昌济想以中国的圣人之言来印证西方思想观念。他编写了一本《论语类钞》的小册子,以此来教导自己的学生。然而,对于中国社会一些典型的行为方式,他却激烈反对。比如,对于为仕而学,他就很不以为然。他从《论语》中挑选章句,这是教师的传统做法;然而,他又离经叛道地用达尔文的言论来加以补充。他将自己这本语录小册子的第一部分称为"立志",他写道:"人有强固之意志,始能实现高尚之理想,养成善良之习惯,造就纯正之品性。"[5]在特别强调"立志"的同时,杨昌济更向学生传递实践它的重要性。毛泽东在《伦理学原理批注》中谈到立志。1917年8月,在给黎锦熙的信中,毛泽东写道:"十年未得真理,即十年无志;终身未得真理,即终身无志。"[6]蔡和森、张昆弟和萧三也都记得当年在杨昌济影响下大家聚到一起讨论"立志"的情景。

除了激励学生立志,杨昌济还把自己的一种信念灌输给他们,这就是知

---

[1] 王兴国:《杨昌济的生平及思想》,第111~120页。
[2] 同上,第247~273页;也可参看霍华德·L. 布尔曼编:《中华民国人物传记辞典》4:1。
[3] 王兴国编:《杨昌济文集》,第124页。
[4] 见《毛泽东早期文稿1912.6~1920.11》。
[5] 王兴国编:《杨昌济文集》,第69页。
[6] 见《毛泽东早期文稿1912.6~1920.11》,第87页。

识分子必须与大众相接触。他在第一师范学校开设了一门手工课，这既有助于学生挣得一些学费，也意在打破劳动者与读书人之间的壁垒[1]。同样，杨昌济的这种想法也启发了他的学生。毛泽东就完全接受了杨昌济的这种观念，他自己也大力倡导。他说："不仅要读有字之书，还要读无字之书。"毛泽东认为，学生不能完全沉浸在书本学习中，还要向劳动大众学习。所以，在假期他常常和朋友一起走访学校附近的乡村和工厂，了解普通民众的生活。杨昌济的观念启发毛泽东写了一篇题为《体育之研究》的文章，1917年发表在《新青年》上。此文将激切的中国民族主义与同样激切的批判传统中国文化结合起来，猛烈攻击儒家将劳心与劳力分离开来，而这正是毛泽东思想观点的一个显著特征。不同于其他的革命领导人，毛泽东强调"书本知识"并无价值，强调理论与实践的结合。如"文化大革命"期间，毛泽东就号召城市知识青年到农村去接受贫下中农的再教育[2]。

思想导师

正是通过杨昌济，第一师范学校的学子们很快就发现自己与当时中国的知识分子主流联系起来了。杨昌济的个人魅力和鲜活榜样，吸引着一群立志要成为志士仁人的年轻人。杨昌济是陈独秀《新青年》的早期支持者之一，这本激进、西化、离经叛道的杂志作为1919年之前新文化运动最为重要的载体而面世。杨昌济不仅是它的热心读者和鼓吹者，而且鼓励自己的学生阅读它。他有意订阅了好几份，以便在学生中间传阅。安格斯·麦克唐纳（Angus McDonald）曾有记载："甚至在北京大学，这个诞生了'五四'运动领导者的地方，在陈独秀1917年就任北京大学文科学长之前都很少有人听说过这本杂志，但是，在那之前的长沙，《新青年》却广为人知并广泛阅读。"（注

---

[1] 李锐：《毛泽东同志的初期革命活动》，第19～21页。
[2] "知行合一"之说是一个复杂的问题，此处无法充分展开。感兴趣的读者，可参看阿里夫·德里克（Arif Dirlik）和张明的《进入田间和工厂的学校：无政府主义者、国民党和上海的全国劳动大学：1927～1932》（达拉姆：杜克大学出版社，1991）；苏智欣：《讲授，学习与反思行为：中国师范教育的杜威试验》，收入《师范学院记录》98（1996），第1册，第126～152页；陶行知：《陶行知全集》（成都：四川教育出版社，1991），12卷之第1卷；《教学做合一讨论集》（上海：上海儿童书局，1932）。

121)杨昌济自己关于道德的文章也于1916年12月和1917年1月在《新青年》上发表。[1]

由于杨昌济对《新青年》的推介,他的学生尤其是那些向往革新者,就热衷于阅读这本刊物。周士钊回忆,有很长一段时间,"每天除上课阅报之外,看书,看《新青年》;谈话,谈《新青年》;思考,也思考《新青年》上所提出的问题"[2]。

据萧子升回忆,尽管杨昌济口才不算出色,但"他对学习的热情吸引了一群勤奋而有思想的青年在他的周围,其中包括毛泽东、蔡和森和陈昌"[3]。于是,杨家就成了学生们课后讨论的一个聚会场所,大家习惯于星期天前往杨家讨论各种问题,而杨昌济总是不厌其烦地帮助他们或提出建议[4]。萧子升回忆道:"每周日早晨,我的朋友熊光楚、陈昌和我一起去杨老师家讨论学习。我们读彼此的笔记,讨论问题,吃过午饭后回学校。"[5]他说,每个周日他们三个学生都在杨家吃午饭,同桌的还有杨夫人和其女杨开慧——杨开慧后来成为毛泽东第一任妻子,"整整两年,每周吃饭我们都是快而安静,没有一个人说一句话……杨老师自己从来不说话,我们全都尊重他的习惯,也是尽快吃完……杨老师十分讲究卫生,但显然没有意识到边吃饭边正常谈笑有益于健康,没意识到欢快的气氛有助于消化"[6]。

在杨昌济的鼓励下,这一群聚集在他周围的学生组织了一个"新民学会","它将对中国的事务和命运产生深远的影响"[7]。杨昌济成为这个社团的精神导师。毛泽东在首期"新民学会会务报告"中谈及学会的创立,首先分析了导致学会诞生的历史环境,然后写道:

> 另一原因[导致学会创立的原因],则诸人大都系杨怀中先生的学

---

[1] 毛泽东也在1917年4月份的《新青年》上发表了他的第一篇文章《体育之研究》。在这篇文章中,他表达了自己的民族主义者观点和军事方面的看法。
[2] 周世钊回忆录:湘江的怒吼,收入《新民学会资料》(北京:人民出版社,1980),第392页。
[3] 埃弥·萧(萧三):《毛泽东的青少年时代》(孟买:人民出版有限公司,1953),第39页。
[4] 同上,第40页。
[5] 萧子升:《毛泽东和我曾经是乞丐》,第40页。
[6] 同上,第41~43页。
[7] 斯诺:《红星照耀中国》,第130页。

生,与闻杨怀中先生的绪论,作为一种奋斗和向上的人生观,新民学会乃从此产生。[1]

新民学会的 21 名创始成员中,蔡和森、毛泽东、萧子升、陈昌、张昆弟、何叔衡和罗学瓒等 20 人均是来自第一师范学校杨昌济的学生,唯一的外来者是罗章龙。新民学会期望通过对国民的再教育来复兴中国社会,它的成员中后来有不少人为人民共和国制定了新的制度和政策。[2]

杨昌济本人激烈批评传统的中国社会和文化。他认为儒家的"三纲"之说十分残忍,其实际作用可与中世纪欧洲的宗教专制相比,并给予猛烈的正面攻击:"三纲之说,严重卑幼而薄责尊长,实酿暴虐残忍之风。"[3]在他看来,中国的家庭体系是一种原始的制度,帝王统治家族就依赖于它的存在。族权、夫权和父权的精神支柱也在于它。1915 年,杨昌济在《甲寅杂志》上发表了一篇文章,他赞扬西方的家庭制度,因为它的婚姻关系允许个人自治,可自由选择伴侣,女性拥有平等权利。[4]

杨昌济从个人和社会两个层面激烈谴责包办婚姻,对位于中国社会地位最底层的女性表达深切的同情。他认为这必须从律法上加以改变:"婚姻乃百年大事;不顾女子意志迫其出嫁如同买卖之。因无律法保护,女子须承受。实大悲剧也。此乃中国之残暴习俗。"[5]他进一步指出,中国女性之所以没有婚姻自由,是因为她们在经济上不独立。英国寡妇拥有经济独立,所以就能够免受父家或夫家的阻挠而有婚姻自由的权利。杨昌济认为,这样做才符合人道主义。与此相反,要求寡妇为亡夫守节的中国习俗是不人道和极为不开化的。[6]

对于纳妾,杨昌济也以其不道德和破坏基本的家庭关系而反对。他认为,因其"人格不完全",妾其实是奴隶的一种。在他看来,实行纳妾的社会

---

[1] 中国革命博物馆、湖南省博物馆编:《新民学会资料》(北京:人民出版社,1980),第 2 页。
[2] 同上。
[3] 杨昌济:《论语类钞》,第 88 页。
[4] 杨昌济:《达化斋日记》,第 57~64 页。
[5] 同上,第 130 页。
[6] 同上,第 57~64 页。

严重践踏了人权。女子只许一夫,而男子只要养得起就可以有三妻四妾,这是不公平的。所以,他强烈谴责纳妾,坚决支持一夫一妻制[1]。

杨昌济生活在一个转折时期。随着西方思想观念越来越多地进入,此时的知识分子正经历着一系列文化危机。这些知识分子认为中国的落后应归咎于传统中国文化,尤其是儒家传统。梁启超[2]是这个转折时期最有影响的一位知识分子,以一位激进的改革者而为人们所记住,将他与杨昌济进行比较,我们却可以看到,如同张灏和林毓生所指出的那样,当时的知识分子自觉地批判儒家传统,尤其是"三纲"之说,但同时又保留了一些儒家价值观念[3]。

从拥护中国传统思维到深受西方观念影响的思想,梁启超经历了思想立场的这种变化。不过,并不是彻底否定传统中国文化和接受西方观念,梁启超发现了将中西观念结合起来的可能。1898年秋天"百日维新"被镇压之后,他流亡至日本,思想观念变得更为激进。他不仅仅批判道家思想,又开始谴责儒家的核心观念"仁"是导致中国人温顺懦弱的主要原因。然而,不管他的思想如何发展,梁启超在思想上一直服膺于理学的许多理想,这些理想似乎在培育这位"新民"那种充满活力、具有主见的个性。所以,张灏在《梁启超与中国知识分子转变:1890~1907》一书中,就认为梁启超的个人理想和文化理想是对中国和西方价值观念进行选择性综合的结果。尽管杨昌济以精通西方学问著称,但他仍然深深扎根于理学的新儒家思想之中,从来没有放弃它那些核心原则。梁启超和杨昌济两人的思想观念有一些有趣的相似之处。[4]

贝利(Bailey)、彼得森(Peterson)和海霍(Hayhoe)指出,中国人笃信教育的改造力量,"中国的存亡就在于其民众的素质"[5]。在20世纪之交,中国

---

[1] 杨昌济:《达化斋日记》,第65~66页。
[2] 关于梁启超的更多情况,见张灏:《梁启超与中国的思想过渡:1890~1907》;黄宗智:《梁启超与现代中国自由派》(西雅图:华盛顿大学出版社,1972)。
[3] 张灏:《梁启超与中国的思想过渡:1890~1907》,林毓生:《中国意识的危机》。
[4] 同上。
[5] 保罗·约翰·贝利:《改造民众:中国20世纪初期国民教育的看法变化》;格伦·彼得森和许美德等编:《20世纪中国的教育、文化与身份认同》,第83页。

最紧迫的问题就是"救国"。作为这个时代最居前锋的改革者,梁启超坚信为了拯救中国就必须建立一个能够在现代秩序中生存的现代民族国家,而建立现代民族国家的基本途径就是培育出积极活跃、富有民族主义精神的"新民"。"新民"一词不仅指"新公民",而且含有"更新民众"的意味。梁启超因感受到中国人普遍缺乏公民素质而沮丧,他认为急切需要在根本上改变中国人的公民观念和培育新公民,这种改变必须以新的公民道德来培养现代公民。他觉得,要创建一个强大而繁荣的中华民族,这是至关重要的。

梁启超的"新民"和新共和国的观念,显然与他对儒家所言私德和公德的笃信相联系。他把个人主义作为新民的基本特征之一,但他对个人品德的强调超过了对个人自由的强调。尽管梁启超理解一个国家成长所需要的不干涉和自由竞争,但他没有放弃自己对国家在集体进步上的道德责任的要求。最终,他构思出一种在其初始阶段更类似于自由福利国家而非资本主义的国家模式。所以,一些儒家价值观念就持续塑造着梁启超对现代中国民族国家的设想,这事实上超越了他那个时代的西方资本主义。

杨昌济也相信救亡和建设一个强大国家的唯一道路就是教育中国民众,他认为他们是普遍缺乏道德的。而且,他以自己的人格力量恪守一种严格的道德准则。他强调道德修养是好国民的基本要求。梁启超则倡导性格培养。两人的观点都深受理学的影响。最后一点,梁启超关于"新民"的理想,杨昌济关于个人有益于社会的理想,演化出一些正在变化的社会价值观念和个人价值观念,它们不仅与儒家传统相关,也与后来的共产主义现实相联系。

这些就是杨昌济在湖南第一师范学校向自己学生灌输的思想信仰。尽管杨昌济的信念深深植根于理学,但他也把自己从西方哲学和中国当代改革潮流中选择的观念融入进来,形成了直指社会变革的伦理框架。那些向他寻求精神指导的学生,由此吸收了强烈的社会责任感,并且强调精神层面上的教育和道德。研究清晰地表明了杨昌济作为古典熏陶出来的导师对毛泽东这些青年革命者所起的作用,这样我们就必须重新认识一种通常的假设,即认为儒家思想训练出来的教育者必是变革的顽固阻挠者。研究还表明,变革影响了中国的上流精英——杨昌济和其他教师就属于这个圈子,这进而极大影响了第一师范学校激进青年学生的思想转变和激进化以及中国革命的发展。而且,新的学校体系以及杨昌济这些在新学校教书的学者,对于培育新民学会这样的社团发挥了重要作用,而这类社团在中国共产党的创建和成长上至关重要。这样的作用表明了另外一个明显的联系,这就是精英社会的变革与中国共产主义起源以及其后的革命运动之间的联系。

受北京大学校长蔡元培之邀,杨昌济于1918年前往北大任教。他在北大讲授伦理学,两年后去世。然而,他的影响长存。

杨昌济

徐特立

黎锦熙

王季范

谭延闿

方维夏

1918年八班合影

第一师范时的毛泽东（1918年）

第5章 "圣人"杨昌济

蔡和森

李维汉

何叔衡

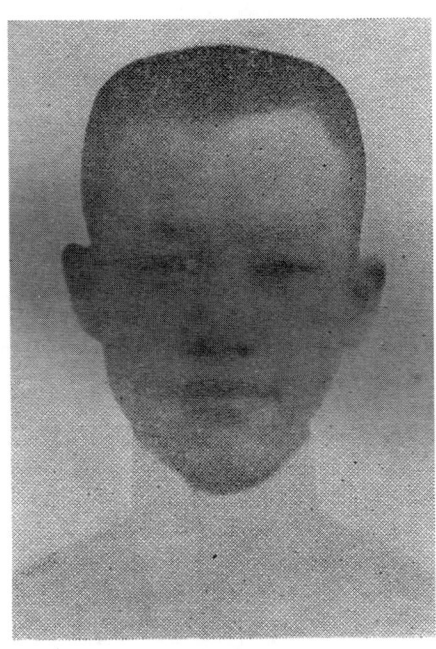

陈章甫

罗学瓒

第6章　本地学者与青年激进分子

一师的学生

作为中华民国初期湖南省最为著名的教育机构,第一师范学校吸引并深刻地影响了湘省最好的学生。他们之中很多人在此后的中国历史中起到了重要作用,因为他们经历了一场精神变革,并在传播新的思想观念和组织政治运动中扮演了关键角色。

第一师范学校的招生范围并不限于学校所在的长沙一带。事实上,1912年和1913年它的学生来自湖南75个县中的20个,招生范围远至宝庆和岳州地区。到了1914年,它已从25个县招收学生,后来更扩大至湖南省各地。[1]

不过,第一师范学校的学生仍然有着明显的地域特征,绝大多数学生都来自相对偏远的农业县如永丰、湘乡和宁乡。这些县通常都远离城市地区,交通不便,人口稀少。

除了这种地域特征之外,第一师范学校的学生也有着鲜明的社会背景特征。既是一种默认也是一种选择,第一师范学校对来自贫穷家庭的学生有特别的吸引力。他们选择第一师范学校,是因为在这里读书是免费的,包括食宿在内。不过,尽管他们的家庭不富裕,但也并非赤贫,否则这些学生所受的教育不足以通过一师严格的入学考试而来就学。作为享受免费教育的回报,一师的学生承诺毕业后要在湘省从事小学教育。对于家庭无生活来源的学生,做小学教师是一种受尊重的职业,但也抑制了个人前景。[2]

湘省那些商人和士绅家庭的子弟,想寻求较为自由的氛围和更好的机

---

[1] 见《湖南第一师范学校校史——1903～1949》,第17～18页。
[2] 同上。

会,他们想将来到北京和上海这些大城市的大学去接受高等教育。如能在上海或北京的大学毕业,就会有多种选择,包括到欧洲、美国或日本去留学。有这种人生目标的学生,倾向于到长沙的普通中学读书,比如省立第一中学。长沙的普通中学一般都要向学生收学费和生活费,所以吸引的是较为富裕的学生。

预先规定将来要去做小学教师,是使得湘省上流精英阶层子弟不读第一师范学校的主要原因。1910年代,在湖南做小学教师,无论是在省内发展还是走出湖南省到别省或别的国家,这种上升的可能性基本没有,这是很明显的。师范学校的学生一旦读完师范,想要继续自己的智力发展,也没有多少机会了。

除了上述地域和社会背景上的特征外,第一师范学校的学生在中国传统学识上都有较好的基础,这是他们在自己家乡的乡村学校学到的。如同自己的乡人一样,他们常常也较为保守,相对孤立,笃信儒家之说。来自落后保守的农村县乡的这些年轻人,到了省会长沙后,面对的是一个完全不同的世界,在空间和时间感觉上都迥异于他们的家乡。他们变了。新的思想、新的观念和新的知识挑战着他们。这些构成了一种强大的激进力量,抨击着所有的传统方式。然而,这些学生又拥有一种非常特殊的精神气质。比如,一方面是激进地抨击儒家传统,尤其是批判儒家对礼教(礼仪、习俗和各种约束)和"外范道德"(外在行为规范)的强调,另一方面他们又不自觉地依赖着儒家价值观念——儒家"内化道德"。[1] 在传播新观念的同时,他们也常常不自觉地将自身视为儒家所言的"先知先觉",这种受过教育的觉醒精英,有责任去唤醒不开化的大众。这些价值观念对于他们的精神转变和早期共产主义活动起到了重要的作用。到长沙来上学,一个处在现代进程中的世界、一种不同的生活方式,启发了他们的头脑,对1910年代的整整一代一师学生产生了深远的政治影响。

---

[1] 关于"外范道德"和"内化道德"的更多讨论,见张灏:《幽暗意识与民主传统》(台湾:台湾联经出版事业公司,1989),第33~78页。

新民学会

1918年,一群民族主义情怀的年轻人组织了一个联系紧密的组织"新民学会",它主要致力于"革新学术,砥砺品行,改良人心风俗"[1]。这个团体成了新文化运动和"五四"运动最为坚定的一根支柱,其成员在赴法国勤工俭学运动中也颇为活跃。

在经过一段时间的学习和讨论之后,新民学会的创建者们认识到需要一个能够将进步派团结到一起的组织,这既是为了国家的变革,也能提高他们自身。所以,他们决定成立一个以"改造中国从青年始"[2]为宗旨的学生组织。1918年4月14日[3],新民学会在蔡和森家中成立。这个组织的名称呼应着梁启超著述中所倡导的"新民之道"[4]。

新民学会的创建者们都相对独立,阅读广泛,又因自己个人资源的有限而感觉受挫,急于改变自己的生活。将众人的资源和思想汇聚到一起,就成为解决这些问题的一种理想方法。他们的学识和道德进步,个人的发展和社会的进步,是创建新民学会的根本追求[5]。如同其他知识分子,他们也日益感觉到新文化运动的传播。旧思维、旧伦理和旧文化在这些年轻人看来几乎要消亡了。继续过一种平静而孤立的生活,他们觉得这是错误,于是他们要去寻求一种集体的生活[6]。由于学会的创建者绝大部分都是杨昌济的学生,所以他们都熟悉杨老师关于做一个有道德的正直之人、有益于社会之人

---

[1]《新民学会会务报告》(1920),收入《新民学会资料》,亦见于《新民学会文献汇编》(长沙:湖南人民出版社,1980),第1卷,第119页。

[2] 宋斐夫:《新民学会》(长沙:湖南人民出版社,1980),第1~13页;霍华德·L.布尔曼编:《中华民国人物传记辞典》4:第284页。

[3] 依据萧三1918年3月~4月的日记记载,周世钊回忆录:《湘江的怒吼》(收入1979年编的《新民学会资料》,第394页)和罗绍志的文章《蔡和森》(收入陕西人民出版社1982年出版的胡华编《中共党史人物传》第6册,第7页)亦记载,新民学会于1918年4月14日成立;然而,《新民学会会务报告》(1920)却称它成立于1918年4月17日。

[4] "新民"既是名词,指"新的国民";也是一个动词,指"更新国民"。所以,新民学会的名称就是反身性的:新的国民要去更新整体上尚未得到更新的国民。见王建宇:《萧子升与新民学会》,收入中共湖南省委党史资料征集研究委员会编《湖南党史论丛》,第105页;也参见萧三:《毛泽东同志在五四时期》,收入《新民学会资料》第1卷,第367页。

[5]《新民学会会务报告》(1920),收入《新民学会文献汇编》第1卷,第120页。

[6] 同上。

的教诲[1]。

新民学会每周或双周集会一次,共同学习、讨论、策划,谈论时事。[2] 在1919年的"五四"运动之后,其成员发展到超过70人。想要加入学会的人,必须有5位会员推荐,还要得到半数以上会员的批准,最后才获得会员资格。[3] 对会员的道德要求将传统道德规范和新时代的行为准则结合在一起。所有会员都必须过一种纯洁的生活,为人诚挚,富有奋斗精神,服膺真理。会员必须一不虚伪,二不懒惰,三不浪费,四不赌博,五不狎妓。[4] 萧三回忆:"长沙城里先进和进步的青年们第一次在一个团体里组织起来了。"[5] 事实上,后来有不少的女性也加入了新民学会。[6] 李维汉回忆,"五四"运动期间加入新民学会的40位新会员,几乎有一半是女性。[7]

尽管主要是致力于学问研究、个人提升和道德发展,但新民学会很快就演变为一个政治辩论的论坛,会员们讨论如何"改造中国和世界"。新民学会的首任总干事萧子升回忆道:

> 开始时,新民学会只是一个认真挑选出来的学生的社团,这些人品行良好、与我们(毛泽东和萧子升本人)志趣相投。学会的宗旨也就是"革新学术,砥砺品行,改良人心风俗",没有表达任何政治见解,也不与任何政党有关。然而,后来毛泽东和新民学会的其他会员发展出来了政治抱负,他们接受了共产主义学说。如今(1961年),北京最高层中的许多人都是当年新民学会的成员……所以,我们这个学会就必须被视为此后中国共产主义的胚胎,当共产主义学说开始唤醒人们的积极兴趣时,这场运动的核心已经存在于我们这个团体之中了。[8]

---

[1] 《新民学会会务报告》(1920),收入《新民学会文献汇编》第1卷,第120页。
[2] 周世钊:《湘江的怒吼》,收入《新民学会资料》,第394~395页。
[3] 宋斐夫:《新民学会》,第11页。
[4] 《新民学会会务报告》(1920),收入《新民学会文献汇编》第1卷,第119~121页。
[5] 埃弥·萧(萧三):《毛泽东的青少年时代》,第57页。
[6] 1927年之前,湖南第一师范学校只招男生,新民学会的女会员来自长沙的其他女子学校。
[7] 李维汉:《回忆新民学会》,收入《新民学会资料》,第462~463页。
[8] 萧子升:《毛泽东和我曾经是乞丐》,第60~61页。

赴法勤工俭学

在新民学会的这些聚会中,会员们谈论得最多的就是如何向外发展。所以,当他们接到已到北京大学任教的杨昌济的来信,告诉他们有一个赴法勤工俭学计划时,马上就重视起来。

1909年,李石曾在巴黎创办中国豆腐公司,雇用了来自中国的30多个人。这些人白天干活,晚上学习,提出了"工余求学"的口号,将工作与学习结合起来。1912年年初,蔡元培、李石曾[1]、吴稚晖[2]和吴玉章[3]在法国创办了这个勤工俭学项目,明确提出了"勤于做工,俭以求学,图中国道德、智识、经济之发展"的宗旨。1916年春,一些中国人和法国人在法国建立了华法教育会,蔡元培担任中方会长,李石曾担任中方副会长。这个项目的总部是在中国北京,其分部在广东和上海,它吸引了那些理想主义的年轻人到法国去半工半读。与此同时,这个项目还在法国建立了勤工俭学会来进行推广,它旨在学习西方的先进文明和科学技术,让中国变得富强,并增强中国的军事力量。[4]这个勤工俭学项目开始时没有引起什么注意[5],但蔡元培于1916年担任了北大校长之后,就逐渐开始传播"劳工神圣"的观念。对于这一时期寻求救国的知识分子而言,"劳工神圣"几乎成为他们倾慕和向往的理想境界。

而且,法国被"五四"运动之前的中国知识分子视为能够追求社会平等的

---

[1] 李石曾(1881~1973)是河北人,为赴法勤工俭学运动的创始人之一。他在法国学生物学,信仰无政府主义,是一本无政府主义刊物《新世纪》的编辑。他还办了一家豆腐厂和一家出版社。到了1920年代初期,李石曾变得更为保守。他后来担任国民党政府的高官。1949年后,他先后在乌拉圭和台湾居住。

[2] 吴稚晖(1865~1953)是江苏人,晚清时参与蔡元培和章太炎创建的"爱国学社",后在法国加入同盟会,又到英国留学和生活数年。他与李石曾一起编辑《新世纪》,也是赴法勤工俭学运动的创始人之一。他曾担任唐山交通大学校长、上海《中华新报》主笔和里昂中法大学校长。1920年代前期日趋保守,成为国民党政府中最为著名的知识分子高官。1949年移居台湾。

[3] 吴玉章(1878~1966)是四川人,早年加入同盟会,参加辛亥革命。为著名教育家和赴法勤工俭学运动的一个推动者,1925年加入中国共产党,曾任数所大学校长和中共四川省委书记,为全国人大常委委员。

[4] 施小明:《从时代角度看中国学生赴法勤工俭学运动》(2009年《加拿大社会科学》第5期),第47~53页。

[5] 宋斐夫:《新民学会》,第13~14页。

神话之地。如同许多同时代人一样,陈独秀也被法国大革命、被其"人权宣言"、被"法律面前人人平等"的箴言所吸引。他在成为共产主义者之前,视"法兰西文明"为较好中国之未来的理想模式[1]。吴玉章1920年对赴法勤工俭学的学生做过一个告别演说,将他们前去的法国解说为"欧洲文明的中心,多有新的学术成就和科技创新"[2]。对法国的这样一种认知就部分导致了1912年开始的赴法勤工俭学项目,这对中国教育产生了深刻的影响。仅是1919年至1920年期间,前往法国的中国学生人数就在1600人左右[3]。新民学会成立后,这个项目在湖南获得进展,发展成为一个强大的运动。

第一师范学校的学生对赴法勤工俭学极有兴趣,因为他们没有任何其他办法可到国外留学。这些年轻人之所以想去法国,也是因为受到了新文化运动出现的影响。新文化运动强调通过劳作和学习来获取知识和体验新的思想观念。湖南陷入了军阀统治,家乡的情况非常糟糕,年轻人相信这样的留学经验将直接有益于中国,他们希望能够带着救国的知识回来。[4]

何长工是湖南的一位学生领袖,后来成了红军将领,他曾这样回忆自己和其他湖南学生如何试图到法国勤工俭学:

> 当时,湖南省政府极其腐败,一团混乱,再也没有人关心教育。许多年轻人都觉得看不到未来有什么路可走。毛泽东与蔡和森是在长沙组织新民学会的主要人物。湖南学生想去法国勤工俭学,这个学会起了重要作用……新民学会的主要宗旨就是改革传统习俗和人们的老观念。所以,他们就组织青年去探索新的思想观念来改革中国根深蒂固的社会结构。他们要寻找救国救民之路,摆脱列强来统治和剥削中国和中国人民的厄运。为了更好地看清国内局势和国外观念,新民学会就帮助组织

---

[1] 彭明:《五四运动史》(修订本)(北京:人民出版社,1998),第139~144页。
[2] 同上,第548页。
[3] 陈小眉:《西方主义:毛泽东之后中国对立话语的理论》(第二版)(拉纳姆:罗曼与利特菲尔德出版公司,2002),第17页。对赴法勤工俭学运动的更多讨论,见玛里琳·A.莱文(Marilyn A. Levine):《创建的一代:20年代旅欧的中国共产党人》(西雅图:华盛顿大学出版社,1993)。
[4] 参见萧三:《毛泽东同志在五四时期》,收入《新民学会资料》第1卷,第369页。

那些想去法国勤工俭学的青年。[1]

新民学会的领导者们积极推进赴法勤工俭学。学会形成了一个决议，"特别指定[蔡]和森与[萧]子升负责湖南的赴法勤工俭学事项"。[2] 在前往法国的1080中国人中，湖南人超过了430人，新民学会会员的三分之一——18人，也前往法国。[3]

蔡和森的努力尤其重要。1918年6月，他被派往北京，作为先导去打听这个项目的更多情况。他到达北京后，先住在杨昌济家中，杨昌济又把他介绍给蔡元培和李石曾，这两人是华法教育会的领导人。蔡和森把湖南青年想参与这个项目的要求告诉了他们，请求他们安排湖南青年前往法国。蔡元培把自己想为教育部招收能干年轻人的计划告诉了蔡和森，鼓励他带更多的年轻人前来北京，以开始奠定一个"可大可久的[改革]基础"[4]。蔡元培给蔡和森留下了深刻印象。在给萧子升的信中，他说："孑民先生亦云言，尤足信实。"[5] 在见过蔡元培之后，蔡和森又在北京拜访了李大钊，他曾读过几篇李大钊谈马克思主义的文章。随后，他就加入了李大钊创建的"少年中国会"[6]。

由于赴法勤工俭学此时尚处于筹备阶段，有许多问题还需要解决，而最重要的问题就是资金。每位赴法学生都需要数百元的旅费，到法国后还需要

---

[1] 李默清：《海外中国人勤工俭学运动》（未刊稿，1994），由迪恩·安德鲁·波利扎图（Dean Andrew Polizzotto）翻译并引用于他的博士论文《法国的中国青年革命者：他们怎样对中国共产党革命的成功做出了贡献》（华盛顿大学，1996），第34~35页。

[2] 见《新民学会会务报告》（1920），第122页。

[3] 1919年新民学会会员人数为54人。李维汉和宋斐夫都说会员三分之一的18人去了法国。李维汉：《回忆新民学会》，收入李维汉《回忆与研究》（北京：中共党史资料出版社，1986），第12页；宋斐夫：《新民学会》，第13~14页。

[4] 蔡和森1918年8月27日致陈绍休、萧三、萧子升和毛泽东的信，收入《新民学会会员通信录》第1册，第10页。

[5] 蔡和森1918年7月致萧子升的信，收入《新民学会会员通信录》第1册，第4页。

[6] 李大钊（1888~1927），北京大学的历史学教授和图书馆馆长，中国共产党创建者之一，是中国有影响的知识分子中赞同俄国布尔什维克革命的第一人，也是"五四"运动的领导者。尽管早期中共并不赞同他重视革命中农民作用的平民主义和民族主义的观点，但这种观点深刻地影响了毛泽东。东北军阀张作霖将他杀害。见《哥伦比亚电子百科全书》第6版（哥伦比亚大学出版社，2005）。更多情况，见M.J.麦斯纳（M. J. Meisner）：《李大钊与中国马克思主义的起源》（1967）。

读预备学校学习法语。蔡和森寻找资助者来资助湖南学生前往法国。他找了蔡元培和李石曾,杨昌济也在资金筹集上给予了很大帮助。[1]

资金的问题很快解决了,但湖南只能有25个学生去法国。为了促使更多的湖南青年有机会赴法勤工俭学,蔡和森给新民学会的朋友们写了一封信:"盖此事欲得多人打水,始有饱鱼吃。"[2]他告诉这些朋友:

> 此万不可以"人数有限"遏其动机,绝其希望;当另筹一调剂方法,尽量容收,成一大组织,然后始符初心,始无遗恨。[3]

1918年8月,毛泽东、萧子升和其他22个新民学会会员前往北京,为赴法勤工俭学做准备。1919年时,新民学会的会员增加至60人左右,几乎三分之一的人去了法国。新民学会的法国分部和湖南分部都关注同一个问题:拯救国家的最好途径是什么?新民学会的会员在1920年达到了72人,"他们中几乎所有人后来都成为了中国共产主义运动中的著名活动家"[4]。在湖南和中国后来发生的那些大事中,他们发挥了重大作用。

众多领导者、众多烈士与一位温和派

新民学会的许多成员都在中国共产党早期历史上留下了自己的印记,许多人年纪轻轻就死于夺取政权的斗争之中。许多活下来的人在不同的岗位上继续担任自己这个政党和国家的领导者。然而,其中有些人,包括最著名的青年激进分子中的一位,拒绝接受共产主义,走上了一条不同的道路。

毛泽东成为中国共产主义者中最为著名且历史上最为重要者。他是湖南湘潭人,在第一师范学校读书5年半(1913~1918),在中国古典著作、古文

---

[1] 周世钊:《湘江的怒吼》,收入《新民学会资料》,第395~396页;参见李维汉:《回忆新民学会》,收入《新民学会资料》,第458~460页。
[2] 蔡和森1918年8月27日致陈绍休、萧三、萧子升和毛泽东的信,收入《新民学会会员通信录》第1册,第10页。
[3] 同上,第6页。
[4] 埃弥·萧(萧三):《毛泽东的青少年时代》,第57页。

写作和其他人文学科方面很出色,但图画和自然科学课程则逊色。由于当时作文被视为最重要的科目,毛泽东被认为是这个学校最出色的学生之一。

在这5年半的学习中,杨昌济给毛泽东留下了最为深刻的印象。在杨昌济的影响下,毛泽东成为了一位理想主义者。事实上,杨昌济基于自己的理想主义观点曾对毛泽东一篇题为《心之力》的文章给予高度赞扬。在杨昌济的鼓励下,毛泽东参加船山学社的聚会,研究、讨论和吸收传统中国学识中最为有用的部分。同样是在杨昌济的引导下,1915年后,毛泽东也认真阅读那本最为激进和西化的《新青年》杂志。毛泽东1917年那篇题为《体育之研究》的文章,就表达了一位民族主义者和勇武好斗者的观点。[1] 在第一师范学校,毛泽东奠定了他世事阅历和政治观念的基础。同样,他也收获了自己在社会行动方面最早的重要经历[2]。

第一师范学校也极大地影响了蔡和森。作为中国第一批马克思主义者,蔡和森是最早倡导创建中国共产党的,并且成为中国共产党早期最为重要的理论家。毛泽东在中共历史中得到了充分的记载,但蔡和森的生平却不那么为人所知,这是因为他在1931年就被国民党杀害了。本书第7章详细考察蔡和森的思想发展,将此作为第一师范学校现象的一个主要例证。

除了蔡和森与毛泽东,出自一师的整整一批激进青年后来都成为中国共产党的创建人物,他们之中有何叔衡、李维汉、张昆弟、罗学瓒和陈昌。何叔衡是新民学会创建者中年龄最大者,也是出席1921年7月中国共产党第一次全国代表大会的代表中年纪最长者。1921年在上海召开的中国共产党这次创建大会,湖南的代表有两人,就是毛泽东和何叔衡,都毕业于第一师范学校。李维汉、张昆弟、罗学瓒和陈昌也都是新民学会的创建者,全都参与了赴法勤工俭学,他们都成了早期中国共产党的领导人物。李维汉还是中国共产主义青年团(ECYC)旅欧支部的创建者,是这个组织的第一任组织秘书。由湖南第一师范学校走出如此之多的建党人物、主要理论家和活动家,这所学

---

〔1〕 关于此文的更多情况,见李锐:《三十岁以前的毛泽东》,第162～163页;也参见湖南第一师范学校校史编辑委员会:《湖南第一师范学校校史——1903～1949》,第111～113页。

〔2〕 毛泽东的活动在本书中不作为重点,因为已有不少论著,包括李锐的《毛泽东同志的初期革命活动》、马玉卿的《毛泽东的成长道路》(西安:陕西人民出版社,1986)、施拉姆的《毛泽东》(纽约:西蒙和舒斯特出版社,1966)和史华兹的《中国共产主义与毛泽东的崛起》。

校对学生意识形态形成和转变的作用是不容忽视的。

出自一师,同为新民学会创建者的那些激进青年中,也有许多人在教育界工作,比如周世钊。在第一师范学校时,周世钊是毛泽东的好友和同桌,被选为学友会的文学部长,1917年6月获得了一师学生推选"模范学生"的第三名。毕业之后,周世钊在一师任教多年。1949年后,他担任了湖南省教育厅厅长、湖南省副省长和湖南第一师范学校校长。他还是全国人大常委委员。陈书农(1897～1968)也是新民学会的创始人之一,并且是学会的两位干事之一(另一位是毛泽东),终其一生一直在湖南大学任教。毛泽东的另一位同学邹蕴真,也是许多年一直从事教育,1949年后被派往北京,在出版总署人民出版社任编辑,两年以后,被聘任为中央文史研究馆馆员。

新民学会的另外一位创建成员是萧三,他是萧子升的弟弟,也是毛泽东在东山高等小学堂和第一师范学校时的朋友与同学。他不仅参与了1918年的新民学会创建和1920年的赴法勤工俭学运动,而且在法国参与了中国共产主义青年团的创建。[1] 与"后来在南京当了国民党官员"的兄长萧子升不同,萧三成为了毛泽东的密友和同志。1923年,他前往莫斯科中山大学学习,第二年回国。此后他分别担任过湖南共产主义青年团(CYL)书记、共青团北方区委员会书记、中共张家口市委书记和共青团中央组织部部长,参加了中共五大和七大。1949年,他参加了中国人民政治协商会议(CPPCC)第一次、第二次和第五次大会,并被选为政协五届常委。他也出席了第一届和第二届全国人民代表大会。作为一位国际知名的诗人,萧三也是毛泽东传记的作者。

湖南第一师范学校,这所看似普通的学校,在1910年代产生了许多激进青年。一师毕业生构成了新文化运动、"五四"运动和其他社会政治运动的坚强支柱。如此之多的年轻人在这里形成了思想转变和激进化,这所学校开启的这个过程带来了湖南和中国的重大变革。绝大多数湖南激进青年都成为共产党人,或是为共产党牺牲,或是担任它的领导职务,但萧子升却不是这样,他的人生道路与其他人形成了有趣的对比。

---

[1] 胡乔木:《怀念萧三同志》,王政明:《萧三传》(成都:四川文艺出版社,1992),第1页。

萧子升(1894～1976)

萧子升(也叫萧子升或萧旭东)是湖南湘乡人,在东山高等小学堂和第一师范学校读书期间都是毛泽东的同学,1921年之前一直是毛泽东最为亲密的朋友。他是新民学会的创建者之一和首任总干事,也是赴法勤工俭学运动中最有影响的人物。作为湖南学生赴法勤工俭学的倡导者、组织者和领导者,萧子升在这个运动中起到了决定性的作用。然而,由于他在1921年早期与激进派决裂,投身于温和方式救国,绝大多数关于中国共产党早期历史的记载,尤其是中国内地的记述,常常都忽略他在新民学会和赴法勤工俭学运动中的重要作用。他与毛泽东和蔡和森形成了很有意思的对比,他们的经历和造诣多有相似之处,但在共产主义和暴力革命的问题上却存在分歧。

萧子升是一个聪明的学生,作文不错,书法尤其出色,左右手都写得很好。在第一师范学校读书时,萧子升总是拔尖的学生。他的作文总是作为最好的文章被展出,尽管毛泽东的文章也是如此。阅读对方的文章,萧子升和毛泽东开始交换看法,相互评说,彼此形成好感,成为好友。两人在第一师范学校一起待了两年半,"[他们的]夜谈成为了一种习惯……[他们]最大的乐趣就是讨论,倾听对方对各种事情的看法。"[1] 1917年夏天,两人一起进行了一次后来广为人知的旅行,长达月余,走遍了长沙、宁乡、安化、益阳和沅江。[2]

萧子升是杨昌济喜爱的学生。杨昌济日记中有记载,而且常常当众说:"我在长沙6年,教过的几千学生中最可注意者有三人,第一是萧子升,第二是蔡和森,第三是毛泽东。"[3]

从第一师范学校毕业之后,萧子升到楚怡小学任教。他一直与同学们保持着友谊,大家彼此通信,常常在楚怡小学或蔡和森家相见。经过两年的讨论之后,萧子升和毛泽东创建了新民学会。依据萧子升的建议,他们首先邀

---

[1] 萧子升:《毛泽东和我曾经是乞丐》,第35页。
[2] 中共湖南省委党史资料征集研究委员会编:《湖南党史论丛》,第104页;参见萧子升:《毛泽东和我曾经是乞丐》。
[3] 杨昌济:《达化斋日记》,参见萧子升:《毛泽东和我曾经是乞丐》,第41页。

请了他们共同的朋友、见解相同的蔡和森加入,然后是熊光楚、陈昌和陈绍休。[1] 萧子升被选为学会的总干事,毛泽东和陈书农被选为干事。

萧子升对这些湖南青年同伴有着深远的影响,他在赴法勤工俭学运动中也起了决定性作用。在1919年前往法国之前,他应蔡元培和李石曾邀请为华法教育会工作,这使得他能够帮助自己的同学到法国去勤工俭学,朋友们和熟人之间的联系主要靠他。1919年刊登在湖南《大公报》上的一篇文章含有可以帮助赴法勤工俭学的联系人信息:萧旭东君,湖南人氏,得李石曾先生信任,所有的公共信件和通告均出自萧君之手。[2]

到达法国之后,萧子升继续为华法教育会工作,在新民学会旅法分部他也起着领导作用。然而,他反对俄国式的暴力革命,致力于用较为温和的方式来拯救国家,笃信教育是国家变革的最好手段。

1920年夏天,在法国蒙达尼的新民学会会员召开了一次会议,萧子升与蔡和森及其他人就解决中国问题的最好途径展开了辩论。他回国之后,继续就此与朋友们讨论和争辩。陈昌和毛泽东都告诉萧子升,他们的绝大多数朋友都接受了马克思主义,相信俄国共产主义是最适合中国也最容易追随的制度。萧子升曾经回忆当年在长沙他与毛泽东就此问题有过许多诚挚谈话和讨论的日子:"有时,我们的交谈让我们非常悲伤,甚至是潸然泪下,因为我们找不到彼此之间的共同基础。我无法接受毛君的推理,可我的那些解说也说服不了他。这些无果的讨论耗费了数月时间,我们无一句恶语相向,但我们无法形成共同的行动计划,这却导致了由衷的失望和悲哀。"[3] 他的老朋友陈昌对他说:

> 我们所有的朋友都秘密地成为了共产党人,想让他们回头是极为困难的。你知道,新民学会旨在用一种抽象的办法来改造中国,它没有政治上的想法和确定的行动计划。然而,会员们现在觉得真正管用的唯一

---

[1] 杨昌济:《达化斋日记》,参见萧子升:《毛泽东和我曾经是乞丐》,第58~59页。
[2] 1919年7月19日湖南《大公报》,参见玛里琳·A.莱文:《创建的一代:20年代旅欧的中国共产党人》,第52页。
[3] 萧子升:《毛泽东和我曾经是乞丐》,第191页。

方法就是跟随俄国人的方向,都来传播俄国人的学说。没有人去找其他的方式来进行改革。这是为什么呢?首先,由于他们有俄国人的榜样可以照做……我怀疑能有什么东西让他们回头。我知道,你有你自己保留"无政府主义"想法的自由,也不能期待每个人都赞同马克思主义。我想,你和毛润之将来要走不同的道路了。[1]

不久,毛泽东和他的同志们就开始了中国共产党的创建,而萧子升则开始在国民党北平市党部工作,后来又任几所大学的教授和校长,还担任过国民政府农矿部次长[2]。1949年之后,他先是去了台湾,最后落足于乌拉圭,于1976年11月21日去世,享年83岁。毛泽东也是在这一年去世的。

对1910年代第一师范学校学生思想转变的考查,揭示出他们的这一段学校生活深刻地改变了他们;这所现代的第一师范学校在传播新的思想观念和政治运动上起了至关重要的作用,新民学会作为一个最为重要的平台实施着这些观念,将它们变成了具体的政治行动。国家民族的道德危机,以及学生们学到的新知识新观念,使得他们自觉而又深切地质疑现有的那些道路。随着家乡与学校、过去与现在这样两个世界的尖锐对立,他们许多人成了文化上的打倒偶像者、革命观念的传播者,然后是共产主义者。尤其值得注意的是,第一师范学校的学生中有许多作为新民学会成员在"五四"运动中十分积极,他们最终成为中国共产党的创建人物。萧子升则与毛泽东和蔡和森形成了有趣的对比,成为新民学会成员中曾经同行但未走上共产主义道路这最后一步的一个例子。

---

[1] 萧子升:《毛泽东和我曾经是乞丐》,第189~190页。
[2] 毛泽东曾指责萧子升在担任国立历史博物馆馆长时盗卖珍贵文物,见斯诺:《红星照耀中国》,第146页。

第7章 蔡和森:一位地方激进派的教育

1910年代,蔡和森、毛泽东和其他许多重要的共产主义领导人物都曾在湖南第一师范学校接受教育。就是在这里,蔡和森奠定了自己世事阅历、知识和政治观点的基础。如同毛泽东一样,蔡和森也因一师的教育和在新民学会中积极参与"五四"运动而完成了自己的思想转变。对于学生而言,对于这些学生最终塑造的中国而言,第一师范学校意味着什么,蔡和森事实上是一个典型的诠释。他的一生是这些学生思想转变的一个具体例证,可以补充更广为人知的毛泽东的例证。

对蔡和森在第一师范学校的思想和心态以及他最终的意识形态转变进行考查,会深刻地揭示这个时代以及这个时代所塑造的许多东西,同时也展示着将要去塑造现代中国的这些人。蔡和森是中国最早的马克思主义者之一,也是第一位用公开文章倡导建立中国共产党的人,[1]他帮助创建了中国共产党,并且成为它最为重要的早期理论家。蔡和森坚信只有俄国共产主义才能拯救中国,这不同于杨昌济所代表的那一代人,这种思想影响了一代中国激进青年投身于共产主义事业。

家庭背景

蔡和森别名蔡林彬[2],是湖南湘乡县永丰镇人(现为双峰县)。尽管蔡和森以湖南籍为人所知,但他实际上是1895年3月30日出生于上海,4岁之前都是在这座城市度过的。他的家族很多代都以生产"永丰辣酱"而出名。

---

[1] 蔡和森1920年8月13日致毛泽东的信,收入《新民学会文献汇编》,第87页。
[2] 根据《湘乡蔡林氏族谱》,蔡和森第九代高祖姓林,居住在福建。1672年一位姓蔡的舅舅过继于他。此后,他来到湖南湘乡,将姓改为蔡林双字。见罗绍志:《蔡和森》,收入胡华编《中共党史人物传》第6册,第1页。

蔡和森的祖父早年考过秀才但没考上,他曾有段时间做过著名的清代政治家曾国藩的幕僚。到此时为止的蔡家可谓小康。然而,蔡和森的父亲却未能很好地经营家族生意,家庭堕于了困顿。1890年,蔡父将生意交与他人打理,带着妻子和蔡和森之前的4个孩子前往上海。利用自己岳父与曾国藩的关系,他在上海的江南制造局做了一个小官。[1]

蔡和森的母亲名叫葛健豪(1865~1943),在当时已是思想开明,对蔡和森的影响很大。葛健豪于1865年出生于湖南湘乡一个富裕家庭。她的父亲曾效力于曾国藩的湘军,1868年战死于湖北,年龄只有27岁。她的母亲将她和她的哥哥带大。从10岁到16岁嫁给蔡和森的父亲为止,葛健豪一直和哥哥在一起,就读于一所私塾,并在这里形成了自己的政治意识。1899年,葛健豪离开了上海的夫家,带着4岁的蔡和森回了湖南娘家,丈夫同年也回来了。第二年,她生下了自己的第6个也是最后一个孩子蔡畅[2]。

1914年春天,49岁的葛健豪进入长沙一所女子师范学校读书。[3] 她第二年毕业,回到永丰开办了自己的学校——二女校[4],既当校长又当教师。除了讲授学问之外,她还鼓励自己的学生参加唱歌、跳舞、跳高、跳远这样的活动,鼓励学生放足、剪短发。与此同时,许多女性都将二女校视为"妇女之家",说:"进了二女校,就好像生活在一个自由的天地。"[5] 葛健豪办学的这种激进方式激怒了保守士绅,导致省政府停止了对学校的资助,她不得不停办。

作为一位总是把教育作为优先考虑的现代女性,葛健豪在几件事情上与

---

[1] 根据《葛氏四修族谱》和《大界曾氏五修族谱》,曾国藩的第六个女儿嫁给了蔡和森外祖父的四哥。见罗绍志:《蔡和森》,收入胡华编《中共党史人物传》第6册,第1页。

[2] 6个孩子3女3男。第一个男孩和第二个女孩早夭。第二个男孩是共产党员,1927年被国民党所杀。蔡畅后来成为中国共产党内最为重要的女性领导者之一。她和邓颖超可能是老一代革命女性中受教育程度最高的。蔡畅也是走完了长征的30位女性共产党人之一。见罗绍志:《蔡畅母亲葛健豪》,收入胡华编《中共党史人物传》第6册,第48~54页。

[3] 1914年春天,葛健豪与自己的儿子、最大的女儿以及孙女,到长沙去上学。蔡和森读第一师范学校,女儿蔡庆熙去了一所女校,孙女刘昂读幼儿园。三代人同往长沙读书,轰动一时。由于年龄的关系,女子师范学校开始时不收葛健豪,她就告学校,结果法官判学校打破老规矩允她入学。王清水:《葛健豪》,收入"丛书编委会"编《师范群英 光耀中华》第1册,第44页。

[4] 罗绍志:《蔡畅母亲葛健豪》,收入胡华编《中共党史人物传》第6册,第50页。

[5] 同上。

自己的丈夫相争。她拒绝给几个女儿缠足,坚持让蔡畅去上学读书,而丈夫则想把蔡畅卖给别人作妾。[1] 她还支持蔡和森不去当店铺学徒,儿子很厌恶这种生活,于是她把自己的个人财产卖掉,让儿子去上学。尽管家境贫寒,但儿子那些谈论革新的同学来到家中,她总是热情款待。新民学会就诞生在蔡家,萧三和罗章龙这些创建成员常常忆起那些日子蔡妈妈为他们准备的美味饭菜。

1919年,赴法勤工俭学在湖南青年中激起那么大的热情,以至于当时已是54岁的葛健豪也去了法国。她的儿子蔡和森和女儿蔡畅还有未来的儿媳向警予(1895～1928)[2]陪伴着她。当时有许多报刊都赞扬她是老一代人中的进步典型。1920年5月14日,湖南《大公报》上发表了一篇文章,作者说,近来,本省的学术界出现了朝外发展的大趋势,许多人前往法国学习,在这些人之中,最让人钦佩的有两人,一位是徐特立先生,一位是蔡和森的母亲。这两位"都是四五十岁年纪的人,还远远地到法国去做工、去受教育,真是难得哩!我们做青年的应当如何猛勇精进,莫为那两窃笑道:你们到底不行吗!"[3]

葛健豪在法国呆了4年,当1923年回国时,她已经能够流畅地说和阅读法文了。孩子们的政治活动给她带来了很大的危险,她不得不屡屡搬迁,最终于1928年定居在湖南永丰,但却再也没有见过自己的两个儿子。两个儿子的死去(蔡和森是1931年,第二个儿子是1927年)都不得不瞒住她。她的丈夫于1932年去世,她自己于1943年逝世,享年78岁。

所以,蔡和森这样的家庭并非那种传统的父权家庭。显然,蔡和森的父亲在孩子们的生活中并不起重大作用,与孩子们也无很紧密的情感联系。母

---

[1] 罗绍志:《蔡畅母亲葛健豪》,收入胡华编《中共党史人物传》第6册,第49页。
[2] 向警予,湖南人,1920年成为蔡和妻子,育有两个孩子。她是中国共产党第一任妇女部长,是中共中央第一位女性委员。她家境优裕,6岁左右即入私塾读书,1913年被湖南省立第一女子师范学校录取,此校当时被视为"女性革命的摇篮"。1914年,她转入周南女校。向警予是新民学会的活跃成员,帮助组织了女性赴法勤工俭学。她本人于1919年12月前往法国,1920年成为坚定的马克思主义者。她加入了中国共产党,在党内担任重要职务。1925年,她前往苏联中山大学学习。这一时期,她与蔡和森的婚姻出现了问题,两人于1926年永久地分开。她于1926年年底回国,组织工人运动。1928年5月1日,她被国民党逮捕处死,年仅32岁。见谷茨:《向警予》,收入胡华编《中共党史人物传》第6册,第58～90页。
[3] 罗绍志:《蔡畅母亲葛健豪》,收入胡华编《中共党史人物传》第6册,第52页。

亲激励着蔡和森超越自身去关注社会,她以自己的参与来支持孩子们参加赴法勤工俭学,她还鼓励孩子们自由选择婚姻伴侣,对自己这一家人的政治活动更是完全支持。临终时,她要求自己的大女儿给自己的其他孩子写信,告诉他们:"母亲看不到他们事业的最终胜利了,但革命是一定会成功的。"[1]

由于家庭经济困难,蔡和森年幼时未能上学读书。13岁时,他到堂兄蔡广祥的辣酱店当学徒,在那里度过了3年。[2]他有哮喘病,体质并不十分强健,但却得干很重的体力活,店里的伙计常常打骂他。无疑,他是非常厌恶这份工作的,3年的学徒期一满就走人了。1911年,16岁的蔡和森进入了永丰国民小学读三年级。[3]年龄如此之大,有些学生嘲讽他,但蔡和森却处之坦然,一心学习。由于学业优秀,他只用了一个学期,就越级考入了双峰高等小学。[4]在双峰读书期间,这位勤奋学生的作文得到了老师们的高度赞扬。在此期间,他也知道了同盟会的革命活动,对孙中山非常崇拜。当南京临时政府号召人们剪掉辫子时,他是学校里第一个这样做的人。蔡和森还鼓励母亲也把辫子剪掉。蔡家这些激进的行为引起了人们的关注,在这个保守的偏远地区产生了深远的影响[5]。然而,尽管自己的非传统家庭背景对蔡和森的激进化会有影响,但他到第一师范学校读书后遇到的环境,以及他在此参与的政治活动,对他的思想转变起到了更为巨大的作用。

长沙读书

1913年年初,蔡和森被湖南铁路学校录取,来到长沙。他在铁路学校只读了一个学期,就被湖南第一师范学校录取。在这里,他与毛泽东相识,在杨昌济、徐特立、黎锦熙和方维夏等老师的指导下学习。

在一师,蔡和森对文学、哲学和历史最感兴趣,投入的精力最多。他仍然

---

[1] 罗绍志:《蔡畅母亲葛健豪》,收入胡华编《中共党史人物传》第6册,第56页。
[2] 西北师范学院政治系编:《中国共产党英烈小传》(兰州:甘肃人民出版社,1980),第183页。
[3] 同上。
[4] 罗绍志:《蔡和森》,收入胡华编《中共党史人物传》第6册,第2~3页。
[5] 同上,第3页。

如以前一样勤奋,专心学习,制定了自己的读书计划,其中绝大部分是自学书目。下课之后,他总是到图书馆读书。如同毛泽东一样,蔡和森也长于写作。他的文章常常在学校引起轰动[1]。此时,"第一师范学校的生活很令人偿奋。学生作品的展出、运动会、辩论、各个社会问题研究组织的会议,层出不穷,令人眼花缭乱"[2]。蔡和森的文章常被展出,他的文学功底和文章内容引起了很大关注[3]。他的朋友罗章龙(1896~1995)回忆:"有一次,老师带领他们同游岳麓山爱晚亭夕,回校后出了《游爱晚亭记》的题目让大家做文章。别的同学都是缀词造景,赞美亭园风光。唯独和森写道,'余素不喜爱晚亭,盖卑之也'。接着,他就写了爱晚亭地势低下,境窄视迩,无可描述之语。老师说,蔡林彬写的文章总是与众不同。"[4]刘昂(1910~2005)回忆道:"在一师,和森同志和毛泽东同志都善于作文,在全校都是出名的。他们的文章词高意远,有独特见解,两人的共同特点是深切关心社会问题和如何挽救危难的中国……他们不修边幅,有时连吃饭都顾不上。早在"五四"运动之前,在湖南先进青年中就盛传毛、蔡之名。"[5]

杨昌济对蔡和森评价很高,将他视为自己最得意的三个学生之一。蔡和森和其他学生也非常景仰杨昌济,受到了杨昌济的很大影响。这些学生形成了周日到杨家向杨老师请教各种问题的习惯[6],有时则是晚间去。如果他们的讨论持续到深夜,就会在杨家留宿[7]。

在杨昌济的鼓励下,蔡和森经常去船山学社。这个学社在长沙,每个周日都有关于王船山思想各个方面的讲座。学社的成员想在传统中国学问中,

---

[1] 刘昂(蔡和森的外甥女):《缅怀蔡和森同志》,收入《中国人民永远记着他:纪念蔡和森诞辰110周年》(中共湖南省委宣传部编)(长沙:湖南人民出版社,2005),第262页;萧三:《怀念蔡和森同志》,收入《中国人民永远记着他:纪念蔡和森诞辰110周年》,第194~195页。

[2] 埃弥·萧(萧三):《毛泽东的青少年时代》,第52页。

[3] 刘昂:《缅怀蔡和森同志》,收入《中国人民永远记着他:纪念蔡和森诞辰110周年》,第262页。

[4] 罗章龙:《怀念蔡和森同志》,收入《中国人民永远记着他:纪念蔡和森诞辰110周年》,第214~215页。

[5] 刘昂:《缅怀蔡和森同志》,收入《中国人民永远记着他:纪念蔡和森诞辰110周年》,第262页。

[6] 同上,第39页。

[7] 同上,第262页。

尤其是在王船山的思路中找到对今天局势的深刻理解。蔡和森、毛泽东和他们的同伴也在吸收这些观点。

杨昌济非常崇拜王船山,非常赞同王船山提倡的民族主义和爱国主义,这对蔡和森影响巨大。罗章龙回忆道:"和森说,'王船山是我们湖南有名的学者。他不做官,专门著书立说。在他的书中充满了反抗外族、光复中国的思想,这在当时的影响很大。但王也受儒家的思想影响,我们要取其精华,弃其糟粕。'"[1]

蔡和森对社会问题越来越关心,他和他的朋友们谈论如何改革中国,认识到自己不能只限于学问和道德的提高,在身体上和精神上也要增强。于是,蔡和森、毛泽东和其他许多学生都来遵循杨昌济的生活方式。杨昌济反对那种老旧而腐朽的生活方式,倡导一种新的科学的生活方式。"杨老师倡导不吃早餐,但说人们应该实施静坐法,而且一年到头都要洗冷水澡,包括冬天,以锻炼坚强的意志",萧三这样回忆:"毛泽东、蔡和森和其他人以年轻人的热情来学杨老师这样做。几乎有两年的时间,他们没有吃早餐。"[2]

> 有一年暑假,毛、蔡和一个叫张昆弟(1894~1932)的学生一起到长沙河那边岳麓山顶的一个亭子去住。他们一不吃早餐二不吃晚餐,吃的饭食主要就是新鲜蚕豆。当然,这样做也是考虑省钱,因为他们中没有一个人有多少钱。清早,他们到山顶去静坐冥思,然后下来到河里洗冷水澡。几个人一直这样做,直到暑假过完。他们相信这种苦行训练的做法。[3]

除了学习杨昌济的"静坐"和洗冷水澡,蔡和森与他的朋友们"还扩大了'洗澡'一词的通常所指,通常脱光衣服来沐浴大自然:阳光、风和倾盆大雨……戏谑地称之为'光浴'、'风浴'和'雨浴'。他们经常到湘江中间的一个

---

[1] 罗章龙:《怀念蔡和森同志》,收入《中国人民永远记着他:纪念蔡和森诞辰110周年》,第216页。
[2] 埃弥·萧(萧三):《毛泽东的青少年时代》,第40~41页。
[3] 同上,第41页。

小岛去,在那里游泳。所有这些都是为了锻炼强健的体魄……他们的另外一个爱好就是'嗓音训练':来到山顶,大声呼喊,或者是背诵唐诗;要不就是爬到城墙上,深长呼吸扩充肺活量,对着咆哮的大风呼喊"[1]。由于经济困难,蔡和森没有足够的冬衣。"寒夜之中,有时用加剧运动量来防冷,有时用长啸浩歌来驱寒"[2]。

基于对社会问题的关心,蔡和森对乡村调查很有兴趣,想去更多地了解民众的生活。萧三曾回忆蔡和森作为一位"游学"者的经历:

> 1918年夏天,和森与毛泽东一道,徒步游历了浏阳、湘阴和益阳等洞庭湖一带的几个县。他们从长沙城外岳麓山脚下和森的家出发……两人各自只带了一把雨伞,上面裹了一条毛巾,脚上一双草鞋,除此之外身无分文。在走之前,蔡和森告诉母亲和妹妹蔡畅(1900~1990):"我们两三天就回来。"实际上他们是几乎过了两个月才回来的。[3]

萧三继续回忆:"各县游历,一路上他们靠为农民写字来解决食宿。有时他们露宿,吃山上的野果子当饭。"[4]萧三还提到在这次游历中,"他们一路上了解各个村庄的风土人情,调查农民的生活状况、地租情况、地主与农民的关系,以及穷苦农民的困苦。……我们由衷佩服毛泽东与蔡和森的远大志向、坚定意志和吃苦精神"[5]。

蔡和森也对研究哲学很感兴趣。他与另外一位教师黎锦熙联系很多,深受其影响。1914年和1915年,蔡和森加入了黎锦熙、杨昌济和其他教师组织的哲学研究小组。杨昌济和黎锦熙对于蔡和森评价很高。杨昌济在1920年去世之前不久,曾有一信给老朋友章士钊,在信中他说:"吾郑重语君,二子海

---

[1] 埃弥·萧(萧三):《毛泽东的青少年时代》,第41页。
[2] 李一纯:《回忆和森同志》,收入《中国人民永远记着他:纪念蔡和森诞辰110周年》,第253页。
[3] 埃弥·萧(萧三):《毛泽东的青少年时代》,第44页;萧三:《怀念蔡和森同志》;刘昂:《缅怀蔡和森同志》。
[4] 同上,第44页。
[5] 同上。

内人才,前程远大。君不言救国则已,救国必先重二子。"[1]如同李立三(1899~1967)后来回忆的那样:"远在'五四'运动之前,毛泽东和蔡和森在改革思想的湖南青年中就很有声望了,大家视他们为学习的榜样。"[2]

在第一师范学校,蔡和森喜爱的老师杨昌济鼓励自己的学生去研究中国传统学问中那些有用的东西。他虽然反对全盘抛弃中国制度和文化,但也鼓励学生们去研究西方思想和制度的各个方面,他认为这样做对中国社会的复兴是必不可少的。老师这种试验和渐进的解决思路,对蔡和森颇有吸引力。在1919年接受更为激进的西方思想之前,蔡和森寻求的是用这样一些西方原理和制度来改革中国。[3]

新民学会于1918年春成立后不久,蔡和森和毛泽东就计划创建一个"新村",新的家庭、新的学校和新的社会在这个理想世界中融为一体[4],蔡和森与毛泽东还增加了墨子[5]那些主张"尚同"和"兼爱"的思想观念。由于1918年的那些内战,他们的"新村"没有创办。但这一期间,蔡和森的理想社会变成了"小国寡民",平等兼爱。欧文的乌托邦社会主义与墨子主张结合到了一起,影响着蔡和森的世界观。

蔡和森的一位同学谢炳怀,坚持认为蔡和森曾是一位小资产阶级的乌托邦社会主义者,墨家思想是其核心观念[6]。如果是这样,那么后来以富有战斗性的马克思列宁主义者而著称的蔡和森,在其政治生涯中就有过一个远离

---

[1] 章士钊:《杨怀中别传》(此文原文没有发表,收入王兴国编《杨昌济文集》,第388~389页)。

[2] 李明(李立三):《纪念蔡和森同志》,收入华应申编:《中国共产党烈士传》(香港:《新民主》,1949),第56页。

[3] 关于蔡和森在湖南活动的更多情况,见蔡和森纪念馆编:《蔡和森传》(长沙:湖南人民出版社,1980);霍华德·L.布尔曼编:《中华民国人物传记辞典》第4册,第284页。

[4] 他们的"新村"是一个乌托邦社会,其蓝图类似于威尔士社会改革家罗伯特·欧文(Robert Owen[1771~1858])所倡导的废除阶级的乌托邦社会主义理想。他们由日本作家武者小路实笃(1885~1976)处获得这种观念。这方面的更多情况,见《毛泽东早期文稿1912.6~1920.11》,第449页和《导言》注释的脚注2。

[5] 墨家由墨子(公元前470~前390)于东周春秋时期创立。墨子倡导通过人的理智,以其实用和古老来评判观念和事物。他谴责迷狂的战争、奢侈的葬礼和音乐,想用"兼爱"观念来替代中国的家庭和氏族结构,强调对所有人的平等关怀。在这一点上他直接反对儒家,儒家认为人们对不同的人有不等程度的关心是自然而正确的。

[6] 谢炳怀:《蔡和森是民主主义者吗?——新民学会成立前后蔡和森思想浅析》,收入中共湖南省委党史资料征集研究委员会编:《湖南党史论丛》(长沙:湖南人民出版社,1986),第177页。

极端主义的阶段。事实上,这样的理想主义对此时受过教育的中国青年都有吸引力。在1919年"五四"运动用马克思主义吸引了中国知识分子注意力之前,它实际上代表着当时中国思想界最为重要的启发资源。毛泽东也属类似的自由派。[1]

1916年和1917年曾任第一师范学校文史教习的易白沙(1886~1921),可能也影响到蔡和森对墨子思想的研究。易白沙精通儒家经典,尤其是明代和清初儒家学者如黄宗羲(1610~1695)、顾炎武和王夫之的著述,但他最感兴趣的还是墨子学说。在来到第一师范学校之前,他是在安徽省教书,在这里他结识了孙中山(1866~1925)、章太炎(1869~1936)和陈独秀(1879~1942),深受他们思想观念的影响。所以,易白沙就想把墨子"尚贤""非攻""兼爱""尚同"的观点与孙中山的"自由""平等"和"博爱"思想结合起来。

蔡和森特别钦佩墨子,视他为一位伟大的哲学家。依据墨子学说,蔡和森认为比起其他哲学家来,墨子更关注普通民众的生活和苦难。他尤其欣赏墨子的"兼爱",将墨子的名言"兴天下之利,除天下之害"解说为"要让天下人过食饱衣暖、和平幸福的生活"[2],将墨子另外一句话"只计大体之功利,不计小体之利害"解说为"要使天下人都得到好处,就要不惜牺牲自己的一切,即令屈节辱身,也在所不辞"[3]。蔡和森倡导用墨子的"兼爱"和"尚同"来代替儒家的正统思想,建立一个理想的平等社会。唐铎回忆:"和森同志说,墨子不仅是科学家、工程家,而且还是一位肯于苦身劳神而又求实的思想家,总是布衣粗食,生活得十分简朴,并能自动地为天下之人做好事。他认为墨子值得效法……和森同志介绍说,墨子主张替天下人'兴利除害'。为了达到这个目的,墨子认为必须坚持'择务而从事'的精神,做什么事都要选择最要紧的先做,要讲求实际,不要死守旧规矩,不要专讲形式。所以,墨子不赞同孔

---

[1] 罗文华:《毛泽东早期"新民"思想研究》,见《湖南党史论丛》,第111~123页;李锐:《学习新民学会先辈的革命精神》(中国湖南省委党史,第19页);施拉姆:《毛泽东》,第40~42页。

[2] 谢炳怀:《蔡和森是民主主义者吗?——新民学会成立前后蔡和森思想浅析》中引用了这句话。见《湖南党史论丛》,第176页。

[3] 同上。

子讲的麻烦的礼节及繁琐的埋葬仪式,而主张一切都要从简。"[1]

蔡和森信仰墨子学说的核心"义",墨子将"义"视为高于一切,"万事莫贵于义"。所以,"义"就是与人打交道时判断对错的一个标准。唐铎回忆蔡和森曾谈到墨子的教导,说如果有人到别人的园子里去偷果子,到别人的畜栏里去偷牛马,或者是杀死别人来取他们的衣服,那么这些就是不劳而获,就是不道德的。唐铎注意到蔡和森也很认可墨子关于战争的评判,诸国之间的战争,遭受苦难最深重的是它们的老百姓。所以,墨子就反对这些不义的战争,谴责侵略者,提倡兼爱、贫富平等和男女平等。蔡和森认为,如果每个人都能够达到墨子的境界,那就是一个理想的社会了。[2]

沈宜甲曾经回忆道:"那时,和森受墨子影响最大,我也是如此。我们二人谈到墨子,滔滔不绝。墨子的兼爱即众生平等,非攻即反对武力欺侮弱小,他又主张摩顶放踵以利天下。只他信鬼不合科学精神,非乐又不合人类天性。那时,和森不信鬼而非乐,为百分之九十九墨子之徒;我不信鬼又喜乐,故只为百分之九十八墨子之徒。当时,和森与我皆反孔反儒。……我们反对儒家所言学而优则仕,光宗耀祖……我们也反对儒家贱轻劳力,而吾二人恰为劳工出身……我们觉得中国两千年来受独尊儒家之专制统一思想之害,以至文化无一能及先秦诸子者。"[3]

在现代思想家中,谭嗣同对蔡和森的影响最大。蔡和森对谭嗣同1896年那本哲学著述《仁学》非常感兴趣。他能够背诵这本书中的许多段落,完全认同谭嗣同所提倡的冲决儒家学说的所有罗网。他甚至将谭嗣同的这种提议发展为冲决束缚在世人身上的所有罗网[4]。在这个问题上,杨昌济对蔡和森影响很大。杨昌济非常推崇谭嗣同及其关于"仁"的普遍性概念以及它作为宇宙动力的意味。杨昌济高度赞扬谭嗣同的哲学和政治观点,尤其是

---

[1] 唐铎:《回忆我的良师益友蔡和森同志》,见《中国人民永远记着他:纪念蔡和森诞辰110周年》,第231～232页。

[2] 同上,第22页。

[3] 沈宜甲:《我所知道的早期之蔡和森》,《中国人民永远记着他:纪念蔡和森诞辰110周年》,第245～246页。

[4] 同上,第246页。

"心力"之说,认同谭嗣同对儒家"三纲"的批判。[1] 蔡和森也钦佩谭嗣同对真理的不懈追求和致力于拯救国家。于是,蔡和森也就倡导对儒家的批判。杨昌济尤其强调人的主观能动性、人心和教育的作用,这对他的学生们很有影响。比如,蔡和森在1919年前,就完全赞同杨昌济的这些观点,想的就是用教育民众来改造中国,尤其是培育民众的心智,他认为这是最为重要的教育[2]。在湖南,蔡和森经历了成为富有战斗性的马克思列宁主义者之前的这样一个阶段。

蔡和森在学校学习非常勤奋,尤其喜欢阅读。有时,他读书过于入神,以至于忘了上课。在高师时,有一年由于缺课,学年结束时他差点被开除,幸亏当时也在高师教书的杨昌济极力为他说情,才得以避免。

在杨昌济的引导下,蔡和森热心阅读陈独秀那本1915年面世的离经叛道的《新青年》,认真研读它上面那些最为重要的文章。史蒂芬·C.阿弗里尔认为,对于提高青年学生对当时中国面临的那些政治问题的觉悟,这本新杂志起了非常重要的作用。[3] 通过阅读这本激进的杂志,蔡和森变得越来越关注于国家的拯救。[4]

作为一所新式学校,第一师范学校起到了一种至关重要的纽带作用。这个纽带将那些能干而积极的青年学生聚到了一起,形成了他们之间的互动,培养和促进了他们的政治化[5]。蔡和森和他的朋友们不仅在学校里日日谈论,而且在校外聚谈[6]。在长沙第一师范学校读书时,蔡和森与那些政治意识很强的年轻人如毛泽东、萧子升、萧三、何叔衡、张昆弟、陈昌和罗学瓒结为朋友,他们经常在一起学习,讨论国家大事和时事,同时也一起在湘省漫游。这群年轻人富有爱国情怀,充满热望,基于救国的共同志向而聚到一起,彼此之间的关系一直很紧密。在离开一师之后,蔡和森一直与他们通信,他的家

---

[1] 杨昌济对谭嗣同的钦佩,详见杨昌济1915年3月的日记(王兴国《杨昌济的生平及思想》,第48页)。
[2] 王兴国:《杨昌济与新民学会》(中共湖南省委党史,第25页)。
[3] 史蒂芬·C.阿弗里尔:《20世纪初期地方教育的文化政治》,第11页。
[4] 1915年,蔡和森撰写了《近百年来的国耻史纲》,此文在第一师范学校学生和教师中激起了强烈反响。
[5] 史蒂芬·C.阿弗里尔:《20世纪初期地方教育的文化政治》,第11页。
[6] 同上。

也常常是这些朋友们相聚的地方。刘昂回忆道:

> 我们[租的]房子位于湘江那边的岳麓山脚下,这里成了和森和他的朋友们经常聚会、交流学习心得、讨论国家大事的场所。我家有半亩菜园,种了点菜。毛泽东同志等到我家来,就像回到了自己家一样,一来就先到菜园拔草,浇水,然后一起吃饭。他们有钱就放在我家,有什么吃的东西也送来。他们在一起交流,常常谈到深夜……有时朋友来多了,没有地方睡,他们就谈论通宵。一九一七年八月二十三日张昆弟同志日记中记载了一段和森同志的话……和森决定以平凡社会之事,成一史书……毛泽东同志的母亲生病,曾在我家住过几个月……外婆也很好客,非常喜爱舅舅的那些要好的朋友。这时家里收入很少,但省己待人。[1]

张昆弟在他的日记中记载了1917年8月23日去找蔡和森的情景:"此行先意至蔡君家一宿,不料竟三。余近数年至亲戚朋友家三宿者甚少。好在胜友处,多同居一日,即多得一日之益处。故不妨久留。下学年拟多过几次河,即多受几回益处。"[2]

1917年6月,蔡和森从一师毕业后不能马上找到教师的工作,因为当时所有的教师岗位都是在春季而非秋季招人。于是,他就和母亲、剩下的两个妹妹(蔡庆熙和蔡畅)以及外甥女刘昂搬到了长沙。蔡畅到周南女校教书,成为了家庭的主要经济支柱。[3]

日子一天天过下去,这个原本就贫穷的家庭经济压力越来越大。蔡和森的好友萧子升说,由于蔡和森没有工作,这段时间就与他一起住在楚怡小学。萧子升认为,蔡和森自己不主动,再加上不愿意求别人帮忙,所以他毕业后就没有找到工作[4]。然而,蔡和森似乎宁可在露天亭子里伴着他的书睡觉,也

---

[1] 刘昂:《缅怀蔡和森同志》,第263~264页。
[2] 张昆弟:《张昆弟日记》(长沙:湖南省博物馆,[B])。
[3] 蔡畅每月挣8元钱,她姐姐蔡庆熙有时也能给家里提供一些补贴。《张昆弟日记》,第5页。
[4] 萧子升:《毛泽东和我曾经是乞丐》,第46页。

不愿意请朋友帮忙找工作,这就使得他的生活进入了一位革命者的轨道[1]。萧子升记得1917年的一天,毛泽东匆匆跑到楚怡小学来找他,告诉他蔡和森家无米下锅了,和森不得不带着一篮子书到岳麓山的爱晚亭去住。萧子升来到爱晚亭,看见蔡和森坐在一块石头上,手里拿着一本书,正看得入神。他马上要蔡和森随他一起到楚怡小学去住,说自己一个人在学校感觉孤独,两人可以在一起读书聊天,这才说服了蔡和森。[2]

尽管这段时间的生活极为困苦,但蔡和森学习不辍。1917年8月,在读了《二十四史》和《资治通鉴》中的一些重要章节后,他表达了自己对于中国没有一部完整的史著的哀伤。在与张昆弟聊天时,他说《二十四史》和《资治通鉴》这样的史著只是记录了帝王将相的历史[3]。他说,史书应该主要记载普通人的生活与普通人生活的社会。[4] 此时,那些新文化运动的倡导者们一般都抛弃传统学问,而那些支持传统学问的人则拒绝阅读新书报刊。蔡和森则认为:"中国文化及一切制度,不必尽然;而西欧文化制度用之于我,不必尽是。斟酌国情,古制之善者存之,其不善者改之;西制之可采者取之,其不可采者去之。"[5]

中国大城市中的新思想观念和政治运动快速传播到内地各处,新式学校体系的多层教育网络和人际互动对此有着重要的促进[6],青年学生在新观念的传播中起到了导引作用[7]。蔡和森认识到去了解普通民众和他们社会现实状况的重要性,所以,他常常和毛泽东、张昆弟一起在学校放假时到农村去徒步旅行。1918年春天,蔡和森与毛泽东在湖南北部的洞庭湖地区做了一次这样的旅行。[8] 他们在这次社会调查中了解到很多情况,同时也一路传

---

[1] 1931年6月5日,蔡和森在香港被英国殖民当局逮捕并引渡给广东的国民党。蔡和森受尽酷刑,人被钉在墙上,手脚上都钉入钢钉,拷打至欲死,胸膛被刺刀剖开,但他拒绝放弃自己的信仰,以36岁的年龄而殉难。蔡畅:《回忆新民学会的活动》,见中国革命博物馆和湖南省博物馆编:《新民学会资料》(北京,人民出版社,1980),第574页;胡华:《中共党史人物传》第6册,第45~46页。

[2] 萧子升:《毛泽东和我曾经是乞丐》,第46~47页。

[3] 见《张昆弟日记》(1917年8月23日)(长沙:湖南省博物馆[B])。

[4] 同上。

[5] 同上。

[6] 史蒂芬·C.阿弗里尔:《20世纪初期地方教育的文化政治》,第18页。

[7] 史蒂芬·C.阿弗里尔:《中国革命中从城市到乡村的过渡》,第87~88页。

[8] 罗绍志:《蔡和森》,收入胡华编《中共党史人物传》第6册,第6~7页。

播新的思想观念。

这些新式学校中的学生们,将他们的工作重心放在研究社会之上。[1]他们的那些组织对于政党和政治活动的起源与长期发展起到了至关重要的作用。这些团体在功能上的可塑性和组织特性,显然支撑着它们明显的政治功能。[2]蔡和森是新民学会的一位创建者,罗章龙回忆道:"和森常常提出很多富有建设性的意见,如主张学会的会员条件要严,接触面要广等等。……他强调说,只有组织有力的学会,才能打破现存教育界、学术界的沉闷空气。"[3]这个团体成为新文化运动和"五四"运动中最为坚定的一个支柱,它的成员在湖南学生赴法勤工俭学运动中也非常积极。

尽管新民学会起初的宗旨是"革新学术,砥砺品行,改良人心风俗",但它很快就演化为关注政治命题——怎样改造中国。萧子升回忆道:后来,毛泽东和新民学会的其他成员发展出来了政治雄心,他们接受了马克思主义的学说[4]。

北京、法国与激进主义

蔡和森是在1918年4月参与发起新民学会的,到了6月,他就投入赴法勤工俭学运动之中,为此他去了北京。在京期间,他不仅在这件事上全力以赴,而且对各种新观念和新知识热心获取。俄国十月革命成功之后,蔡和森开始认真地研究马克思和列宁的学说,吸收这些"最新的理论"[5]。毛泽东到北京之前,蔡和森在写给他的信中说:"吾人之穷极目的,惟在冲决世界之层层网罗,造出自由之人格,自由之地位,自由之事功,加倍放大列

---

[1] 史蒂芬·C.阿弗里尔:《中国革命中从城市到乡村的过渡》,第90~91页。
[2] 史蒂芬·C.阿弗里尔:《20世纪初期地方教育的文化政治》,第25页。
[3] 罗章龙:《回忆蔡和森同志》,见《中国人民永远记着他:纪念蔡和森诞辰110周年》,第214~215页。
[4] 萧子升:《毛泽东和我曾经是乞丐》,第61页。
[5] 蔡和森参与赴法勤工俭学运动的更多情况,见蔡和森纪念馆编:《蔡和森传》;霍华德·L.布尔曼编:《中华民国人物传记辞典》第4册,第284页。

宁……"[1]蔡和森相信有一条"红线"将墨子与谭嗣同然后是列宁联结起来了。这条红线事关"救民"和"为民"。"墨翟倡之,近来俄之列宁颇能行之,弟愿则而效之。"[2]

此时的蔡和森还不是一位马克思主义者,仍然在探索救国的各种答案。他将中国古代思想家墨子的见解与当今列宁的学说糅合到一起。如同绝大多数革命者一样,他成熟的意识形态是需要时间来形成的。不过,有一点值得注意,在自己新民学会那些同志之中,蔡和森是"五四"运动之前第一个倡导"以列宁为榜样"的人[3]。

"五四"事件于1919年在北京发生,它使得中国的政治激进化。生活在如此紧张的局势之中,蔡和森这位敏感而热烈的24岁年轻人,极为关注北京情况的发展,并组织湖南青年投入到这场运动之中。6月下旬的一天,得知巴黎和会上的中国代表团已经同意在凡尔赛和约上签字后,蔡和森马上就组织了一次抗议。参加了这次抗议活动的唐铎回忆这次抗议持续了整整一天一夜。[4]

随着"五四"事件发展为一场浩大的运动,蔡和森的爱国热情更加增长,这使得他加快了赴法勤工俭学的准备工作。1919年6月下旬,他从北京回到长沙,带来了首都的最新消息。他热情宣传"五四"运动的政治意义,号召湖南青年投身其中。他还鼓励湖南年轻人,尤其是女性青年,积极参加赴法勤工俭学。为了"让湖南妇女同时参与"[5],蔡和森要求他的妹妹蔡畅和她的同学向警予(向警予后来成为他的妻子)来帮助组织湖南女性前往法国。蔡畅和向警予很快就在长沙组织了"周南女子留法勤工俭学学会"。随后前往法国的湖南青年人数持续增加。最终,中国各省中湖南赴法勤工俭学的人数最多。

---

[1] 蔡林彬(蔡和森)1918年7月24日致毛泽东的信,见《新民学会文献汇编》第1册,第15~16页。
[2] 蔡和森1918年8月21日致毛泽东的信,见《新民学会文献汇编》第1册,第17页。
[3] 罗绍志:《蔡和森》,收入胡华编《中共党史人物传》第6册,第11页。
[4] 唐铎:《回忆我的良师益友蔡和森同志》,见《回忆蔡和森同志》(北京:人民出版社,1980),第100页。
[5] 蔡林彬(蔡和森)1918年8月27日致陈绍休、萧三、萧子升和毛泽东的信,见《新民学会会员通信录》第1册,第10页。

1919年12月25日,蔡和森动身前往法国,与之同行的有妹妹蔡畅、母亲葛健豪、未来的妻子向警予(1895~1928)和大约30位湖南人。毛泽东从湖南来送他们,但没有等着他们都来聚齐上路。在上海码头,毛泽东向第一批湖南学生道了别,就离开上海二上北京,去组织驱逐张敬尧的运动了。

前往法国的漫漫旅程,对于这些去勤工俭学的学生非常艰苦。他们通常只能坐四等舱,极为拥挤,膳宿简陋,空气混浊。蔡和森的妹妹蔡畅回忆:"三十余名留法勤工俭学学生中绝大部分乘四等舱,在船头下层,据说是装牲口的。和森他们都住在这里。只有我们六名女生,因体弱路远坐了三等舱。"[1]李维汉也回忆道:

> 我们坐的号称四等舱,实际是底层无等统舱。在海上航行了近四十天,许多人因船身颠簸,震动,头晕呕吐,食量锐减。尤其臭虫多得吓人,扰得我们夜夜不得安宁。一些人只好把袜子套在手上,把裤角扎紧,用毛巾把脸和脖子包住,只露出鼻子和眼睛,以求睡个安稳觉。[2]

尽管旅途艰苦,但蔡和森仍然精神旺盛,当朋友们灰心丧气时,他总是有办法让他们振作起来,作为他们的好友,他让人感觉亲切。萧子升回忆说,蔡和森意志坚定,尽管大家很少见到他微笑,但他对朋友们非常和蔼可亲。[3]前往法国途中,蔡和森爱上了向警予。在追求自由恋爱和政治理想上,两人志同道合。蔡和森的外甥女刘昂在蔡和森1918年去北京之前一直住在蔡家,并在这一时期与他们通信,曾经这样回忆:

> 在漫长的旅途中,警予同志与和森同志常在一起讨论学术和政治问题,畅谈远大的理想。他们志同道合,互相爱慕。在当时的中国,自由恋爱是被看成伤风败俗的。但警予同志却无此顾虑,公开了他们的爱情。他们写诗的题目就是"向上同盟",表明在革命征途中,要互勉共进。

---

[1] 蔡畅:《回忆新民学会的活动》,见《新民学会资料》。
[2] 李维汉:《回忆新民学会》,收入《新民学会资料》,第472~473页。
[3] 萧子升:《毛泽东和我曾经是乞丐》,第45页。

1920年6月,警予同志与和森同志在法国蒙达尼结婚。我从他们的结婚照片上看到,他们两人肩并肩地坐着,共同捧着一本打开的《资本论》。这是警予同志最爱读的马列主义著作之一。这张照片表明,他们的结合是建立在共同信仰马克思主义的基础上的。[1]

蔡和森与这些赴法勤工俭学者于1920年1月30日抵达法国马赛,2月初,华法教育会就把他们派遣到了蒙达尼中学(the Montargis Middle School)。在蒙达尼,他们在学习法语的同时等待合适的工作。蔡和森的哮喘病发作了,但一个月后病愈,他也进了蒙达尼男子中学。[2] 开始时,蔡和森计划"我在法大约停留5年。开首一年不活动,专把法文弄清,把各国社会党各国工团以及国际共产党,尽先弄个明白"[3]。但他很快就发现,"因校中功课浅,及求知欲切,决不上课,日惟手字典一册,报纸两页,以为常"[4]。

蔡和森学习非常勤奋,阅读和翻译法国激进人士的宣传小册子。3个月后,他就能够慢慢阅读报纸了,这样也就每天了解到各个国家社会主义运动的一些新闻[5]。6个月后,他已经阅读了大约100本社会主义的小册子,还翻译了马克思和恩格斯1848年的《共产党宣言》、恩格斯的《社会主义从空想到科学的发展》、列宁的《国家与革命》《无产阶级革命与叛徒考茨基》和《共产主义运动中的"左派幼稚病"》[6]。他还收集了100本左右的关于俄国十月革命的小册子,准备编写一系列的书来向中国人介绍马克思主义和俄国十月革命。

蔡和森在法国的经历对他意识形态的转变起到了决定作用。在法国,与其他湖南学生一道,蔡和森组织了新民学会旅法分部,这个分部与国内的发

---

[1] 刘昂:《回忆敬爱的向警予同志》,收入《纪念向警予同志英勇就义50周年》(北京:人民出版社,1978),第8~9页。玛里琳·A.莱文:《创建的一代:20年代旅欧的中国共产党人》有相关内容的英文翻译,见第53~54页。
[2] 蔡畅:《回忆新民学会的活动》,见《新民学会资料》;宋斐夫:《新民学会》,第21页。
[3] 蔡林彬(蔡和森)1920年5月28日致毛泽东的信,见《新民学会会员通信录》第3册,第82页。
[4] 同上,第81页。
[5] 同上。
[6] 宋斐夫:《新民学会》,第22页。

展保持着密切联系[1]。这个由蔡和森领导的群体很快就更为靠近马克思主义。在法国,蔡和森首次近距离看到了西方原则和体系的实际运作,而这些他以前只是从书本上有所知晓。他所看到的让他失望,改变了他的思想倾向。看到法国资产阶级和资本主义政府对法国工人的压迫[2],他放弃了在西方寻找解决中国问题答案的想法。他还考查了法国的无政府主义运动,发现了它的问题。

在湖南第一师范学校读书时,跟随杨昌济学习,蔡和森曾崇拜西方的政治制度和体系。无政府主义作为西方的主要思想学说之一,曾在20世纪之交赢得中国知识分子的广泛注意。如同他这一代的年轻人,蔡和森当时也很快被无政府主义吸引。

开始时,蔡和森觉得无政府主义和列宁主义目标相同。他从法国给毛泽东写信时说:"无政府党最后的理想我以为列宁与他无二致。不过要做到无政府的地步,我以为一定要经俄国现在所用的方法,无产阶级专政乃是一个惟一无二的方法。"[3]其他的勤工俭学学生也是带着这种信念前来法国的[4],蔡和森与他们一样初到法国时也支持无政府主义[5]。然而,就蔡和森而言,他觉察到的无政府主义的缺陷却使他去拥抱马克思主义。在深思熟虑之后,蔡和森选择成为了一个马克思主义者。

在研究法国的工人运动时,蔡和森发现法国工团主义者,也就是无政府主义者皮埃尔·约瑟夫·蒲鲁东(Pierre Joseph Proudhon 1809~1865)的那些追随者,甚至无法抵挡政府对他们的压迫[6]。蒲鲁东这位法国社会主义者兼无政府主义者因在他那部《什么是财产?》中断言"财产即盗窃!"("Property is theft!")而广为人知,他号召对现代社会进行彻底改造,废除它

---

[1] 毛泽东接管了对留在湖南的新民学会会员的领导。
[2] 见《蔡和森文集》(北京:人民出版社,1980),第33~48页。
[3] 同上,第78页。
[4] 康拉德·伊兰特(Conred Erandt):《中国共产党中由法国回来的精英》,收入 E.F. 斯佐帕尼克编《远东经济和社会问题讨论会论文集》(香港:香港大学出版社,1962),第230~231页。
[5] 伊兰特认为,无政府主义领导者未能做到给旅法勤工俭学学生提供生存手段,这导致他们不满于无政府主义,转而拥抱共产主义。旅法勤工俭学学生从无政府主义转向共产主义,伊兰特的这个解说可能对也可能不对。
[6] 见《蔡和森文集》(北京:人民出版社,1980),第33~48页。

的绝大部分束缚,包括货币和国家自身。蒲鲁东倡导用社群主义作为改造社会的形式,认为只要结束了"社会建构","善意"就会自然而然地出现。蔡和森觉得这是做不到的。而且,他还觉得工团主义的狭隘经济视野不仅对工人无益,相反是增强了资本主义国家的生产组织,因此工人发现要解放自己是更为困难了[1]。所以,蔡和森觉得无政府主义不适宜于中国。

在给毛泽东的一封信中,蔡和森写道:

> 无政权不能集产,不能使产业社会公有。换言之,即是不能改造经济制度。无政权不能保护革命,不能防止反革命……因此我以为现世界不能行无政府主义。[2]

在6个月的大量阅读和翻译法国激进派小册子之后,蔡和森形成了对各种社会主义学说和俄国最新情况的综合评判。在给毛泽东的信中,他讲述了自己的思想转变:

> 我近对各种主义综合审视,觉社会主义真为改造现世界对症之方,中国也不能外此。……社会主义方法在于阶级战争和无产阶级专政。[3]

通过对各种意识形态和俄国革命的认真研读,蔡和森发现自己原来的思想信仰有问题,开始自觉地转向马克思主义。到1920年夏天时,他已经将自己认定为一个马克思主义者,并开始向其他人灌输马克思主义。他曾有一信给陈独秀,此信后来以《马克思主义与中国无产阶级》为题刊登在《新青年》上。在这封信中,蔡和森宣称自己是一位"极端马克思派","极端主张:唯物史观,阶级战争,无产阶级专政"[4]。蔡和森对这种新的意识形态是如此着

---

[1] 见《蔡和森文集》(北京:人民出版社,1980),第65页。
[2] 蔡林彬(蔡和森)1920年8月13日致毛泽东的信,见《新民学会会员通信录》第3册,第86～87页。
[3] 同上,第86页。
[4] 见《蔡和森文集》(北京:人民出版社,1980),第74页。

迷,他在法国剩下的时间和他此后的人生都献给了马克思主义的政治教育和政治活动。

基于蔡和森给新民学会成员的演说和通信,他越来越成为人们认可的出色理论家,他讲述着社会主义、马克思主义、拯救中国、俄国革命和中国共产党的创建[1]。在中国共产党创建之前,湖南学生中就流传着这样一个说法:"和森是理论家,润之是实际家。"[2] 在法国期间,蔡和森不仅为这些勤工俭学者们提供成熟的情况分析,而且给国内写了几篇重要的文章,给那些政治上活跃的朋友们写信,为国内的报刊撰稿,所有这些都包含了对欧洲工人状况的分析和如何将马克思主义应用于中国,比如他在《少年世界》和《新青年》上发表的几篇重要文章[3]。在1920年8月13日给毛泽东的信中,他详细解说了自己对马克思主义和列宁主义的理解,催促在中国建立类似于苏联那样的共产党。在新民学会和"工学世界社"的集会上,他也经常发表演说,因此更为人知。[4]

1920年7月,新民学会13名会员在蒙达尼开会。[5] 在这次会议上,蔡和森展示了他对马克思主义和俄国共产主义的政治信念。与会者通过了蔡和森的提议,将新民学会的目标设定为"改造中国及世界"。然而,对于怎样将社会主义革命应用于中国,会上也出现了不同意见。以蔡和森为代表的一方主张"组织共产党,使无产阶级专政,其主旨与方法多倾向于现在之俄"。[6],他们认为只有用俄国那种由共产党领导的暴力革命才能解决中国的那些问题。

---

[1] 更多情况见《蔡和森文集》;蔡和森致其他会员的信。
[2] 李维汉:《回忆新民学会》,第493页。
[3] 这些文章和信件见《蔡和森文集》,亦见于《新民学会资料》和《新民学会文献汇编》。
[4] "工学世界社"原来叫"工学励进会",由李维汉、罗学瓒、张昆弟和李富春于1920年2月在法国建立。
[5] 在蒙达尼开会的新民学会13名会员是:蔡和森、向警予、陈绍休、萧三、张昆弟、罗学瓒、蔡畅、李维汉、熊光楚、熊季光、熊叔彬、欧阳泽和萧子升,这些人与华法教育会一起工作。更多情况见李维汉:《回忆新民学会》,见《新民学会资料》,第477页。
[6] 萧旭东(萧子升)致毛泽东的信。此信很长,萧子升讲述了蒙达尼会议的情况和他对与会者意见的看法。萧子升1920年7月初就开始写此信,但直到8月初才写完。此信收入《新民学会会员通信录》第3册,第93页。

以萧子升为代表的另外一方,则"不认俄式——马克思式——革命为正当"〔1〕。在拯救中国的途径上,萧子升想要一种较为温和的改良。他提出了"温和的革命——以教育为工具的革命"〔2〕,认为这更适宜于中国。双方都热烈地表达了自己的观点和意见,这场激烈的辩论发展为中国是否应取俄国共产主义作为自己的政治制度。蔡和森的雄辩使得一些信仰无政府主义者转向了马克思主义,与会的13人中最终有8个人加入了中国共产主义组织在欧洲的分支。然而,根本性的问题仍然未能解决。李维汉回忆道:

> 会议乃决定将两种意见写信告诉毛泽东同志,希望听取国内会员的意见。和森在给毛泽东同志的信中,详述了他对马克思主义的认识和组织共产党的主张。〔3〕

萧子升也给毛泽东写了一封长信,讲了这次5天会议的详细情况。毛泽东把蔡和森与萧子升的信都发表在新民学会会刊上。蔡和森成为了赴法勤工俭学者中接受马克思主义者的第一个发言人,也是倡导在中国建立共产党的第一人。

在1920年7月的这次蒙达尼会议之后,蔡和森开始改革"工学励进会",说服那些绝大多数为无政府主义者的成员转向马克思主义。这个组织的创建人之一李维汉回忆道:

> 我有机会集中阅读了和森以"霸蛮"精神从法文翻译过来的《共产党宣言》《社会主义从空想到科学的发展》《国家与革命》《无产阶级革命与叛徒考茨基》《共产主义运动中的"左派"幼稚病》和若干关于宣传十月革命的小册子。此外,我同和森做了多次长谈,涉及范围很广,包括欧洲革命斗争形势、俄国十月革命经验、布尔什维克与孟什维克的区别、共

---

〔1〕 萧旭东(萧子升)致毛泽东的信。此信很长,萧子升讲述了蒙达尼会议的情况和他对与会者意见的看法。萧子升1920年7月初就开始写此信,但直到8月初才写完。此信收入《新民学会会员通信录》第3册,第93页。

〔2〕 同上。

〔3〕 李维汉:《回忆新民学会》,第477页。

产国际的性质与任务、第三国际[1](1919～1943)与第二国际[2](1889～1914)的决裂等内容。通过阅读和谈话,我深知只有走十月革命的道路才能达到"改造中国与世界"的目的。[3]

1921年8月,"工学励进会"改名"工学世界社",成员超过了30人,绝大多数都已是马克思主义者,这个学会的目标与新民学会已是非常相似。此后,这个学会逐渐演变为中国共产党旅欧支部。

1920年夏,蔡和森与向警予结婚,这也促进了他个人和政治上的成长。向警予也是新民学会会员,如同萧子升、毛泽东与蔡和森是杨昌济最喜欢的三个男学生,向警予也是杨昌济最欣赏的三个女学生之一[4]。朋友们称赞蔡向结合不仅仅是"自由选择伴侣"的榜样,也是反传统的政治联合的榜样,因为向警予非常钦佩蔡和森的思想,自己也成了一位坚定的马克思主义者。在写给自己父母的一封信中,向警予说:"和森是九儿[这是向警予的乳名]的真爱。我们的愿望和兴趣没有不同……他和我都是一千九百二十年产生的新人,可说是二十世纪的孩子。"[5]

在1920年的这个夏天,除了说服其他人转向马克思主义之外,蔡和森还以其他方式促进中国共产主义的成长。他与周恩来、赵世炎一道,帮助创建了中国共产党的早期旅欧支部,并成为中国共产党法国支部的创建者之一[6]。他对创建中国共产党的特殊贡献来自他对相关理论的介绍,这在他

---

[1] 第三国际指共产国际,它由苏联共产党和国际共产主义组织组成,由列宁在1919年创建,1943年解散。
[2] 第二国际是由社会民主党和社会主义工会组成,成立于1889年。早期这个组织受恩格斯影响,将马克思主义作为原则,后期则由修正主义者支配。它于1914年解散。
[3] 李维汉:《回忆新民学会》,第479页。
[4] 杨昌济喜爱的三位女学生是向警予、陶斯咏和任培道。
[5] 向警予:《向警予文集》(长沙:湖南人民出版社,1980),第64页。
[6] 罗绍志:《蔡和森》,收入胡华编《中共党史人物传》第6册,第15页。不过,蔡畅回忆:"赵世炎、周恩来、王若飞、陈延年、刘伯坚和聂荣臻创建了社会主义青年团(S.Y.),它后来改名为'中国青年(党)'(C.Y.)。得到中国共产党上海支部批准后,它成为中国共产党旅欧支部。C.Y.或是在1921年年底或是在1922年春建立。蔡和森由于1921年10月的政治活动被遣送回国了,所以,他就不是这个支部的创建者之一。"蔡畅:《回忆新民学会会员留法期间的活动》,第573页。

给毛泽东和陈独秀的信中可以看到。[1] 由于蔡和森是第一个研究列宁的中国人,在当时他那些朋友中间是最为先进的马克思列宁主义者[2],他对于马克思主义和俄国共产主义的理解就超过了他那些同志。他中肯而又系统地详细解说了创建中国共产党的理论、道路、政策和原则[3]。

首先,他坚信社会主义能够拯救中国和改造世界。在法国时,他写信给毛泽东说:"社会主义真为改造现世界对症之方,中国也不能此……我对于中国将来的改造,以为完全适用社会主义的原理和方法。"[4]基于唯物史观,通过对资本主义的发展、阶级斗争和中国社会及经济状况的分析,蔡和森驳斥了那些质疑马克思唯物史观是否适于中国的人,这些人认为中国并无阶级,也没有实行社会主义的客观条件。蔡和森得出结论:中国爆发一场社会革命将是不可避免的。

列宁主义的革命成功也吸引了蔡和森。开始时,马克思主义是一种拯救西欧工人阶级的学说,它的实现需要一定的政治、社会和经济条件。这些客观条件由一种资本主义的经济及其副产品即无产阶级来构成,无产阶级的革命意识会因集体的不满而唤起。所以,就马克思主义的原初意味而言,中国是一个欠发达的国家,既无资本主义也无不满的工人阶级,与马克思所考虑的问题似乎就不相干。然而,列宁修改了马克思主义,使得它适用于俄国和中国这样欠发达的国家。他创造了由知识分子精英领导的无产阶级政党的概念,这就使得工人阶级之外的其他社会因素也有可能来开始革命。列宁还引入了关于帝国主义的理论,以此说明帝国主义的扩张已将那些欠发达国家拉入世界范围的资本主义体系,这些国家成为了殖民地和半殖民地,因此在世界革命中就不再是被动的角色。由资产阶级知识分子组成的共产党所领

---

[1] 蔡和森1920年8月13日和9月16日写给毛泽东的两封长信,1921年2月11日写给陈独秀的一封长信,都表达了他关于建立中国共产党的想法。这三封信见《蔡和森文集》,第22~38页和第51~56页。

[2] 杨熙曼:《新民学会与中国共产党的建立》,见《湖南党史丛》,第66~67页。

[3] 对于马克思主义引入中国,蔡和森发挥了非常重要的作用,他是中国早期一位马克思主义理论家,但并非第一位。在蔡和森于1920年赴法之前,李大钊已经在《新青年》和其他杂志上发表了一系列关于马克思主义和俄国革命的文章。

[4] 蔡林彬(蔡和森)1920年8月13日致毛泽东的信,见《新民学会会员通信录》第3册,第85~90页。

导的俄国革命的成功,论证了这种列宁化了的马克思主义。尤为重要的是,这场革命发生在一种与中国相似的社会情况之中。所以,蔡和森就被这种列宁化后的马克思主义吸引,认为中国一定要进行一场社会革命。在一封致陈独秀的信中,他这样写道:

> 我敢说一句,现在中国四万万人有三万万五千万人不能生活了……到了这个地步,我们恐怕免不了社会革命的运命。到了这个时候,革命之爆发乃是必然的趋势,也如自然力的雷电之爆发一样,行所必然,什么成败利钝都不会顾,什么改造的理想家、大学问家都也把持不下的。[1]

他也很诚挚地在信中告诉毛泽东:

> 我预计三五年中,中国必有一个克伦斯基政府出现。换言之,必定有个俄国的二月革命出现。主持的人必为一干摇身一变的旧军阀政阀财阀。而结果产生一个不牛不马的德奥式革命政权。这么一回事,我预料有少数的青年也会参与其中,但我不愿你加入。我愿你准备做俄国的十月革命。这种预言,我自信有九分对。因此你在国内不可不早有所准备。[2]

其次,蔡和森还认为一种无产阶级专政是实现社会主义的基本道路。在给毛泽东的另一封信中,他写道:"社会主义成功的唯一方法就是进行'阶级战争'——无产阶级专政。"[3]

> 社会主义其重要使命在打破资本经济制度。其方法在无产阶级专政,以政权来改建社会经济制度。故阶级战争质言之就是政治战争,就

---

[1] 蔡和森1921年2月11日致陈独秀的信,见《蔡和森文集》,第51~56页。
[2] 蔡林彬(蔡和森)1920年8月13日致毛泽东的信,见《新民学会会员通信录》第3册,第87页。
[3] 同上,第86页。

是把中产阶级那架机器打破（国会政府），而建造无产阶级那架机器——苏维埃。[1]

他指出，如果没有无产阶级专政，社会就无法改造，如果没有获得政治权力，无产阶级就不可能获得经济解放。他还认为：

> 世界革命运动自俄革命成功以来已经转了一个大方向，这方向就是"无产阶级获得政权来改造社会"。[2]

随着俄国革命的成功，蔡和森坚信只要有正确的领导，作为世界革命运动的一部分，中国工人阶级也能够夺取政治权力。

第三，如同列宁一样，蔡和森也接受了革命先锋队的概念，认为革命成功的关键就在于创建一个组织严密的政党[3]。所以，他催促创建中国共产党来承担对革命的领导。在给毛泽东的信中，他这样说："我以为先要组织党——共产党。"[4]综合而言，蔡和森表达了将要创建的这个政党的性质和政策。他强调这个政党需要严格的纪律，勾勒了建党所需的各个步骤，认定中国共产党必须是无产阶级的政党，是"革命运动的先锋队、作战部"[5]。他是第一个正式提出"中国共产党"这个名称的人，是第一个倡导按照俄国共产党的模式来建党的人。他坚信，只有在建立了中国共产党之后，"革命运动，劳动运动，才有神经中枢"[6]。

此时，讨论建立一个无产阶级政党之必要性的人并不多。1921年春天，中国共产党创建者之一的李大钊这样说过："为了中国彻底的大改革……应组织一个平民的劳动家的政党。"[7]然而，蔡和森关于创建中国共产党的提

---

[1] 蔡林彬（蔡和森）1920年8月13日致毛泽东的信，见《新民学会会员通信录》第3册，第86页。
[2] 见《蔡和森文集》（北京：人民出版社，1980），第71页。
[3] 同上，第51页。
[4] 同上，第87页。
[5] 同上。
[6] 蔡林彬（蔡和森）1920年8月13日致毛泽东的信，见《新民学会会员通信录》第3册，第87页。
[7] 杨熙曼：《新民学会与中国共产党的建立》，第67页。

议要比上海党的发起组制定的《中国共产党宣言》约早5个月[1]。

蔡和森认为,这个政党必须以马克思主义学说来指导,这个党唯有完全接受马克思主义的原则,才能确保无产阶级的政治方向。他呼吁这个党采取改良派所反对的革命方式,改良派不赞同俄国十月革命的方式,主张非暴力和教育而非革命。蔡和森提出,一场彻底革命的基本目标就是调动工人和农民来夺取国家权力,摧毁旧的国家机器,实行无产阶级专政。[2]

蔡和森强调,党必须与群众保持密切联系。党员要去工厂,去乡村,去学校,成为这些地方群众运动的组织者和领导者[3]。他主张,党必须是一个高度集中的组织,必须有铁的纪律,最高权力归于它的中央委员会[4]。

蔡和森进一步指出:"党的方略为多方面的。无论报纸、议院、团体,以及各种运动绝对受中央委员会的指挥和监督,绝不允许单独自由活动。"[5]他赞同列宁的观点,即党的领导人必须先具备革命意识,然后将它灌输给工人,为革命目标做好准备。这种观念与古老的儒家说法"先知先觉"相类似,也就是受过教育的觉醒的精英有责任来唤醒不开化的大众。

蔡和森还坚信马克思主义的国际主义义务。尽管源自德国,但马克思主义却超越了国界,是为所有的工人大众说话。所以,马克思主义的追随者们就应该是国际主义者。然而,许多中国的马克思主义者却是坚定的民族主义者,这成为中国马克思主义的一个问题。与自己那些同志不同,蔡和森摆脱了绝大部分民族主义情感。在给持同样观点的陈独秀的一封信中,蔡和森写道:

> 劳动解放绝不是一个地方一个国家一个民族的问题,乃是一个世界的社会问题,马克思社会主义乃是国际的社会主义,我们绝不要带地域

---

[1] 夏远生:《论新民学会向外发展与国内研究并重的意义》,见《湖南党史论丛》,第133~134页。
[2] 罗绍志:《蔡和森》,收入胡华编《中共党史人物传》第6册,第17页。
[3] 蔡林彬(蔡和森)1920年9月16日致毛泽东的信,见《新民学会会员通信录》第3册,第107~116页。
[4] 同上。
[5] 同上,第114~115页。

的民族的色彩。中国的阶级战争,就是国际的阶级战争。[1]

蔡和森的观点最终广为流行,新民学会的许多成员都改变了自己的想法,接受了马克思主义。对于国内的那些朋友,蔡和森也有着深远的影响。他从法国寄来的理论阐述让湖南的理论争论更趋激烈。留在国内的新民学会成员们召开了几次会议,争辩着在法会员们争辩的那些问题。

毛泽东一直与已赴海外的这些湖南青年保持着联系,他支持蔡和森的看法。在给蔡和森9月16日来信的回信中,毛泽东写道:"你这一封信见地极当,我没有一个字不赞同。"[2]毛泽东和何叔衡还组织长沙的新民学会成员开了三天的新年会议,大家在一起讨论蔡和森的看法——他用成熟的唯物史观对资本主义的发展、阶级斗争和无产阶级专政所做的分析,以及关于国际主义精神、马克思主义理论基础、苏联共产党的结构、在中国建立共产党的迫切性、进行宣传和培训的必要、党必须具有严格的纪律、在中国创建共产党的理论问题,以及用共产党的方式来培育大众的革命意识的理论。罗伯特·斯卡拉皮诺(Robert A. Scalapino)认为蔡和森对自己那些同志具有巨大的影响:

> 此时的毛泽东无疑是站在马克思主义一方的,这并不是因为他对马克思主义或列宁主义的理论有任何深入的理解(除了从蔡和森那里得到一些阐述外),而是因为蔡和森或许还有别的人让他相信俄国的道路是革命成功的唯一之路,而中国和世界需要革命。[3]

留法经历将蔡和森塑造成一位马克思主义者。他留法初期的绝大部分时间都用在学习和翻译之上,他与向警予的结合又进一步强化了他对马克思主义的政治认同。他被人们誉为中国最成熟和最先进的马克思主义者。随着蔡和森越来越多地参与到政治宣传的活动之中,到1921年时,他的领导者

---

[1] 见《蔡和森文集》(北京:人民出版社,1980),第78页。
[2] 毛泽东1921年1月21日致蔡和森的信,见《新民学会会员通信录》第3册,第116页。
[3] 罗伯特·A. 斯卡拉皮诺:《一位青年革命家的演化——毛泽东在1919~1921》(《亚洲研究》1,1982年11月,第56页)。

形象已是颇为鲜明。[1]

由于中国留学生在里昂占领大学校舍的事件,他们被驱逐出境,蔡和森于1921年后期回国[2]。此时的他已是一位坚定的马克思主义者,他的视野得到了扩展,具有了成熟的马克思主义理论素养。他很快就被选入中国共产党的中央委员会,参加了从1922年7月的中共二大到1928年夏天的中共六大,1927年到1928年期间担任中央政治局委员。在中共二大上,他成为中共中央机关报《向导》周报的主编[3],这是中国共产党最有影响力的刊物之一。他以"和森"的名字发表了130篇左右的文章,以"本报同仁"和"记者"之名发表的则更多[4]。1925年的"五卅"运动,他是主要组织者之一;1927年4月,在武汉举行的中共五大上,他被任命为中央宣传部部长[5];4个月后,他担任了中共中央北方局书记。1931年6月5日,英国殖民当局在香港逮捕了他,将他引渡到广州。他受尽酷刑,人被钉在墙上,手脚上都钉入钢钉,拷打至欲死,胸膛被刺刀刺开[6],但他绝不放弃自己的信仰,以36岁的年龄而殉难。

对蔡和森思想发展的详细考查,揭示了湖南第一师范学校在传播新的思

---

[1] 1921年2月的"二八运动"和同年的里昂事件,这两件事体现了蔡和森的领导能力。霍华德·L.布尔曼编:《中华民国人物传记辞典》将"二八事件"的日期误为1921年2月8日。依据胡华编《中共党史人物传》和李维汉及蔡畅撰写的回忆,此次事件爆发于1921年2月28日,后来发展为"二八运动",以游行示威的那一天来命名。这一天蔡和森率领大约400名中国学生聚集在巴黎中国公使馆前,向中国公使请愿,要求"生存权,求学权",要求每月给每位学生发放400法郎,持续4年。在暴力冲突中,法国警察驱散了人群。尽管没有成功,但"二八事件"显示出一些学生愿意采取直接行动。见李维汉:《回忆新民学会》,第20~22页,蔡畅:《回忆新民学会会员的活动》,第571~572页。

里昂事件是旅法勤工俭学学生一次最重要的斗争。华法教育会的一些领导者原本承诺里昂大学新建立的中法学院可供勤工俭学学生就学。然而,当他们得知吴稚晖正带着更多的中国学生前往法国,将成为这所学院的第一批学生时,就拒绝接收他们。由于贷款和政府资助已经完全告罄,里昂大学的这所新学院成为在法勤工俭学学生的最后希望。饥饿加上绝望,由蔡和森与赵世炎率领的125位学生于1921年9月21日占领了里昂大学的一座宿舍,以此显示他们的要求。然而,这些学生被逮捕,一个月内被递解回国。见李维汉:《回忆新民学会》,第22~23页,蔡畅:《回忆新民学会会员的活动》,第572~573页。

[2] 李维汉:《回忆新民学会》,第22页;参见罗绍志:《蔡和森》,收入胡华编《中共党史人物传》第6册,第9页。

[3] 根据中共党史、《中共党史人物传》,这个刊物的名称是《向导》,为周刊;霍华德·L.布尔曼编:《中华民国人物传记辞典》将它的名称误为《向导周报》。

[4] 罗绍志:《蔡和森》,收入胡华编《中共党史人物传》第6册,第22页。

[5] 同上,第28~33页。

[6] 蔡畅:《回忆新民学会的活动》,见《新民学会资料》,第574页;胡华编:《中共党史人物传》第6册,第45~46页。

想观念和革命运动上的重要作用,而这一直被人们所忽视。对蔡和森的研究,可以补充更广为人知的毛泽东的例证。作为中国共产党的创建者之一和最为重要的理论家之一,蔡和森在它的理论、战略和宣传上做出了巨大的贡献,这在中共早期历史上尤其重要。从理想主义者到激进的马克思主义者,蔡和森是在湖南第一师范学校开始他的意识形态转变的,而第一师范学校自身也在20世纪的开头数十年中进行了一系列教育改革。面对国家的道德危机,蔡和森在这所学校首次知晓了新的西方思想观念,开始自觉而又认真地质疑现存的事物。蔡和森在这所学校,受到了自己那些老师——他们是学贯中西的精英知识分子——的巨大影响,这些老师也倡导着晚清和民国初年的教育革新。

这一时期新的学校体系大大强化了学生们的互动,促进了激进主义的成长。在第一师范学校,蔡和森与包括毛泽东在内的同学结下了友谊,而毛泽东在他的一生中变得那样重要。受到杨昌济的启发和鼓励,蔡和森和他的朋友们对改造中国和创建新民学会有着共同的兴趣[1],而新民学会"对中国的事情和命运产生了广泛的影响"[2]。

对于那些激进学生而言,第一师范学校和新民学会成为了他们跨国旅行和家乡之外从事政治活动的入口。蔡和森参加新民学会,这彻底改变了他的人生道路。此后不久,新民学会就派他到北京从事湖南学生的赴法勤工俭学准备工作。来到北京,尤其是参加了"五四"运动,这构成了他思想转变的另一个重要阶段,由于接触到马克思主义和列宁主义,他获得了新的思想认识。然而,是他的法国之行真正奠定了他的马克思主义立场,将他转变为一个英勇好战的马克思列宁主义者。事实上,蔡和森是一个典型例证,表明湖南第一师范学校对这些学生们意味着什么,对这些学生所塑造的中国意味着什么。蔡和森的一生成为一个鲜明的样例,揭示了这些青年学生的思想转变,提示在毛泽东之外中国共产主义运动还有更为丰富的内容。

---

[1] 毛泽东在《新民学会会务报告》(第一号)中谈到学会的创建时,这样写道:"另一原因,则诸人大都系杨怀中先生的学生,与闻杨怀中先生的绪论,作为一种奋斗和向上的人生观,新民学会乃从此产生。"见《新民学会资料》第1册,第2页。新民学会的21位创建成员,有20位是第一师范学校杨昌济的学生。新民学会将更新中国国民作为更新中国社会的途径,它的成员中,许多人后来设计了人民共和国的新体系和新政策。

[2] 斯诺:《红星照耀中国》,第130页。

第 8 章 结　　语

　　对 20 世纪第二个十年期间的湖南第一师范学校进行研究，本书揭示了它在传播新的思想观念和革命运动上的重要性。20 世纪初，中国创办了许多新式学校，以满足对这个国家进行现代化的需要，第一师范学校就是它们之中的一所。包括毛泽东与蔡和森在内的一大群激进学生由此而出，他们之中许多人成为中国共产党的创建者、思想家等活跃人物。有些人后来成了这个国家的主要领导者。

　　为什么第一师范学校能够在 20 世纪的第二个十年中产生如此之多的激进知识分子，但 1920 年之后就再不能做到？中国走过了这个转折时期，各方面的情况都已经改变。外国列强分割中国的威胁，1895 年后读书人中正在变化的思想观念，从维新到革命的思潮变化，知识分子的大声疾呼，所有这些因素都已变化，再加上 1910 年代的那些教师在 1920 年之前许多就离开了一师。教育革新仍在继续，第一师范学校的传统保存了下来，但社会情况和政治情况后来已经不同了。

　　有几个特点让第一师范学校与众不同，促进了它的学生的激进化。比如，它独特的教师群体，它的课程设置，它的那些具有改革头脑的校长，它所拥有的地方历史文化渊源，它的湖南知识分子传统，它的地理位置，以及它在湖南和中国的教育革新中的地位，所有这些方面它都与众不同，所以这所学校就成为了一块培育之地，培育和传播着可注入"五四"运动和革命发展的思想观念，这些思想观念导出了 1910 年代的第一代共产主义者。

　　第一师范学校这些思想开放的自由派教师，促进了学生们的思想转变。他们学贯中西，关注自己国家和民众的命运。他们相信教育是救国的最好途径。第一师范学校的这些教师，可谓是这一时期中国教育者在教育目的上发生变化的样例，这个目的从学而优则仕转变为去做社会和政治的变革者。思想进步,学识渊博,再加上极高的道德修养,这些教师赢得了学生的尊重,对学生产生了深远的影响,这不仅是在学问方面,而且是在学生的人生道路上。几位具有改革头脑的校长如孔昭绶和张干,积极推进一师的学问探讨的自由氛围,他们进行了一系列教育改革,将西方的教育实践与观念融入本国的教育传统和本地的价值观念之中。他们致力于不仅要在学问上培育学生,而且要在社会和政治层面培养他们。

现存文化遭遇的挑战,会导致改变和本地社会的变革,导致传统文化向新的文化的调整,导致对传统的作战。在19世纪后半期和20世纪初期,政治上动荡不安的中国在政治上深受西方文化的影响,这导致了中国的社会变革和文化变革,导出了激进化、对儒家传统的谴责、政治上的民族主义的形成,以及革命的爆发。拯救国家的最好办法就是实现现代化,而这依赖来自西方的学识。所以,湖南的教育革新就在20世纪初的中国为革命提供了一个契机。不过,这些教育革新唯有与本地具体的社会、文化和历史因素交互作用,才会有激进化的出现。

各种历史变革刺激了第一师范学校这一代学生的激进化。他们绝大多数出生于1890年至1905年之间,正是面对一系列国家危机的一代人。中日战争中中国被日本击败的耻辱从其幼年就伴随着他们。从童年到青少年,他们目睹了流产的晚清维新,清政府的日趋腐朽,帝国主义列强对中国的影响,更有民众的深重苦难。1911年的武昌起义也影响到他们。尽管他们并未参与共和革命,但却经历了这桩大事。作为年轻人,他们看到了这场革命的失败和此后的军阀混战。张敬尧这种暴虐军阀的统治更激发了他们的激进化,起到相同作用的还有那些耻辱的不平等条约如"二十一条"和"凡尔赛和约",此时的他们,已经成熟到足以参与那些导致了"五四"运动的政治活动。

除了这些政治和社会因素,湖南的思想氛围也促进了这些学生的激进化。19世纪后半期以来那些著名的湖南籍学者都在鼓励向西方学习,比如清代著名的改革派学者兼官员魏源,自强运动中的领导人物曾国藩和左宗棠,"百日维新"中的改革者和传奇烈士谭嗣同。湖南的"湖湘文化"强调道德培养、"探究本原"、经世致用、"知行合一"和追求有益于拯救国家的真理,这些有许多都与"五四"运动的特点相吻合,因此也促进了这些学生的思想转变。

沉浸在这样的氛围之中,这些学生讨论的常常就是时事和怎样拯救国家。20世纪初期,湖南进行了重要的教育革新,出现了地方自治的教育改革。在新文化运动和"五四"运动时期,新的民族主义对传统文化进行猛烈攻击,尤其针对儒家传统。新的价值观念的出现,新文学的出现,这些显示了新的思想和精神冲击。一师学生组织的那个学生团体新民学会,变得非常有影响了。

"五四"运动代表着一代学生要改革中国社会的首次尝试。受到"知行合一"理论的影响,这些学生急于把自己学到的所有理论都付诸实施。他们用实践来检验这些理论是否可行。如果一种理论不起作用,他们马上就抛弃它,再去追求一种新理论。所以,"五四"时期的这一代学生就显示出在思想变化上面的快速,当俄国共产主义成功时,他们之中绝大多数人马上就信奉了它。

这一代学生也遇上了1905年科举考试的废除,儒家传统中的那种教育被瓦解了。不过,他们在传统中国学问上仍有较好的训练,属于牢记中国经典作为谋职准备的最后一代人。尽管他们后来自觉地抨击传统文化,尤其是儒家传统,但他们潜意识中却保留着许多儒家的理想。他们视自己为启蒙者,称自己为"先知先觉"。他们常常以一种让人联想起他们那些儒家前辈的风格来表达他们的观点和关注。在个人生活中,他们仍然感觉着儒家因素的分量。所以,一个读书人必是道德楷模的观念仍然影响着他们。

这一代人也是在新的西方学识中接受教育的第一代,西式教育对于他们的精神转变至关重要。由于第一师范学校不收学费和食宿费用,这些家境一般的学生选择了它。来自保守的偏远农村,受儒家传统影响很深,来到了长沙这个工业中心,出现了全新的精神刺激,第一师范学校的这些学生们被1910年代这座热闹非凡的省会城市震撼了。从乡村来到城市,也有助于受教育的青年一代的激进化。在长沙,他们第一次看到了外国人、外国轮船和外国物品。由报刊传播而来的新文化运动,也在发挥作用。所以,家乡与学校,新的与旧的,他们所看到的这两个世界的差异,使得他们去重新思考自己以前那些关于国家危机和自身责任的想法。他们感觉到自己有着一种独特的使命:拯救自己的国家。新民学会的许多成员参加了赴法勤工俭学,这次经历让他们有了更宽广的世界观,对先进的科学技术和西方有了更多的了解。留学法国的经历让他们中的许多人转变了意识形态,促成中国共产党的建立。

在各种有可能解决自己国家问题的价值观念、意识形态和学说概念之中进行寻找,他们最终转向了共产主义,认为这是最奏效的解决方案。他们参与了中国共产党的创建与各种活动,他们坚信中国共产党提供着一种新的道德领导。这个党——国家和它传播的那些观念,让人联想起那些儒家文人前辈所钟爱的一些观念,第一师范学校的教育起到了这样的塑造作用。他们热切地在各种现代意识形态和传统思想中寻找个人危机和国家危机的解决方案,这种渴望因这段学校生活而被激活。尽管他们的激进主义并非由他们接受的西式教育本身而决定,但这种教育的确导致他们去重新思考传统观念和价值标准。传统思想与西方影响的融合,使得他们的思想变化进入激进一派,此后则发展为共产主义。

随着第一师范学校的这些学生转向共产主义,他们也改变了自己的世界。如今已是21世纪的第二个十年,当年那场革命早已结束。历史环境改变了,中国今天面临的社会和政治问题已是不同,但它仍然面对教育改革的挑战,面对现代化过程中向西方学习的问题。这个价值观念和体系制度的变化过程仍在持续。2009年,中国教育部长在"60年教育改革发展"大会上说,为了建设一个强大和现代化的中国,基本的思路仍然是将教育作为优先,并继续推进教育改革。如同1910年代第一师范学校的招生广告所言,教育可以决定一个国家的兴衰。

1910年代的这十年中,第一师范学校培育了自己那些学生的思想转变。它传播着平等、自由和人道主义这样的价值观念,这些成了"五四"运动的一部分。我们可以希望,当年湖南第一师范学校那种自由教育的遗产会在中国走向现代化的道路上重获它的地位。

Glossary(原文术语)

Aiwan ting 愛晚亭
Anhua 安化
Anhui 安徽
Bancang 板倉
ban zhuren 班主任
Baoding 保定
Baohuang hui 保皇會
baojia 保甲
Baoweiju 保衛局
Ben 本
Ben xiao gu jiaoshou Yang Huaizhong xiansheng shiji 本校故教授楊懷中先生事跡
Cai Chang 蔡暢
Cai Guangxiang 蔡廣祥辣醬店
Cai Hesen (Cailin Bin) 蔡和森 (蔡林彬)
Cai Yuanpei (Jiemin) 蔡元培 (孑民)
Changde 常德
Changsha 長沙
Changsha ribao 長沙日報
chedi gaizao sixiang 徹底改造思想
Chen Baozhen 陳寶箴
Chen Chang (Chen Zhangfu) 陳昌(陳章甫)
Chen Duxiu 陳獨秀
Chen Shaoxiu 陳紹休
Chen Shunong 陳書農
Cheng 誠
chengfen zhiyu qianshan gaiguo 懲忿窒欲，遷善改過
Cheng Hao 程灝
Chengnan shuyuan 城南書院
Cheng Yi 程頤
Chuyi xiaoxue 楚怡小學

Chuanshan xueshe 船山學社
Ci 詞
Cixi 慈禧
cun tianli, mie renyu 存天理滅人欲
Dagong bao 大公報
Dahua zhai riji 達化齋日記
Datongshu 大同書
daxueling 大學令
Da xuetang 大學堂
Dao 道
Daoguang 道光
deyu 德育
Dongshan 東山
Dongxiang 東鄉
Dongting hu 洞庭湖
Daohai lieshi Yang jun Shouren shilue 蹈海烈士楊君守仁事略
Dushu lu 讀書泉
Duan Fang 端方
Duanzhu shuowen 段注說文
Du Tongjian Lun 讀通鑑論
Duiyu jiaoyu fangzhen zhi yijian 對于教育方針之意見
Ershi si shi 二十四史
Fan Yuanlian 范源濂
Fang Weixia (Zhuya) 方維夏(竹雅)
Feile 非樂
Fenghuang 鳳凰
Fu 賦
funü zhijia 婦女之家
fuwu sheng 服務生
Ge Jianhao 葛健豪
Gewu 格物
Gongche shangshu 公車上書
Gongfu 功夫
Gonghedang 共和黨
Gongxue shijie she 工學世界社
Gongyan Zhazi 公言雜誌
Gongyang 公羊
guannian shijie 觀念世界
Guangxi 廣西
Guoshi guan 國史館

guowen 國文
Guomindang 國民黨
gushi 古詩
Gu Yanwu 顧炎武
Guang Shangtong 廣尚同
Hankou 漢口
Han Wenju 韓文舉
Han Yu 韓愈
He Changgong 何長工
He Guo 賀果
He Shuheng 何叔衡
Hong Xiuquan 洪秀全
Hou Wailu 侯外廬
Hu Anguo 胡安國
Hu Hong 胡宏
Huaining 懷寧
Huang Shutao 黃澍濤
Huang Xing 黃興
Huang Zongxi 黃宗羲
Huang Zunxian 黃遵憲
Hubei 湖北
huiyilu 回憶錄
Hunan dangshi dashi nianbiao 湖南黨史大事年表
Hunan diyi shifan xiaoshi 湖南第一師範 校史
Hunan gaodeng shifan 湖南高等師範
Hunan gongbao 湖南公報
Hunan gongli diyi shifan xuexiao 湖南公立第一師範學校
Hunan quansheng shifan xuetang 湖南全省師範學堂
Hunan Jiaoyu zazhi 湖南教育雜誌
Hunan renmin gemingshi 湖南人民革命史
Hunan shengli diyi shifan xuexiao 湖南省立第一師範學校
Hunan shifan guan 湖南師範館
Hunan youdeng shifan 湖南優等師範
Hunan Youji Normal College 湖南優級師範學堂
Huxiang wenhua 湖湘文化
jiran bu dong 寂然不動
Jia yi bing ding 甲乙丙丁
Jiayin zazhi 甲寅雜誌
jianyi shifan xuetang 簡易師範學堂
Jiang Biao 江標

Jiangnan zhizaoju 江南製造局
Jiangtang lu 講堂彔
Jiang Weiqiao 蔣維喬
Jiang Zhuru 蔣竹如
Jiao Dafeng 焦達峰
Jiaotang 教堂
Jiaoyang xuesheng zhi yaozhi 教養學生之要旨
Jiaoyu yu zhengzhi 教育與政治
Jiaoyu shang dang zhuyi zhi dian 教育上當注意之點
Jiaoyu xue jiangyi 教育學講義
jiaoyu zongzhi 教育宗旨
Jiaoyu zongzhiling 教育宗旨令
jie biaobingguan yishi 皆彪炳冠一時
jinshi 進士
jin yang shiyuan 金洋十元
jing 靜
jing 敬
Jinghu nanlu anchashi 荊湖南路按察使
jingshi 經世
jingshi zhi dalüe 經世之大略
Jingshi daxue tang 京師大學堂
Jingshi wenbian 經世文編
jingshi zhiyong 經世致用
jingzuo fa 靜坐法
Jiuge qiangu 九哥千古
ju jing 居敬
juren 舉人
Juan 卷
Junshi heyi 君師合一
Qu Zongduo 瞿宗鐸
Kang Youwei 康有為
Kong Zhaoshou 孔昭綬
Kongzi pingyi 孔子平議
Kuai Guangdian 蒯光典
Li 理
Li 裏
Li Dazhao 李大釗
ligong sheng 例貢生
Li Fuchun 李富春
Li Hongzhang 李鴻章

Lijiao 禮教
Li Jinxi (Shaoxi) 黎錦熙（劭西）
Li Lisan 李立三
Li Rui 李銳
Li Shizeng 李石曾
Lishi yuyuan 李氏芋園
Li Weige 李維格
Li Weihan 李維漢
Li Xiaodan 李肖聃
Lixue 理學
Li Yuandu 李元度
li ze feng chang 麗澤風長
Li Zehou 李澤厚
Lizhi 立志
Liang Qichao 梁啟超
Liao Mingjin (Hutang) 廖名縉（笏堂）
Liu Ang 劉昂
Liu Caijiu 劉采九
Liu Diwei 劉棣蔚
liufa qingong jianxue 留法勤工儉學
Liu Renxi 劉人熙
Liuyang 瀏陽
Lu Jiuyuan (Lu Xiangshan) 陸九淵（陸象山）
Lun Hunan zunzhi sheli shangwuju yi xian zhenxing nonggong zhixue 論湖南遵旨設立商務局宜先振興農工之學
Lunlixue yuanli 倫理學原理
Lunyu 論語
Lunyu leichao 論語類鈔
Luo Xuezan 羅學瓚
Luo Zhanglong 羅章龍
Makesi zhuyi yu zhongguo wuchan jieji 馬克思主義與中國無產階級
Mao Zedong (Mao Runzhi) 毛澤東（毛潤之）
Mao Zedong zaoqi wengao 毛澤東早期文稿
meigan zhi jiaoyu 美感之教育
Min bao 民報
minquan 民權
Minsheng zazhi 民聲雜誌
minzhi 民知
minzhu 民主
Mingde zhongxue 明德中學

Mojia 墨家
Mozi 墨子
mu 畝
Nan xuehui 南學會
Nanxuan fuzi ci 南軒夫子祠
Neihua daode 內化道德
Ningxiang 寧鄉
Qiangxue bao 強學報
Qiangxue hui 強學會
Qingong jianxue lijin hui 勤工儉學勵進會
Qiushi shuyuan 求實書院
Quanxue pian 勸學篇
Ou Jujia 歐矩甲
Ouyang Zhonggu 歐陽中鵠
Putang 蒲塘
Putongke 普通科
Pi Xirui 皮錫瑞
qi 氣
qu zhu da lu, hui fu Zhong hua 驅逐韃虜 恢復中華
Qunxue yiyan 群學肄言
Ren 仁
renge bu wanquan 人格不完全
Ren ren 仁人
Renxue 仁學
Renzi. guichou xuezhi 壬子.癸丑學制
Riji 日記
Shanxing 繕性
Shaonian shijie 少年世界
Shaonian Zhongguo xuehui 少年中國學會
shenxin bingyong 身心並用
Shen Yijia 沈宜甲
shengren zhi ben 聖人之本
shengyuan 生員
Shi Cuntong 施存统
shifan benke 師範本科
Shifan guan 師範館
shifan jiaoyu ling 師範教育令
shifan xuexiao guicheng 師範學校規程
shijie guan jiaoyu 世界觀教育
shiti shijie 實體世界

Shiwu bao 時務報
Shiwu xuetang 時務學堂
Shumo 述墨
Shuyuan 書院
Shuangfeng 雙峰
Siao San (Xiao Zizhang) 蕭三 (蕭子暲)
Siao Yu (Xiao Zisheng, Xiao Xudong) 蕭瑜(蕭子升, 蕭旭東)
Suchengke 速成科
Suchengshifan ke 速成師範科
Suigan lu 隨感彔
Sun Zhongshan 孫中山
Taiji Tushuo 太極圖說
Taiping 太平
taixue sheng 太學生
Tan Sitong 譚嗣同
Tan Yankai 譚延闓
Tanzhou 潭州
Tang Caichang 唐才常
Tang Xiangming 湯薌銘
Tao Xingzhi 陶行知
ti 體
tiyu 體育
Tiyu zhi yanjiu 體育之研究
Tian 天
Tian Han 田漢
Tongmeng hui 同盟會
Tongwen guan 同文館
Tongshu 通書
Waifan daode 外範道德
wanshi moguiyu yi 萬事莫貴于義
Wang Da 王達
Wang Fengchang 王風昌
Wang Fuzhi (Wang Chuanshan) 王夫之 (王船山)
Wang Jifan 王季範
Wang Xianqian 王先謙
Wang Yangming 王陽明
Wei Yuan 魏源
Wenhuaren 文化人
Wuchang 武昌
Wu Dacheng 吳大澄

wuxing zhi ben baixing zhi yuan 五行之本 百行之源
Wu Yuzhang 吳玉章
Wu Zhihui 吳稚輝
wusi sixiang 五四思想
wusi yundong 五四運動
wusi aiguo yundong 五四愛國運動
Xiyang lunlixue shi 西洋倫理學史
xianzhi xianjue 先知先覺
Xiang bao 湘報
Xiangdao 向導周報
Xiang jiang 湘江
Xiang Jingyu (Jiuer) 向警予 (九兒)
Xiang jun 湘軍
Xiangshang tongmeng 向上同盟
Xiangtan 湘潭
Xiangxiang 湘鄉
Xiangxue 湘學
Xiangyin 湘陰
xianshi xingfu 現世幸福
Xiangxue bao 湘學報
xiao 孝
Xiaolian tang 孝廉堂
Xiao xuetang 小學堂
xiaoxue xiaoling 小學校令
xiaoxun 校訓
Xie Binghuai 謝炳懷
Xinmin 新民
Xinmin xuehui 新民學會
Xinmin xuehui huiwu baogao 新民學會會務報告
Xinmin xuehui wenxian huibian 新民學會文獻匯編
Xin Qingnian 新青年
Xinzheng 新政
Xinzhili 心之力
xingli chuhai 興利 除害
xing tianxia zhi li, chu tianxia zhi hai 興天下之利, 除天下之害
xingshen rike 省身日課
xiucai 秀才
Xiong Kunfu (Guangchu) 熊焜甫 (光楚)
Xiong Xiling 熊希齡
Xiushen 修身

Xiuye xuexiao 修業學校

xixian guohua zhidi, lanzhi shengting, qizi rushi, ze xiangzhong zidi zhenglai jiangxue zhiqu ye 昔賢過化之地，蘭芷升庭，杞梓入室，則又湘中子弟爭來講學之區也

Xu Renzhu 徐仁鑄

Xu Teli (Xu Maoxun) 徐特立 (徐懋恂)

Xuejian 學監

xuejian zhuren 學監主任

Xuetang 學堂

Xueyou hui 學友會

Xuewuchu 學務處

xuexiao xitong 學校系統

Xuezijian 學子監

xun gexiaosheng ling 訓各校生令

xunli quyu 循理 去欲

Yan Fu 嚴復

Yang 陽

Yang Changji (Yang Huaizhong Yang Bisheng) 楊昌濟 (楊懷中)

Yang Changji wenji 楊昌濟文集

Yang Kaihui 楊開慧

Yang Shaohua 楊韶華

Yang Yulin (Yang Shouren) 楊毓麟 (楊守仁)

Yao Shun Yu Tang, hu bao chai lang 堯舜禹湯 虎豹豺狼

Ye Dehui 葉德輝

Ye Juemai 葉覺邁

yi 義

Yi Baisha (Kun) 易白沙 (坤)

yi chengwei jieshu wei chengwei shaji 已成為劫數 未成為殺機

yixia zhibian 夷夏之辨

yin 陰

yixiang sheng 邑庠生

Yiyang 益陽

Yongfeng lajiang 永峰辣醬

Yongfeng xian 永峰縣

Yoshida Seichi 吉田靜致

youxin 遊心

Youxue yibian 游學譯編

youzu xinshi 尤足信實

Yu gailiang shehui zhi yijian 余改良社會之意見

Yu guiguo hou duiyu jiaoyu zhi ganxiang 余歸國後對於教育之感想
Yuke 預科
Yu Liansan 俞廉三
Lu Yuanding 陸元鼎
Yuan 元
Yuanjiang 沅江
Yuan Shikai 袁世凱
Yuan Zhongqian 袁仲謙
Yuelu shan 嶽麓山
Yuezhou 嶽州
Zeng Guofan 曾國藩
Zeng Peilin 曾沛霖
Zhang Gan 張幹
Zhang Guoji 張國基
Zhang du 張毒
Zhang Jingyao 張敬堯
Zhang Jingshun 張敬舜
Zhang Jingyu 張敬禹
Zhang Jingtang 張敬湯
Zhang Kundi 張昆弟
Zhang Kundi riji 張昆弟日記
Zhang Shi 張拭
Zhang Shizhao 章士釗
Zhang Taiyan 章太炎
Zhang Zhidong 張之洞
Zhao Erxun 趙爾巽
Zhexue 哲學
Zhexue shang gezhong lilun zhi lueshu 哲學上各種理論之略述
Zhexue yanjiu xiaozu 哲學研究小組
zhen 貞
zhengfeng yundong 整風運動
zhi cheng 至誠
zhi cheng dong wu 至誠動物
Zhichi 知恥
zhiji dati zhi gongli, buji xiaoti zhi lihai 只計大體之功利，不計小體之利害
zhiye 職業
zhi yu 制欲
zhiyu 智育
Zhonglu shifan xuetang 中路師範學堂

Zhong xuetang 中學堂
Zhong xue xiaoling 中學校令
Zhongguo sixiang tongshi 中國思想通史
Zhongguo gongchandang lü ou zhibu 中國共產黨旅歐支部
zhongxing mingchen yidai ruzong 中興名臣一代儒宗
Zhou Dunyi 周敦頤
Zhounan nüzi xuexiao 周南女子學校
Zhounan nüzi liufa qingongjianxue xuehui 周南女子留法勤工儉學學會
Zhou Shizhao 周世釗
Zhu Xi 朱熹
zhuzhong shangwu jingshen ling 註重尚武精神令
Zhuzi wu guilun 諸子無鬼論
Juzi Zhou 桔子洲
zili 自立
Zizhi tongjian 資治通鑒
Zongfa 宗法
Zuo Zongtang 左宗堂

参考书目

湖南省立第一师范学校校志.长沙:湖南省档案,59—5—37,1918.

史蒂芬·C.阿弗里尔.中国革命中从城市到乡村的过渡.中国第48期,2002年7月,澳大利亚国立大学,2002.

史蒂芬·C.阿弗里尔.20世纪初期地方教育的文化政治.20世纪中国第32期,2007年4月.

史仲文编《中国全史》,第91、94和98册.北京:人民出版社,1994.

保罗·贝利.改造民众:中国20世纪初期国民教育的看法变化.温哥华:英属哥伦比亚大学出版社,1990.

保罗·贝利(翻译).强国富民:马建忠(1845~1900)关于革新的论述.英国萨里郡里士满:柯曾出版社,1998.(达拉谟东亚丛书第2册)

玛丽安·巴斯蒂.20世纪初期中国的教育改革(保罗·贝利译).密歇根州立大学中国研究中心,1988.

吕西安·比安科.中国革命的起源:1915~1949.斯坦福:斯坦福大学出版社,1971.

薄一波.若干重大决策与事件的回顾(两册).北京:中共中央党校出版社,1991.

霍华德·L.布尔曼.中华民国人物传记辞典(第四册).纽约:哥伦比亚大学出版社,1971.

蔡和森.我党产生的背景及其历史使命(写作时间尚未发现).中国共产党第一次代表大会档案资料增订本(中央档案馆编).北京:人民出版社,1984.

蔡和森文集.北京:人民出版社,1980.

蔡仁厚.南宋胡氏家学与湖湘学统.孔孟学报,1971(21).

蔡元培.杨笃生先生蹈海记(孙常炜编蔡元培先生全集第2册).台湾商务印书馆,1968.

蔡元培等.讣告(杨昌济去世).北京大学日刊,1920年1月22日,大公报,1920年3月13日湖南.杨昌济文集(王兴国编).长沙:湖南教育出版社,1983.毛泽东的走向权力之路(1991)第1卷(施拉姆编).

曹典球.杨昌济先生传.长沙:湖南教育出版社,1983.

陈荣捷.现代中国的宗教趋势.纽约:哥伦比亚大学出版社,1953.

陈荣捷.中国哲学原始资料.普林斯顿:普林斯顿大学出版社,1963.

陈荣捷.中国哲学原始资料.普林斯顿:普林斯顿大学出版社,1973.

翟文伯.中国共产主义主要著述.纽约:全国通用公司,1971.

陈荣捷.朱熹与理学.檀香山:夏威夷大学出版社,1986.

张灏.梁启超与中国的思想过渡:1890~1907.剑桥:哈佛大学出版社,1971.

张灏.危机中的中国知识分子:寻找秩序与意义,1890~1911.伯克利:加州大学出版社,1987.

张灏.幽暗意识与民主传统.台湾:台湾联经出版事业公司,1989.

张灏.形象与实质:再论五四思想.台北:自立晚报社,1990.

张灏.儒家"治世"理想的知识遗产.东亚现代性中的儒家传统:日本与亚洲四小龙的道德教育与经济文化(杜维明编).剑桥:哈佛大学出版社,1996.

长沙市博物馆.中国共产党湘区执行委员会史料汇编.长沙:湖南出版社,1993.

长沙县志(1817).台湾成文出版社重印,1976.

陈曾涛.上海的五四运动:现代中国一场社会运动的形成.莱顿:E.J.布里尔出版社,1971.

陈潭秋.第一次代表大会的回忆(写作时间尚未发现).一大前后:中共第一次代表大会前后资料汇编(第2册)(中国社会科学院现代史研究室和中国革命博物馆党史研究室编).北京:人民出版社,1980.

陈望道.回忆党成立时期的一些情况(写作时间尚未发现).一大前后:中共第一次代表大会前后资料汇编(第2册)(中国社会科学院现代史研究室和

中国革命博物馆党史研究室编).北京:人民出版社,1980.

陈小眉.西方主义:毛泽东之后中国对立话语的理论(第二版).拉纳姆:罗曼与利特菲尔德出版公司,2002.

谢诺等.从辛亥革命至解放的中国.纽约:万神殿书局,1977.

中国社会科学院现代史研究所.五四爱国运动(第1册).北京:中国社会科学出版社,1979.

中国历史学会.戊戌变法(第1~4册).上海:上海人民出版社,1957.

赵为宗.作为政治的道德:中国近代程朱理学的恢复(博士学位论文).俄亥俄州立大学,1992.

周策纵.五四运动:现代中国的思想革命.剑桥:哈佛大学出版社,1960.

周策纵.民国初年的反孔运动.儒家信念.斯坦福:斯坦福大学出版社,1960.

保罗·科恩.中国历史上的自由主义追寻:走向大同世界或西方狭隘观念的台阶?——中国自由主义传统的回顾.东西方哲学,35.3(1985年7月).

保罗·科恩和默尔·高曼.跨文化观念:中国思想论文集.剑桥:哈佛大学出版社,1990.

丛小平.师范学校与现代中国民族国家的建立:1897~1937.温哥华:英属哥伦比亚大学出版社,2007.

丛书编委会.师范群英 光耀中华(樊玉杰、陈吉昆主编第1卷).西安:陕西人民教育出版社,1992.

丛书编委会.师范群英 光耀中华(冯象钦、陈若海主编第13卷).西安:陕西人民教育出版社,1994.

希欧多尔·德·巴里.中国的自由主义传统.纽约:哥伦比亚大学出版社,1983.

希欧多尔·德·巴里.理学中"心"的启录.纽约与伦敦:哥伦比亚大学出版社,1989.

希欧多尔·德·巴里.理学的演变.纽约与伦敦:哥伦比亚大学出版社,1975.

希欧多尔·德·巴里.中国传统的来源.纽约:哥伦比亚大学出版社,1983.

科克·A.丹顿.中国现代文学思想.斯坦福:斯坦福大学出版社,1996.

阿里夫·德里克.中国共产主义的起源.纽约:牛津大学出版社,1989.

阿里夫·德里克.中国革命中的无政府主义.伯克利:加州大学出版社,1991.

阿里夫·德里克和张明.进入田间和工厂的学校:无政府主义者、国民党和上海的全国劳动大学:1927~1932.达拉姆:杜克大学出版社,1991.

窦宗仪.儒家思想与马克思主义:儒家知识论与马克思主义辩证唯物主义的分析比较.拉纳姆:美国大学出版社有限公司,1977.

威廉·德鲁克.蔡元培:现代中国的教育家.大学公园:宾州州立大学出版社,1977.

本杰明·A.艾尔曼和亚历山大·伍德赛德.中国近代的教育与社会:1600~1900.伯克利:加州大学出版社,1994.

周锡瑞:中国的改革与革命:湖南与湖北的辛亥革命.伯克利:加州大学出版社,1976.

费正清.中国对西方的回应:文献纵览,1839~1923.剑桥:哈佛大学出版社,1954.

费正清.中国:传统与过渡.波士顿:霍顿·米夫林出版公司,1989.

凡喆.中国古今教育家.上海:上海教育出版社,1982.

李斐工.中国共产党创建者陈独秀.普林斯顿:普林斯顿大学出版社,1983.

冯友兰.中国哲学史.香港:太平洋图书公司,1961.

约瑟夫·A.福热尔和查彼得.人民的想象:中国知识分子与公民观念:1890~1920.纽约与伦敦:M.E.夏普出版公司,1997.

傅角今.湖南地理志.长沙:1933.

夏洛特·福斯.改变的界限:论中华民国的保守选择.剑桥:哈佛大学出版社,1976.

夏洛特·福斯.思想改变:从革新运动到五四运动:1895~1920.剑桥中

国史(第 12 册),1983.

高菊村等.青年毛泽东.中共党史资料出版社,1990.

高平叔.蔡元培全集.北京:中华书局,1988.

默尔·高曼和李欧梵.中国现代思想史.伦敦:剑桥大学出版社,2002.

杰罗姆·格里德.胡适与中国的文艺复兴:中国革命中的自由主义,1917~1937.剑桥:剑桥大学出版社,1970.

杰罗姆·格里德.现代中国的知识分子与国家:叙述史.纽约:自由出版社;伦敦:科利尔·麦克米伦出版公司,1981.

郭之奇.回忆杨昌济先生.湖南文史资料选集(第 11 册).长沙:湖南人民出版社,1979.

许美德和玛丽安·巴斯蒂.中国的教育与工业化世界:文化迁移研究.纽约阿蒙克和伦敦:M.E.夏普出版公司,1987.

约翰·N.霍金斯.毛泽东与教育:他的思想与教导.哈姆登:"鞋带"出版有限公司,1974.

何贻焜.曾国藩评传.台北:正中书局,1964.

何干之.现代中国革命史.北京:外文出版社,1960.

罗伊·霍夫亨兹.破碎之潮:1922~1928 年的中国共产党农民运动.剑桥:哈佛大学出版社,1977.

杰曼·A.霍斯顿.国家、身份与中国和日本的国家问题.普林斯顿:普林斯顿大学出版社,1994.

侯外庐.中国思想通史.北京:人民出版社,1956.

侯外庐.中国思想通史.北京:外文出版社,1959.

侯外庐.中国思想通史(中国思想史大纲).北京:中国青年出版社,1981.

黄宗智.梁启超与现代中国自由派.西雅图:华盛顿大学出版社,1972.

湖南第一师范学校校史编辑委员会.湖南第一师范学校校史——1903~1949.上海:上海教育出版社,1983.

湖南省志编纂委员会.湖南省志:湖南近百年大事记述.长沙:湖南人民出版社,1959.

湖南历史资料编辑室.湖南历史资料(第 2 册).长沙:湖南人民出版社,

1980.

湖南博物馆历史部.新民学会文献汇编.长沙:湖南人民出版社,1980.

湖南省立第一师范学校校志.湖南省档案馆,1918.

五四运动在湖南——回忆录(湖南人民出版社编).长沙:湖南人民出版社,1979.

湖南省志编纂委员会.湖南省志:湖南近百年大事记述(第1册).长沙:湖南人民出版社,1959.

湖南省地方志编纂委员会.湖南省志:新闻出版志(第20册).长沙:湖南出版社,1991.

稽文甫.王船山的学术渊源.王船山学术论丛.北京:三联书店,1978.

稽文甫.船山哲学(第二部分 历史哲学).王船山学术论丛.北京:三联书店,1978.

姜道友.相距万里 心系相同——毛泽东与贺果.咱们的领袖毛泽东(林木森编).北京:解放军出版社,1992.

金羽和王兴国.毛泽东:走向马克思主义.杭州:浙江人民出版社,1993.

康德.纯粹理性批判(诺曼·肯普·史密斯英文译本).纽约:圣马丁出版社,1929[1965].

班豪·金姆.周敦颐(1017～1073)思想研究(博士学位论文).亚利桑那大学,1996.

巴里·C.基南.中华帝国最后的古典书院:长江下游区域的社会变化,1864～1911.伯克利:东亚研究院与加州大学出版社,1994.

尼克·奈特.毛泽东的哲学思想:来自中国的研究(中国哲学研究,1992年春夏卷).纽约:M.E.夏普出版公司,1992.

拉斯洛·莱达尼.中国共产党与马克思主义:1921～1985.伦敦:赫斯特出版公司,1988.

劳延煊.君师合一与程朱政治思想(劳贞一先生九秩荣庆论文集).台北:兰台出版社,1997.

李欧梵.现代中国作家的浪漫一代.剑桥:哈佛大学出版社,1973.

塞缪尔·C.李.蔡和森,马克思主义与第一次国共联合阵线(硕士论文).

威斯康星大学,1987.

约瑟夫·列文森.儒家中国与它的现代命运.伯克利:加州大学出版社,1965.

约瑟夫·列文森.梁启超与现代中国心灵.伯克利:加州大学出版社,1967.

玛里琳·A.莱文.创建的一代:1919~1925年旅欧的中国共产党人(博士论文).芝加哥大学,1985.

玛里琳·A.莱文.创建的一代:20年代旅欧的中国共产党人.西雅图:华盛顿大学出版社,1993.

查尔顿·刘易斯.中国革命的序幕:湖南省的观念与体系转变,1891~1907.剑桥:东亚研究中心与哈佛大学出版社,1976.

李敦仁.通向共产主义之路:1912年后的中国.纽约:莱因霍尔德出版公司,1969.

李明(李立三).纪念蔡和森同志(华应申编 中国共产党烈士传).香港:新民主,1949.

李沛诚.杨昌济教育思想简论.长沙:湖南教育出版社,1983.

李锐.毛泽东同志的初期革命活动.北京:中国青年出版社,1957.

李锐.毛泽东的早年与晚年.贵阳:贵州人民出版社,1992.

李锐.青年毛泽东的思想方向(历史研究),1979年第1期.

李锐.毛泽东早年读书生活.沈阳:辽宁人民出版社,1992.

李锐.三十岁以前的毛泽东.广州:广东人民出版社,1994.

李维汉.李维汉选集.北京:人民出版社,1987.

李维汉.回忆新民学会(新民学会资料).湖南省档案馆,1920.

李维汉.回忆与研究.北京:中共党史资料出版社,1986.

李肖聃.本校故教授杨怀中先生事迹.北京大学日刊,1920年1月28日.

李肖聃.杨怀中先生事迹.湖南 教育(杂志)1:5,1920.

李肖聃.湘学略.长沙:岳麓书社,1985.(此书最早由湖南大学于1946年出版)

李喜所.辛亥革命前的留日学生运动.纪念辛亥革命七十周年学术讨论

会论文集.北京:中华书局,1983.

李喜所.近代留学生与中外文化.天津:天津人民出版社,1992.

李一纯.回忆和森同志.中国人民永远记着他:纪念蔡和森诞辰110周年(中共湖南省委宣传部编).长沙:湖南人民出版社,2005.

黎永泰.中西文化与毛泽东早期思想.成都:四川大学出版社,1989.

李泽厚.青年毛泽东.中国现代思想史.北京:东方出版社,1987.

李泽厚.当代思潮与中国智慧.台北:风云时代出版公司,1989.

李泽厚和舒衡哲.现代中国知识分子的六代人.中国历史研究(1983/84年冬季号).纽约阿蒙克:M.E.夏普出版公司.

林能士.清季湖南的新政运动(1895~1898).台北:台湾大学文学院文史丛刊,1972.

林毓生.中国意识的危机:五四时代的激进反传统.麦迪逊:威斯康星大学出版社,1979.

刘昂(蔡和森的外甥女).缅怀蔡和森同志.中国人民永远记着他:纪念蔡和森诞辰110周年(中共湖南省委宣传部编).长沙:湖南人民出版社,2005.

刘力妍.医学博士休姆在中国.香港:银河出版社,2000.

刘力妍.跨越黄海的反思:关于中国和日本的研究.香港:银河出版社,2001.

刘仁荣和汪长柱.中国革命史:事件与人物(两卷本).长沙:湖南大学出版社,1986.

刘述先.哲学思考漫步.台北:三民书局股份有限公司,1995.

刘思齐.毛泽东与文化人.北京:中国书店,1993.

路海江.青年交友 中途扬镳.咱们的领袖毛泽东(林木森编).北京:解放军出版社,1992.

罗尔纲.湘军兵志.长沙:商务印书馆,1939.

罗文华.毛泽东早年"新民"思想研究.中共湖南党史论丛(中共湖南省委党史资料征集研究委员会编).长沙:湖南人民出版社,1986.

罗章龙.回忆蔡和森同志.中国人民永远记着他:纪念蔡和森诞辰110周年(中共湖南省委宣传部编).长沙:湖南人民出版社,2005.

马玉卿.毛泽东的成长道路.西安:陕西人民出版社,1986.

毛礼锐.中国教育通史(第4、5卷).济南:山东教育出版社,1987.

中共中央文献研究室、中共湖南省委毛泽东早期文稿编辑组.毛泽东.毛泽东早期文稿:1912.6~1920.11.长沙:湖南出版社,1990.

中共中央文献研究室.中国革命与中国共产党.北京:外文出版社,1967.

安格斯·W.小麦克唐纳.农村革命的城市起源:1911~1927中国湖南省的士绅与民众.伯克利:加州大学出版社,1978.

萨拉·C.麦克埃尔罗伊.用教育改造中国:严修、张伯苓与建立一个新型学校体系的努力,1901~1927(博士论文).耶鲁大学,1996.

丹尼尔·麦克马洪.岳麓书院与湖南19世纪重视经世致用.晚期中华帝国(26,1).巴尔的摩:约翰霍普金斯大学出版社,2005.

麦穆伦.王夫之与理学传统.理学的演变(希欧多尔·德·巴里编).纽约与伦敦:哥伦比亚大学出版社,1975.

莫里斯·J.迈斯纳.李大钊与中国马克思主义的起源.剑桥:哈佛大学出版社,1967.

莫里斯·迈斯纳.毛泽东:政治与智力肖像.英国剑桥:政体出版社,2007.

孟湘砥.毛泽东教育思想探源.长沙:湖南教育出版社,1993.

墨子刻.摆脱困境——新儒学与中国政治文化的演进.纽约:哥伦比亚大学出版社,1977.

乔治·摩斯利.1911年以后的中国.纽约:哈珀罗出版公司,1968.

弗里德里希·泡尔生.伦理学原理(蔡元培1909年翻译).北京:中共中央党史研究室1990年重印.

彭大成.湖湘文化与毛泽东.长沙:湖南出版社,1991.

彭明.五四运动史〈修订版〉.北京:人民出版社,1998.

格伦·彼得森和许美德等.20世纪中国的教育、文化与身份认同.安阿伯:密歇根州立大学出版社,2001.

迪恩·安德鲁·波利扎图.法国的中国青年革命者:他们怎样对中国共产党革命的成功做出了贡献(博士论文).华盛顿大学,1996.

钱基博.近百年湖南学风.长沙:岳麓书社,1985.

任建树.陈独秀大传.上海:上海人民出版社,1999.

哈里森·索尔兹伯里.长征:前所未闻的故事(新华社参考资料编辑部编辑和翻译).新华社参考资料编辑部,1990.

罗伯特·A.斯卡拉皮诺.马克思主义的前奏:日本的中国学生运动,1900～1910.现代中国史探讨(艾伯特·福伊尔沃克编).伯克利和洛杉矶:加州大学出版社,1967.

罗伯特·A.斯卡拉皮诺.一位青年革命家的演化——毛泽东在1919～1921.亚洲研究(1),1982.

埃弥·萧(萧三).毛泽东的青少年时代.孟买:人民出版有限公司,1953.

萧子升.毛泽东和我曾经是乞丐.伦敦:哈钦森出版有限公司,1961.

萧子升.我和毛泽东的一段曲折经历.北京:昆仑出版社,1989.

萧子升.毛泽东青年时代.香港:明报出版社,1977.

康拉德·希罗考尔.朱熹与 Hu Hung.朱熹与理学(陈荣捷编).檀香山:夏威夷大学出版社,1986.

施拉姆.综述:毛泽东作为马克思主义辩证论者.中国季刊(第 29 期,1967 年 1 月～3 月).

施拉姆.毛泽东的政治思想.哈蒙兹沃思:企鹅书局,1969.

施拉姆.毛泽东的走向权力之路.阿蒙克:M. E. 夏普出版公司,1997.

施拉姆.毛泽东研究:回顾与前景.中国季刊(1984 年 3 月).

施拉姆.毛泽东.纽约:西蒙和舒斯特出版社,1966.

施拉姆.毛泽东的思想.剑桥:剑桥大学出版社,1989.

舒衡哲.中国启蒙:知识分子与 1919 年五四运动的遗产.伯克利:加州大学出版社,1986.

本杰明·史华兹.寻求富强:严复与西方.剑桥:哈佛大学出版社,1964.

本杰明·史华兹.中国共产主义与毛泽东的崛起.剑桥:哈佛大学出版社,1964.

本杰明·史华兹.五四运动反思.剑桥:哈佛大学出版社,1973.

本杰明·史华兹.中国共产主义文献史.纽约:阿森纽出版社,1952.

本杰明·史华兹.古代中国的思想世界.剑桥:哈佛大学出版社,1985.

邵延淼.辛亥以来人物年里录.南京:江苏人民出版社,1993.

沈灌群.鸦片战争到五四运动时期的教育.北京:教育科学出版社,1984.

沈宜甲.我所知道的早期之蔡和森.中国人民永远记着他:纪念蔡和森诞辰110周年(中共湖南省委宣传部编).长沙:湖南人民出版社,2005.

施小明.从时代角度看中国学生赴法勤工俭学运动.加拿大社会科学(2009年第5期).

菲利普·肖特.毛泽东生平.纽约:霍尔特平装书局,2001.

舒金城.王夫之论"诚".中国哲学范畴集.北京:人民出版社,1985.

舒新城.近代中国留学史.上海:中华书局,1929.

G.威廉·斯金纳.现代中国社会:解析性参考文献(第1册).西方语言的出版物:1644~1972.斯坦福:斯坦福大学出版社,1973.

埃德加·斯诺.红星照耀中国.纽约:蓝登书屋,1938.

埃德加·斯诺.人在红色中国.纽约:双日出版社,多兰出版公司,1939.

宋斐夫.新民学会.长沙:湖南人民出版社,1980.

乔纳森·D.斯宾塞.天国和平之门:中国人和他们的革命,1895~1980.纽约:企鹅出版集团,1982.

乔纳森·D.斯宾塞.寻找现代中国.纽约:诺顿出版有限公司,1999.

乔纳森·D.斯宾塞.毛泽东.纽约:企鹅出版集团,2006.

孙海林.湖南第一师范名人谱.湖南第一师范学校,2003.

孙海林.异乎寻常的关怀和爱护.徐特立研究(第31期),1996.

唐铎.回忆我的良师益友蔡和森同志.中国人民永远记着他:纪念蔡和森诞辰110周年(中共湖南省委宣传部编).长沙:湖南人民出版社,2005.

唐纯良.李立三传.哈尔滨:黑龙江人民出版社,1989.

唐宗力.毛主义与中国文化.纽约:诺瓦科学出版社,1996.

陶行知.陶行知全集(第一卷).成都:四川教育出版社,1991.

陶行知.教学做合一讨论集.上海:上海儿童书局,1932.

陶愚川.中国教育史比较研究(第2、3册).济南:山东教育出版社,1988.

邓嗣禹.王夫之论历史和历史著述.亚洲研究(28.1),1968.

邓嗣禹.曾国藩.中国现代史读本(邱为春编).纽约:牛津大学出版社,1971.

台湾大学历史系.亲击湖南的新政运动:1895~1898.台湾:台湾大学出版社,1973.

霍伊特·克利夫兰·蒂尔曼.儒家话语与朱熹的支配地位.檀香山:夏威夷大学出版社,1992.

利昂·托罗斯基.中国革命的问题.纽约:典范书籍重印公司,1966.

杜维明.人性与修养——儒家思想论文集.伯克利:亚洲人文学科出版社,1979.

杜维明.儒家思想:作为创造性转化的自我.纽约:纽约州立大学出版社,1985.

史蒂芬·乌哈莱.中国共产党历史.斯坦福:胡佛研究院出版社,1988.

汉斯·J.凡德汶.由朋友而同志——中国共产党的创建:1920~1927.伯克利:加州大学出版社,1991.

弗雷德里克·魏克曼.历史与意志:毛泽东思想的哲学考查.伯克利:加州大学出版社,1973.

王夫之.船山全集.台北:大源文化服务社,1965.

汪澍白.毛泽东思想的中国基因.香港:商务印书馆,1990.

王兴国.杨昌济的生平及思想.长沙:湖南人民出版社,1981.

王兴国.杨昌济文集.长沙:湖南教育出版社,1983.

王兴国.杨昌济与新民学会.湖南党史论丛(中共湖南省委党史资料征集研究委员会编).长沙:湖南人民出版社,1986.

王兴国.毛泽东:走向马克思主义.杭州:浙江人民出版社,1993.

王兴国.青年毛泽东的思想轨迹.长沙:湖南出版社,1993.

韦政通.传统中国理想人格的分析——崇古价值取向的研究.儒家与现代中国.上海:上海人民出版社,1990.

韦政通.儒家与现代中国.上海:上海人民出版社,1990.

马克斯·韦伯.中国的宗教:儒教与道教.纽约:自由出版社,1964.

闻路.学习勤奋 体魄强健——张国基回忆一师时期的毛泽东.咱们的领

袖毛泽东(林木森编).北京:解放军出版社,1992.

文史资料选集(8、9、19、28 和第 38 册).北京:中国文史出版社,2000.

文选德和龚固忠.历史丰碑:湖南纪念毛泽东百周年诞辰学术研讨会论文集.长沙:湖南师范大学出版社,1993.

蒂莫西·B.韦斯顿.北京大学与中国政治文化:1898～1920(博士论文).伯克利:加州大学,1995.

玛丽·怀特.中国保守主义的背水一战:同治中兴,1862～1874.斯坦福:斯坦福大学出版社,1962.

萧公权.中国政治思想史.台北:联经出版社,1982.

湘报(1898)(影印本).北京:中华书局,1965.

湘学新报(1897～1898)4 册(影印本).台湾:华联出版社,1966.

西北师范学院政治系.中国共产党英烈小传.兰州:甘肃人民出版社,1980.

谢炳怀.蔡和森是民主主义者吗?——新民学会成立前后蔡和森思想浅析.湖南党史论丛(中共湖南省委党史资料征集研究委员会编).长沙:湖南人民出版社,1986.

杨昌济.达化斋日记(2 册).北京:人民出版社,1984.

新民学会资料.长沙:湖南省档案,1920.

熊明安.中国高等教育史.重庆:重庆出版社,1983.

秀娟.毛泽东与亲眷.北京:中国人民大学出版社,1993.

晏如.纯笃的学者.师范群英 光耀中华(第 2 册)(麻星甫主编).西安:陕西人民教育出版社,1992.

杨昌济.论湖南遵旨设立商务局宜先振兴农工之学.湘报(1898 年 153 期).长沙:湖南教育出版社,1983.

游学译编(东京).1903 年 5 月 8 日第 8 册所刊杨昌济达化斋日记.杨昌济文集(王兴国编).长沙:湖南教育出版社,1983.

杨昌济.予归国后对于教育之所感.湖南 教育杂志(1913 年 11 月 2 日和 17 日).杨昌济文集(王兴国编).长沙:湖南教育出版社,1983.

杨昌济.教育与政治.湖南 教育杂志(1913 年 10 月 2 日和 16 日).杨昌

济文集(王兴国编).长沙:湖南教育出版社,1983.

杨昌济.教育尚当注意之点.湖南 教育杂志(1913年11月2日和16日).杨昌济文集(王兴国编).长沙:湖南教育出版社,1983.

杨昌济.论语类钞.长沙:长沙宏文图书社,1914.杨昌济文集(王兴国编).长沙:湖南教育出版社,1983.

杨昌济.劝学篇.公言(杂志)(长沙,1914年10月).杨昌济文集(王兴国编).长沙:湖南教育出版社,1983.

杨昌济.教育学讲义(1914年油印本).杨昌济文集(王兴国编).长沙:湖南教育出版社,1983.

杨昌济.予改良社会之意见.公言(杂志)(长沙,1914年11月).杨昌济文集(王兴国编).长沙:湖南教育出版社,1983.

杨昌济.蹈海烈士杨君守仁事略.甲寅(杂志)(1914年11月).杨昌济文集(王兴国编).长沙:湖南教育出版社,1983.

杨昌济.哲学上各种理论之略述.民声(杂志)(长沙,1916年11月).杨昌济文集(王兴国编).长沙:湖南教育出版社,1983.

杨昌济翻译.西洋伦理学史(第1、2册).北京:北京大学出版社,1918年11月和1919年.

杨昌济.达化斋日记(1919).长沙:湖南人民出版社,1978.

杨昌济.杨昌济文集(王兴国编).长沙:湖南教育出版社,1983.

杨念群.儒学地域化的近代形态:三大知识群体互动的比较研究.北京:三联书店,1997.

杨青.何叔衡.石家庄:河北人民出版社,1997.

杨毓麟.新湖南(东京,1903).辛亥革命前十年间时论选集(第2卷)(张枬和王忍之编).北京:三联书店,1962.

姚维斗.五四群英.石家庄:河北人民出版社,1981.

叶文心.地方道路:文化、空间与中国共产主义的起源.伯克利:加州大学出版社,1996.

查·彼得.无政府主义与中国政治文化.纽约:哥伦比亚大学出版社,1990.

张昆弟.张昆弟日记.长沙:湖南省博物馆[B].

张明.行走于东西方之间:杨昌济(1871～1920)及其思想(博士论文).爱丁堡大学,2002.

张朋园.中国现代化的区域研究——湖南省[中国的现代化,1860～1916:湖南省社会、政治和经济变化的区域研究].台北:中央研究院现代史研究所,1983.

章士钊.杨怀中别传(此文原文没有发表).杨昌济文集(王兴国编).长沙:湖南教育出版社,1983.

中共党史人物研究会.中共党史人物传.西安:陕西人民出版社,1982.

中共湖南省委党史资料征集研究委员会.湖南党史大事年表.长沙:湖南人民出版社,1986.

中共湖南省委党史资料征集研究委员会.湖南人民革命史.长沙:湖南人民出版社,1991.

中共湖南省委党史资料征集研究委员会.湖南党史论丛.长沙:湖南人民出版社,1986.

中共中央党史研究室.毛泽东年谱:1893～1949.北京:人民出版社/中央文献出版社,1993.

中共中央党史研究室.中国共产党的七十年.北京:中共党史出版社,1991.

中国革命博物馆.新民学会资料.北京:人民出版社,1980.

中国人民政治协商会议湖南省委员会文史委员会.湖南近150年史事日志:1840～1990.北京:中国文史出版社,1993.

中国社会科学院近代史研究所.五四运动回忆录.北京:中国社会科学出版社,1979.

周世钊.我们的师表.北京:北京出版社,1958.

周世钊.毛主席青年时代的几个故事.北京:中国少年儿童出版社,1977.

周世钊.湘江的怒吼.新民学会资料(中国革命博物馆编).北京:人民出版社,1980.

周彦瑜.共事教育 情谊深笃——毛泽东与周世钊的友谊.咱们的领袖毛

泽东(林木森编).北京:解放军出版社,1992.

周彦瑜.毛泽东与周世钊.长春:吉林人民出版社,1993.

朱德尚.癸卯日记.湖南历史资料(第1卷)(湖南历史资料编辑委员会编).长沙:湖南人民出版社,1979.

朱汉民.湖湘学派源流.长沙:湖南教育出版社,1992.

朱汉民.湖湘学派与岳麓书院.北京:教育科学出版社,1991.

Index(原文索引)

Academy for Practical Learning (Qiushi shuyuan), 25
Administrative meetings, 61
Admission process, 51
Aesthetic education (meigan zhi jiaoyu), 39
Aiwan ting, 149, 156
Alexander Bain, 106
Anarchism, 161–162

Baohuang hui (Protect the Emperor Society), 26
Boxer Rebellion, 30

Cai Chang, 146–147, 151, 156, 158–159
Cai Hesen, 2, 7, 11, 13, 79, 83, 86–87, 110–112, 117, 119–120, 136–138, 141, 145–147, 149–152, 154, 158–160, 163–164, 173
  as student of Mohism, 151–153
  concerns with social problems, 149–150
  family background, 145–148
  intellectual transformation, ideological transformation, 145, 148
  interest in philosophy, 151
  interest in subjective initiative, human minds, 154
  May Fourth Incident, 158
  May Fourth Movement, 149, 152, 157
  school days in Changsha, 148–157
  thought and mindset at First Normal, 145
  Xinmin xuehui, 147, 151, 157, 161–164, 169–171
Cai Yuanpei, 9, 38, 40–41, 108, 112, 123, 135–137, 141
Changsha, 4–7, 9, 11, 13, 15–18, 21–25, 27, 30–32, 34, 37, 43, 70, 74–79, 81–83, 86, 89–90, 92, 99, 103, 108–111, 118, 131–134, 136, 141–142, 146, 148–150, 154–155, 158–159, 169, 176
Changsha Ribao (Changsha Daily), 83
Characteristics of first normal, 173
Chen Baozhen, 15, 18–25, 34, 101
Chen Duxiu, 109, 135, 152, 162, 165–166, 168
Chen Shaoxiu, 141
Chen Shunong, 139, 141
Chen Zhangpu (Chen Chang), 138–139
Cheng brothers, 90–91
Cheng Hao, 90
Cheng Yi, 90
Chengfen zhiyu (restrain one's wrath and repress one's desires) qianshan gaiguo (move toward good and correct one's mistakes), 91
Chengnan Academy, 9, 29–30, 32–33, 67, 99, 103
China Educational Association, 39

Chinese classics, 34, 51–53, 56, 58, 60, 85, 108, 138, 152, 176
Chinese Communism, 2–4, 123, 134, 171
Chinese Communist movement, 3, 9, 44
Chinese Communist Party (CCP), 2, 4, 7, 9, 11, 79, 81, 87, 112, 123, 138–140, 142–143, 145, 162, 164–165, 167–168, 170, 173, 176
Chinese learning, 24, 31–33, 36, 132, 138, 175
Chinese tradition, 2–3, 7–8, 22, 110
Chuanshan Association, 7, 77, 86, 138, 149
Chuyi Elementary School, 141, 156
Civil service examinations, 9, 13, 15, 29–30, 33, 99, 102, 175
Class hours per week, 53
Cold baths, 150
Confucian Academy, 29, 31, 33, 35–37, 39, 41, 43
Conservative gentry, 24, 29, 31, 33
Course content, 52, 64
Current Affairs News (Shiwu bao), 16–17, 20
Current Affairs School (Shiwu xuetang), 16–22, 24–25, 31, 101
Curriculum, 2–3, 6, 10–11, 13, 17, 22, 30–36, 43–45, 49, 52, 55, 58, 61, 72, 74, 80–81, 84, 95, 104, 108, 173

Dahuazhai riji (Diaries from the Dahua Studio), 54, 94, 111
Daoism, 2
Darwin, 115, 117
Datongshu (The Book on the Ideal of Grand Unity), 20
Declaration of the Rights of Man, 135
Decree on Principles for Education (Jiaoyu zongzhiling), 45, 72
Determination of grades, 57
Deyu, 106
Du Tongjian Lun (On Reading the Tongjian), 110
Duan Fang, 34
Duanzhu shuowen, 84
Dushu lu (notes taken from reading), 54

Early republican period 71
Edgar Snow, 69
Edict on Educational Reforms in Normal Schools, 61
Education, 2–3, 9–10, 13–16, 18, 29–36, 38–41, 44–47, 52–56, 59, 61–62, 70–75, 79–80, 82–83, 87, 89–90, 102, 104–108, 112, 116–119, 121–122, 131–132, 134–139, 141, 145–147, 149, 151, 154–155, 157, 159, 161–163, 165, 167–169, 171, 174, 176
Education for a worldview (shijie guan jiaoyu), 39
Education reform, 29–30, 72, 74, 80
Educational administration meetings, 61
Educational philosophy, 36, 55, 72–73, 80, 107
Educational policy, 29, 38, 47
Educational reform, 3, 16–17, 21, 29–31, 34, 40
Educational reform in Hunan, 3, 29
Educational reform movements, 3
Emperor Daoguang, 31
Empress Dowager Cixi, 25–26
Entrance examinations, 16, 51–52, 132
Ershi si shi (*The Twenty-Four Histories*), 156
Essay exhibitions, 58
Essay writing, 58, 138, 148
Essay-writing contests, 44

European Branch of the Chinese Communist Youth Corps (ECYC), 139
Evaluation of students conducts, 55
Examination Regulations, 52

F. H. Bradley, 116
Fan Yuanlian, 39
Fang Weixia, 10, 44, 72, 76–79, 84, 126, 148
　supporter of Sun Yat-sen, 80
Feile (not pursue pleasure), 153
Fichte, 116
Filial piety (xiao), 89
First Normal's Faculty, 69
French Revolution, 135
Friedrich Paulsen, 113–115
Fukuzawa Yukichi, 106

G. William Skinner, 4
Ge Jianhao, 146, 159
General etiquette, 62
Gewu, 94
Gongche shangshu, 196
Gongxue shijie she (Work-Study Students Society), 163
Gongyan Zhazi, 76
Gongyang Commentary (*New Text document*), 20
Great Learning, 33
Gu Yanwu, 23
Guangxu emperor, 17, 19, 101
Guowen (Chinese language and literature), 49

Han Yu, 86
Hanlin Academy, 16, 18, 35, 38
Hanlin scholar, 32
Happiness in this world (xianshi xingfu), 39
He Changgong, 136
He Changling, 6, 96
He Guo, 57

He Shuheng, 2, 69, 120, 129, 138, 155, 169
Heavenly principle, Human desire, 92, 95
Hegel, 116
Hongwei Publishing House, 76
Hu Anguo, 181
Hu Hong, 181
Huang Zongxi, 152
Huang Zunxian, 17, 22, 101
Hunan First Normal School, 1–11, 13–14, 29, 32–36, 40–41, 43–47, 49, 51–53, 55–65, 69–74, 76–84, 86–87, 89, 94, 97, 107–109, 111, 113, 115, 118, 120, 122–123, 127, 131–133, 135, 138–143, 145, 148, 151–155, 161, 170–171, 173–176
Hunan First Normal School Admonition, 47–48, 72
Hunan Fourth Normal School, 108
Hunan Gongbao (Hunan Gazette), 83
Hunan Higher Normal University, 70–71
Hunan News (Xiang bao), 18, 20–22, 25, 101
Hunan Normal School (Shifan guan), 32–33
Hunan Province, 1, 13, 40, 74, 139
Hunan Reform News (Xiangxue bao), 15, 20, 101
Hunan Reform Study Society (Xiangxue hui), 15
Hunan Youdeng Normal University, 70
Hunan's Dagong bao, 147
Hunanese literati, 16, 27
Hunanese reformers, 26, 101
Hunanese xenophobia, 27
Hundred Days Reform, 14, 17, 19, 25, 70, 102, 105, 121, 175
Huxiang culture, 6, 175

Idiosyncratic intellectual bent, 132
Imperial University of Peking (Jingshi daxue tang), 39
Individualism, 11, 91, 100, 117, 122
Intellectual and political radicalism, 2
Intellectual education, 56, 106
Intellectual transformation, ideological transformation, 8, 11, 44, 64, 70, 123, 131, 133, 140, 145, 148, 174–175
Interpreters College (Tongwen guan), 15

James Black Bailie, 107
Japanese-style curriculum, 34, 36, 43
Jiang Biao, 15–17
Jiang Weiqiao, 39
Jiang Zhuru, 57
Jiangnan zhizaoju (Jiangnan Arsenal), 146
Jiangtang lu (class notes), 54, 86, 189
Jianyi shifan xuetang (Accelerated Normal School), 35
Jiao Dafeng, 36
Jiayin zazhi (Tiger Magazine), 120
Jing, 98–99
Jingshi zhiyong (bureaucratic statecraft), 6, 9, 15, 93, 175
Jinshi degree, 17, 38
John Stuart Mill, 116
Juzi Zhou (Orange Island), 43

Kalpa, 97
Kang Youwei, 15, 17–20, 22–23, 26, 101, 109
Kanō Jigorō, 104, 106
Kant, 3, 39, 89, 100, 107–108, 113, 115–116
Kōbun College, 104
Kong Zhaoshou, 10, 41, 44, 57, 63, 71–72, 74, 80
  as an activist in education reform, 74
  as an educational reformer, 71
  establishment of a student volunteer army, 73
  patriotism, 72

Li, 1–2, 10, 17, 31, 38, 44, 53, 57, 72, 76, 82–85, 89–94, 96–98, 105–106, 110–111, 113, 117, 121, 125, 128, 134–139, 141, 148, 151–152, 159, 163–164, 167
Li Jinxi, 10, 44, 76, 82–85, 111, 117, 125, 148, 151
  as chief editor of Changsha ribao (Changsha daily) and Hunan gongbao (Hunan gazette), 83–84, 170
  connections to his First Normal students, 84
  diaries, 83
  influence of, 83
Li Lisan, 151
Li Shi, 135
Li Shizeng, 135–137, 141
Li Weihan, 2, 57, 128, 138, 159, 163–164
Li Xiaodan, 105–106
Li ze feng chang, 31
Liang Qichao, 8, 16–21, 23–26, 86, 106, 109, 121, 133
Lishi yuyuan (Li's quarter), 83
Liu Diwei, 32–33
Liu Renxi, 7, 35, 110
Lizhi (Establishing Resolution), 117
Low-level universities (Xiao xuetang), 30
Lu Jiuyuan, 90, 97
Lu Xun, 39
Lu Yuanding, 34
Lunlixue yuanli (*The Principles of Ethics*), 54, 113–114, 116–117
Lunyu (*Analects*), 117
Luo Xuezan, 2, 120, 130, 138–139, 155
Luo Zhanglong, 147, 149, 157

Lyon, 8, 79
Lyons Incident, 169

Mao Zedong, 1–3, 7–9, 11, 13, 38, 54, 57–59, 66, 69, 71, 78–79, 81–86, 89, 92, 94–95, 100, 110–120, 122, 127, 134, 136–143, 145, 148–152, 155–159, 161–167, 169–171, 173
  willpower, 113
Marxism, 3, 5, 8, 81, 103, 113–115, 137, 142, 152, 160–166, 168–169, 171
May Fourth Movement, 4, 7–8, 10–11, 84, 89, 134, 143, 149, 152, 157, 173, 175
Mencius, 22, 97, 105
Middle-level universities (Zhong xuetang), 30
Military education, 46, 55, 73
Ministry of Education, 32, 39–41, 45, 47, 55, 59, 62, 83, 137
Model students, 56–57, 139
Modern Schools, 29, 31, 33, 35–37, 39, 41
Modern universities (xuetang), 16, 30–31, 35, 101
Moral cultivation, ethics (xiushen), 3, 7, 10, 36, 52–53, 72, 77, 86, 89–91, 98, 104, 106, 108, 112–114, 123, 132–133
Moral education, 39, 45–46, 73, 102
Moral principles, 28, 91, 109, 116
Mozi, 86–87, 151–153, 158

National salvation, 9–11, 74, 79, 101, 112, 122, 137, 140–141, 145, 151, 154, 163, 175
Nationalist Party (Guomindang), 9, 37–38, 81, 138, 142
Neo-Confucianism, 1, 7–8, 89–90, 93, 95, 99, 110, 116, 121
New citizen, 122, 133

New citizenship, 122
New Culture, 10, 41, 69–73, 75, 79, 81, 83, 85, 87, 109, 118, 133, 136, 140, 156–157, 174–176
New Culture Movement, 41, 72, 118, 133, 140, 157, 176
New Policies (Xinzheng), 9, 30–31
New Text document, 20
New Youth (Xin Qingnian), 7, 86, 118–119, 138, 154, 162–163
Normal Schools, 34, 44–45, 47, 70

Old-style literati culture, 10
Opening of Hunan, 27
Opinions Concerning Educational Principles (*Duiyu jiaoyu fangzhen zhi yijian*), 39
Opium War, 14

Paradox of Hunan, 1
Peace Planning Society, 77
People's Republic of China (PRC), 8, 13, 120, 140
People's rights (minquan), 19, 21–22, 24, 100
Philosophy of education, 46
Physical education, 35, 46, 52, 55–56, 118, 138
Physical examination, 51, 55, 58–59
Pi Xirui, 22, 25
Police Bureau (Baoweiju), 25
Popular knowledge (minzhi), 22
Preparatory Department (yuke), 35, 49, 51, 53, 64
Principle purpose of educating students, 45
Provincial gentry, 37
Provincial government, 33, 35–36, 41, 60, 75, 80, 146
Public rules, 64

Qiangxue bao (National Strengthening newspaper), 15

Qing dynasty, 3, 5, 9–10, 14, 19, 21, 36, 39, 93, 96, 170, 175
Qu Yuan, 117
Qu Zongduo, 35

Radical intellectuals, 2, 4, 13, 173
Radicalism, 2–4, 6, 36, 95, 157, 170, 176
Reform in Hunan, 3, 9, 13, 15, 17, 19, 21, 23, 25, 27, 29, 40
Reformist elite, 14, 37, 41
Regulating the Behavior of Students, 61–62
Regulations for Normal Schools (Shifan xuexiao guicheng), 47
Ren (benevolence), 18, 102, 113, 154
Renovating the people, 121–122
Renxue (On Benevolence), 18, 102, 154
Renzi. guichou xuezhi (The School System in the Years 1911 and 1912), 40
Republican Revolution of, 1911 3, 40–41, 43, 75, 83
Requirements for Faculty and Staff, 59
Rewards and punishments, 64
Role of the faculty, 59
Rousseau, 3, 89, 108
Ruler-teacher unity, 92
Rules of conduct and discipline, 63
Russian Revolution, 7, 166–167

School anthem of First Normal, 47, 67
School flag of First Normal, 47
School of Current Affairs, 101
School of principle (Li) (Lixue), 1, 10, 89–96, 98, 106, 113, 121
School Philosophy and Regulations of First Normal, 44
School's curriculum of First Normal, 2, 44, 52

Schoolwork exhibition, 58
Second Girls' School, 146
Secret societies, 26
Self-governance, 46
Self-realization, 3, 89, 99–100, 106, 115–116
Self-Strengthening Movement, 5, 15, 175
Service workers (fuwu sheng), 63
Shengyuan degree, 15
Shifan benke (Undergraduate Department of Teachers' Training), 49
Sino-French Education Association in France, 135
Sino-Japanese War, 14, 27, 99–100, 174
Skill Society (jineng hui), 71
Society for National Strengthening (Qiangxue hui), 15
South China Study Society (Nan xuehui), 20–21, 23, 25, 101
Spencer, 108
Student Body at First Normal, 131
Student Friendship Society (Xueyou hui), 71, 80, 139
Students' radicalization, 69
Suigan lu (informal essays), 54
Sun Yat-sen, 26, 38, 75, 80–81, 139, 148, 152

T. H. Green, 3, 89, 106, 115–116
Taiji tushuo (An explanation of Diagram of the Great Ultimate), 91
Taiping rebellion, 6, 24, 92–93
Tan Sitong, 6, 15, 17–18, 20–23, 25–26, 95, 101–102, 112, 154, 158, 175
Tan Yankai, 10, 34–38, 40–41, 44, 73, 80–81, 107–108, 126
Tang Caichang, 15, 17–18, 20–21, 23, 25–26, 101, 103
Tang Xiangming, 37–38, 41, 71

Teachers' role, 70
Thomas Reid, 106
Three Bonds, 18, 89, 95, 100, 102, 120–121, 154
Tian Han, 83
Tiyu zhi yanjiu (A Study of Physical Education), 118, 138
Tokyo Higher Normal College, 104, 106
Tongmenghui (Revolutionary Alliance), 37, 75
Tongshu (*Penetrating the Book of Changes*), 91
Traditional academies (shuyuan), 25, 31
Traditional Chinese educational system, 13
Transcendental idealism, 113
Treaty of Shimonoseki, 14
Twenty-eighth Movement, 211

Undergraduate Department, 49, 52–53
Upper-level universities (Da xuetang), 30

Voluntarism, 46–47, 115

Wang Da, 35
Wang Fuzhi, 6–7, 18, 77, 86, 94–95, 99, 106, 110–111, 138, 149, 152
  evolutionary view of history, 94–96
  practical orientation, 96
  view of nationalism, 94, 100
Wang Jifan, 72, 77–78, 80–81, 84, 125
  Mao's cousin, 103, 147
Wang Xianqian, 16, 22–26, 31–33, 35
Wang Yangming, 90, 97, 115
Way (Dao), 92
Wei Yuan, 5–7, 95–96, 175
Wen-hsin Yeh, 4, 6
Work-study plan in France, 82
Work-Study Program in France, 134–135, 139, 147, 158–159, 171, 176
World of substance (guannian shijie), 39
Wu Yuzhang, 135
Wu Zhihui, 135
Wuyan guti poems (a form of Pre-Tang poetry usually having five characters per line), 55

Xiang Jingyu, 158–159, 164, 169
Xiang jun (Hunan Army), 24, 93, 146
Xianzhi xianjue (the awakened elite had the responsibility to waken the uneducated masses), 132, 176
Xiao San, 2, 83, 86, 108, 110–111, 117, 134, 139, 147, 150, 155
Xiao Zisheng, 11, 58, 62, 84, 137, 140, 143, 159, 163–164
  as a moderate, 141–142
  influence of, 141
  relationship with Mao, 140–143
  top student at First Normal (a), 140
  work-study program in France, 140–143
Xinmin xuehui, 140–142
Xiaolian tang (Hall of Filial Purity), 22
Xie Binghuai, 152
Xinmin xuehui (New Citizens' Study Society), 7, 9, 11, 82, 119–120, 123, 133, 135–142, 147, 151, 157, 161–164, 169–171, 175
Xiong Guangchu (Xiong Kunfu), 84, 119, 141
Xiong Xiling, 17, 20, 25, 101
Xiushen, 52
Xiyang lunlixue shi (*A History of Western Ethics*), 114
Xu Renzhu, 17–18, 24

Xu Teli, 10, 44, 53, 70, 72, 74, 80, 84, 124, 147–148
  lectures of, 76
  Oust Zhang Jingyao of Hunan movement, 82
  pedagogy of, 75–76
  regional examinations, 75
  sense of justice of, 77
Xuezijian (equivalent to the Ministry of Education), 90

Yang Changji, 1, 6, 10, 44, 53, 70, 72, 76–78, 80, 83–84, 86, 89, 94–96, 103, 105–106, 115, 120, 124, 133–134, 136–137, 141, 145, 149, 151, 154, 161, 164
  as an intellectual reformer, 99–108
  as mentor of thought, 118–123
  as moral educator, 108–113
  as traditional scholar, 89–99
  influence by Tan Sitong, 102
  intellectual and spiritual development, 199
  intellectual heritage, Neo-Confucianism, 90–99
  moral cultivation, ethics (xiushen), 89–91, 96–99, 104, 106, 108, 112–114, 122–123
  professor of western philosophy, 113–118
  quiet sitting (jingzuo), 53, 77, 97–98, 150
  reform movement (with), 96
  School of Li, 89–94, 96, 98, 106, 113, 121
  stay in Germany, 107
  study in Japan, 103–106
  subjective initiative, human minds, 112–113, 115
  University of Aberdeen (at), 106–107
  view of the function of education, 112
  Western learning, 100, 121

Yang Kaihui, 89
Yang Yulin (Shouren), 103, 105–107
Ye Dehui, 22, 24, 31, 80
Yi Baisha, 85–86, 152
Yongfeng lajiang (Yongfeng thick chili sauce), 146
Yoshida Seichi, 106
Young Radicals, 10, 131, 133, 135, 137–138, 141, 143
Yu Liansan, 25, 29, 31–32, 34
Yuan Shikai, 37–38, 41, 71–73, 77, 80, 85–86, 107
Yuan Zhongqian, 77, 85
Yuelu Academy, 16, 24, 29, 32, 34, 92, 96, 99

Zeng Guofan, 5–6, 16, 24, 41, 93–94, 146, 175
Zeng Peilin, 41
Zhang Gan, 41, 44, 78, 174
Zhang Guoji, 57
Zhang Jingyao, 78–79, 82, 159
Zhang Kundi, 2, 57, 83, 117, 120, 139, 150, 155–157
Zhang Shi, 30
Zhang Taiyan, 152
Zhang Zhidong, 14, 22, 24–26, 30
Zhao Erxun, 32, 34
Zhengfeng yundong (Yanan Rectification Campaign), 92
Zhichi (Knowing the national humiliation), 47
Zhou Dunyi, 90–91, 93, 98–99
  Cheng (sincerity), 72, 91, 93–94, 98
  major works: the Taiji tushuo (An explanation of Diagram of the Great Ultimate) and the Tongshu (Penetrating the Book of Changes), 91
  moral metaphysics, 91
  self-cultivation, 91–93, 96, 98–99, 116
Zhou Shizhao, 57, 82, 85, 119, 139

Zhounan Girls' Middle School, 75
Zhu Xi, 9, 90–92, 95–97, 99
   li (principle), 91
   material force (qi), 91
   renyu, 92, 97–98
   theory of personal cultivation, 92, 97

tianli, 92, 97–98
Zhu Xi's philosophy, 91
Zizhi tongjian (*Annals of History*), 156
Zongfa (kinship system), 90
Zou Wenzhen, 139
Zuo Zongtang, 5, 175

图书在版编目(CIP)数据

红色起源:湖南第一师范学校与中国共产主义的创建:1903~1921 / 刘力妍著;王毅译. —郑州:河南大学出版社,2018.9

(中国研究译丛.第一辑)

ISBN 978-7-5649-3498-9

Ⅰ.①红… Ⅱ.①刘… ②王… Ⅲ.①湖南第一师范学校－校史－1903－1921 Ⅳ.①G659.286.41

中国版本图书馆CIP数据核字(2018)第222264号

豫著许可备字－2016－A－00000261

红色起源:湖南第一师范学校与中国共产主义的创建(1903~1921)

著　　者	刘力妍
译　　者	王　毅
责任编辑	张　珊
责任校对	王　慧
封面设计	周伟伟

出　　版	河南大学出版社
	地址:郑州市郑东新区商务外环中华大厦2401号　邮编:450046
	电话:0371-86059701(营销部)　网址:www.hupress.com
制　　作	郑州市今日文教印制有限公司
印　　刷	河南瑞之光印刷股份有限公司
版　　次	2019年2月第1版	印　次	2019年2月第1次印刷
开　　本	787mm×1092mm　1/16	印　张	13.75
字　　数	211千字	定　价	68.00元

版权所有,侵权必究

(本书如有印装质量问题,请与河南大学出版社营销部联系调换)